Sagen aus Schleswig-Holstein

Sagen aus Schleswig-Holstein

Herausgegeben von
Gundula Hubrich-Messow

Bechtermünz Verlag

Genehmigte Lizenzausgabe für
Weltbild Verlag GmbH, Augsburg 1998
© by Eugen Diederichs Verlag, München
Einbandgestaltung: Zembsch´ Werkstatt, München
Satz: Uhl + Massopust, Aalen
Druck und Bindung: Wiener Verlag, Himberg bei Wien
Printed in Austria
ISBN 3-86047-204-6

Inhalt

Zur Einführung	7
LANDESTEIL SCHLESWIG	15
Dänischer Wohld, Eckernförde, Schwansen und Hüttener Berge	15
Schleswig und Umgebung	27
Angeln	39
Flensburg	53
Schleswigsche Geest	61
Stapelholm	71
Eiderstedt	83
Nordfriesland	95
Nordfriesische Inseln	109
HOLSTEIN, DAS HERZOGTUM LAUENBURG UND DIE HANSESTADT LÜBECK	123
Dithmarschen	123
Rendsburg und Umgebung	135
Neumünster	147
Segeberg und Umgebung	155
Steinburg	167
Pinneberg und Umgebung	179
Stormarn	191
Herzogtum Lauenburg	203

Hansestadt Lübeck	215
Eutin und Umgebung	227
Oldenburg und die Insel Fehmarn	239
Plön und Umgebung	253
Probstei	264
Kiel	274
Zu dieser Ausgabe	283
Literatur	285
Quellennachweise	286
Ortsregister	293
Bildnachweis	299

Zur Einführung

Bei einem kurzen Überblick über die Sammler und Herausgeber schleswig-holsteinischer Sagen sowie die Volkskundler in diesem Lande sollte man ihre ersten Vorläufer nicht unerwähnt lassen. Gewiß verfolgte der barocke Schriftsteller und Büchermacher Erasmus Francisci (1627-1694) aus Lübeck mit seinem Werk »Der höllische Proteus / oder Tausendkünstiger Versteller ...« (Nürnberg 1690) nicht die Absicht, eine Sammlung schleswig-holsteinischer Sagen vorzulegen, sondern er brachte darin Beispiele merkwürdiger Begebenheiten aus aller Welt, um seine Leser vor allem zu unterhalten. Nicht nur der Steruper Pastor Peter Goldschmidt (1661-1713), der aus Husum stammte, kannte Franciscis Schrift und zitierte daraus in seinen Werken »Höllischer Morpheus ...« (Hamburg 1698) und »Verworffener Hexen- und Zauberer-Advocat ...« (Hamburg 1705). Die in Schleswig-Holstein spielenden Begebenheiten seiner beiden Streitschriften gehen allerdings größtenteils auf eigenes Erleben zurück. Doch der Titel »Höllischer Morpheus« lehnt sich eindeutig an Franciscis »Höllischer Proteus« an.

Sowohl Franciscis als auch Goldschmidts Werke waren Jacob Grimm (1785-1863) und seinem Bruder Wilhelm (1786-1859) bekannt. Sie werteten sie für ihre Sammlung »Deutsche Sagen« (Berlin 1816/18) neben vielen anderen Quellen aus. Darin veröffentlichten sie auch eine Reihe aus den Herzogtümern Schleswig und Holstein, die in späteren Kompendien immer wieder aufgegriffen wurden. So benutzte beispielsweise der Dichter und Maler J. P. Lyser (1803-1870), der in Flensburg geboren wurde, die Grimmschen Sagen für seine Sammlung »Abendländische 1001 Nacht« (Meißen 1838/39). Die Stoffe aus Schleswig-Holstein, wie »Der Klabautermann« (229.-233. Nacht) von der Insel Helgoland oder »Peter Pommering« (659. Nacht) aus Flensburg, entnahm er allerdings anderen Quellen.

Der Germanist Karl Müllenhoff (1818-1884) aus Marne in Dithmarschen sammelte als erster systematisch schleswig-holsteinische Volksüberlieferung und gilt damit als der Wegbereiter der Volkskunde in Schleswig-Holstein. Seine »Sagen, Märchen und Lieder der Herzogtümer Schleswig, Holstein und Lauenburg« (Kiel 1845) sind bis heute eigentlich Grundlage jeder neueren Sammlung. Seine bekanntesten Beiträger waren der Dichter Theodor Storm (1817-1888) aus Husum, der Historiker Theodor Mommsen (1817-1903) aus Garding und der Lehrer C.P. Hansen (1803-1879) von der Insel Sylt. Hinzu kamen zahlreiche Lehrer, Pfarrer und Juristen, die ihm Erzählungen zugeschickt hatten. Müllenhoff wertete jedoch auch alte Chroniken, Landesbeschreibungen und sonstige Sammlungen aus, so auch die Sammlung der Brüder Grimm. Dort waren, wie gesagt, einige Sagen aus Schleswig-Holstein vertreten. Die Sage »Die Ahnfrau von Rantzau« (DS 41) übernahm Müllenhoff unter Nr. 512, »Das verschüttete Dorf« (DS 97) erschien bei ihm als Nr. 186 (hier Nr. 371). »Das Geistermahl« (DS 177) – diese Erzählung geht u. a. auf Erasmus Francisci zurück – fand in der Müllenhoffschen Sammlung als Nr. 344 Eingang (hier Nr. 69). Der zweite Teil des Sage »Traum vom Schatz auf der Brücke« (DS 212) fand sich bei Müllenhoff unter Nr. 325 wieder und »Die drei Alten« (DS 363) unter Nr. 131 (hier Nr. 60). Die Brüder Grimm profitierten übrigens auch von dem Werk Müllenhoffs: in der 6. Ausgabe ihrer »Kinder- und Hausmärchen« von 1850 erschien unter Nr. 198 das Märchen »Jungfrau Maleen«, das Müllenhoff in Dithmarschen aufgezeichnet und in seiner Sammlung unter Nr. 597 veröffentlicht hatte.

Der Historiker Gottfried Heinrich Handelmann (1827-1891), der auch durch seine Publikationen über Weihnachten und Volks- und Kinderspiele bekannt wurde, ergänzte im sechsten Jahrbuch für Landeskunde von 1861 Müllenhoffs Sammlung durch weitere Stücke. Der Sprachforscher Otto Mensing (1868-1939) gab im Jahre 1921 eine überarbeitete und durch einen Apparat ergänzte Fassung der Müllenhoffschen Sammlung heraus, die bis auf den heutigen Tag nur nachgedruckt, jedoch nicht nochmals kritisch bearbeitet wurde. So fehlt bis dato eine Ausgabe mit einem Personen- und Ortsregister, mit einem Verzeichnis aller Beiträger und aller schriftlichen Quellen sowie einem Abriß der Wirkungsgeschichte. Dabei wurde und wird, wie bereits angedeutet, keine Sagen- und Märchensammlung Schleswig-Holsteins so häufig ausgewertet wie diese. Es würde zu weit führen, sämtliche Nachdrucke, Umdichtungen, Bearbeitungen und Auswahlbände hier zu erwähnen. Als wichtigste seien nur das „Deutsche Sagenbuch" (Leipzig 1853) von Ludwig Bechstein (1801–1860) und die „Schleswig-Holsteiner Sagen" (Jena 1929) des Lehrers und Volkskundlers Gustav Friedrich Meyer (1878–1945) genannt. Bechsteins fünfundvierzig Sagen aus Schleswig-Holstein gehen größtenteils auf Müllenhoff zurück, nur die Lübecker Sagen findet man dort nicht. Interessant ist in diesem Zusammenhang, daß die Vorspuksage „Rebundus im Dom zu Lübeck" (hier Nr. 318) gemäß den Brüdern Grimm (DS 265) u. a. aus Franciscis Höllischem Proteus stammen soll und sich bei Bechstein wiederfindet (DSB 208). Auch die Sammlung Gustav Friedrich Meyers fußt weitgehend auf dem Werk von Müllenhoff.

Gilt für alle bisher genannten Sammler mehr oder minder, daß heute oft nicht zwischen Fund und Erfindung unterschieden werden kann, so verdanken wir dem Germanisten und Volkskundler Kurt Ranke (1908–1985), die erste wissenschaftliche Sammlung schleswig-holsteinischer Volksmärchen (Kiel 1955–1962), in der alle Zauber-, Legenden- und Novellenmärchen vor allem aus den Sammlungen von Karl Müllenhoff, Wilhelm Wisser (1843–1935) und Gustav Friedrich Meyer aufgearbeitet wurden. Außerdem publizierte Ranke zahlreiche Beiträge zur Erzählforschung. Nicht unerwähnt bleiben sollte auch der Schulrat Peter Ingwersen (1885–1958) mit seinem „Fundortnachweis der Landschafts- und Ortssagen im Landesteil Schleswig" (Schleswig 1960), der für die vorliegende Sammlung von großem Nutzen war.

Ein anderer Lehrer, nämlich der sehr alt gewordene Paul Selk, gilt als der letzte aktive Sammler schleswig-holsteinischer Volksüberlieferung, die er jedoch nur teilweise veröffentlichte. Er sammelte vor allem in der Landschaft Angeln. Als einen ganz frühen Vorläufer in dieser Region könnte man allenfalls den barocken Pastor Goldschmidt nennen, andere nennenswerte Sammler gab es dort eigentlich nicht. In Müllenhoffs Werk war

Angeln nur vereinzelt vertreten. In der Neubearbeitung von H. N. A. Jensens Topographie »Angeln« (Schleswig 1922) tauchten kaum andere als die Müllenhoffschen Sagen auf, ebenso verarbeitete Heinrich Kock in »Sagen und Erzählungen aus der Landschaft Angeln« (Kappeln 1929) diese Stoffe sowie die älteren von Goldschmidt.

Für die Erforschung des benachbarten alten Kreises Eckernförde mit seinen Landschaften Schwansen, Hüttener Berge und Dänischer Wohld waren die Lehrer Willers Jessen (1870-1949) und Christian Kock (1867-1949) wichtig. In Ostholstein wirkte vor allem der bereits erwähnte »Märchenprofessor« Wilhelm Wisser. Auf Fehmarn war der Landmann Peter Wiepert (1890-1980) tätig. Lübecks Sagen wurden vor allem von Ernst Deecke (1805-1862), August Schacht (1817-1863) und von dem Germanisten und Volkskundler Lutz Mackensen (1901-1992) publiziert. Aus Stormarn wäre u. a. der Schriftsteller und Heimatforscher Ludwig Frahm (1856-1936) zu nennen. Ihm verdanken wir auch die Sammlung »Norddeutsche Sagen von Schleswig-Holstein bis zum Harz« (Altona/Leipzig 1890), die auf älteren Werken aufbaut. Weitere Herausgeber Stormarner Überlieferung waren Hans Hinrich Rahlf, Ernst Ziese, Emil Brügmann und Alfred Ursinus. In Elmshorn im Kreis Pinneberg wirkte der Lehrer Heinrich Eschenburg (1861-1928). Dithmarschen war die Heimat von Karl Müllenhoff. Nach ihm war dort vor allem der Lehrer Heinrich Carstens (1849-1910) als Sammler tätig, und auch von Reimer Hansen (1853-1926) stammen einige Märchen aus Dithmarschen. Carstens nahm sich auch der Volksüberlieferung der Landschaft Stapelholm an, die heute größtenteils zum Kreis Nordfriesland zählt. Im äußersten Nordwesten dieses Kreises, nämlich auf der Insel Sylt, wirkte im letzten Jahrhundert der bereits erwähnte Lehrer C. P. Hansen, der einer der Hauptbeiträger von Karl Müllenhoff war. Auf der nordfriesischen Insel Föhr wäre der Lehrer Hans Philippsen (1866-1926) zu erwähnen. Weitere Sagen aus dem alten Kreis Südtondern, der heute zu Nordfriesland zählt, gehen auf den Lehrer Bruno Ketelsen (1903-1945) zurück. Pastor Rudolf Muuß (1892-1972) veröffentlichte »Nordfriesische Sagen« (Flensburg 1933) und Hermann Lübbing (1901-1978) »Friesische Sagen von Texel bis Sylt« (Jena

1928). Der Sprachwissenschaftler Willy Krogmann (1905-1967) erforschte u. a. die Sammlung C. P. Hansens.

In diesem kurzen Überblick über schleswig-holsteinische Volkskundler und Heimatforscher sollte man noch den Mythologen und Grimmschüler Wilhelm Mannhardt (1831-1880) aus Friedrichstadt, den Volkskundler Oskar Dähnhardt (1870-1915) aus Kiel, den aus Lübeck stammenden Volkskundler Friedrich Ranke (1882-1950) und den Lehrer und Hexenforscher Johann Kruse (1889-1983) aus Brickeln in Dithmarschen erwähnen. Ihnen und vielen anderen, die hier nicht alle genannt werden können, verdankt die Erzählforschung in Schleswig-Holstein und dem ganzen deutschsprachigen Raum wichtige Impulse.

Bisher ist einmal von dem nördlichsten Bundesland Schleswig-Holstein, dann wieder von den Herzogtümern Schleswig, Holstein und Lauenburg und schließlich von Landschaften und Kreisen gesprochen worden, ohne daß exakte Grenzen definiert worden wären. Als nämlich Karl Müllenhoff seine Sagen, Märchen und Lieder im Jahre 1845 veröffentlichte, gab es noch kein einheitliches Land Schleswig-Holstein. Seine historische Entstehung zu beschreiben ist sehr kompliziert, weswegen hier nur die allernötigsten Informationen geliefert werden können.

Das Herzogtum Schleswig zwischen der Königsau im Norden und der Eider im Süden oder zwischen der Linie Kolding-Ripen bzw. Kiel-Rendsburg-Friedrichstadt gehörte im Mittelalter zum dänischen Königreich. Das Herzogtum Holstein südlich der Eider und nördlich der Elbe rechnete hingegen zum fränkisch-deutschen Reich. Dithmarschen, obwohl auch südlich der Eider gelegen, konnte bis in die Mitte des 16. Jahrhunderts seine Selbständigkeit behaupten. Ebenso spielte das Herzogtum Lauenburg eine besondere Rolle. Von wesentlicher Bedeutung war der Ripener Vertrag von 1460, demzufolge die Herzogtümer für immer zusammen und ungeteilt bleiben sollten. Das gelang nach langem Hin und Her, nach verschiedenen Auseinandersetzungen wie z. B. der Schleswig-Holsteinischen Erhebung von 1848 und den darauffolgenden Kriegen von 1849/50 und 1864, erst im Jahre 1866/67. Schleswig-Holstein wurde preußische Provinz. Bis 1937 gehörte Altona noch dazu, wohingegen die Freie und Hansestadt Lübeck und das Fürstentum Lübeck erst zu diesem Zeitpunkt zu Schleswig-Holstein kamen. So ist auch der Titel des Müllenhoffschen Werkes »Sagen, Märchen und Lieder der Herzogtümer Schleswig, Holstein und Lauenburg« von 1845 zu verstehen. Die preußische Provinz wurde im Jahre 1867 zugleich in Kreise gegliedert, die z. T. auf den historischen Landschaften basieren. Der Gau Stormarn beispielsweise war früher wesentlich größer als der heutige Kreis zwischen Hamburg und Lübeck. Das Herzogtum Lauenburg, das zuvor schon zu Preußen gehört hatte, kam im Jahre 1876 als Kreis zu der preußischen Provinz. Die heutigen Kreise stimmen teilweise noch mit denen von 1867 bzw. 1876 überein, wenn auch einige inzwischen zusammengelegt wurden.

Eine wichtige Veränderung vollzog sich im Landesteil Schleswig nach dem Ersten Weltkrieg: Im Jahre 1920 kam der nördliche Teil des ehemaligen Herzogtums durch eine Volksabstimmung an Dänemark. Damit wanderte die alte Grenze von der Königsau weiter in den Süden und verlief nun ungefähr zwischen Tondern und Flensburg. Doch ansonsten leben die alten Landesteile Schleswig und Holstein noch fort, die Eider bildet nach wie vor eine gewisse Grenze. Im Osten des Landes wird sie heute weitgehend vom Nord-Ostsee-Kanal aufgefangen, der 1895 fertiggestellt wurde. Im Westen dagegen divergieren Eider und Kanal und umschließen die ehemalige Bauernrepublik und den heutigen Kreis Dithmarschen.

Als Otto Mensing Karl Müllenhoffs Sammlung im Jahre 1921 in einer Neubearbeitung vorlegte, waren die Sagen aus dem inzwischen abgetrennten Nordschleswig weiterhin vertreten. Selbst 1929 verzichtete Gustav Friedrich Meyer noch nicht darauf in seinen »Schleswig-Holsteiner Sagen«, die ja 1968 noch einmal als unveränderter Neudruck erschienen.

Auch auf die sprachlichen Besonderheiten sollte hier kurz hingewiesen werden. Neben dem Hochdeutschen lebt das Niederdeutsche bis heute vor allem auf dem Lande weiter. In Nordfriesland und auf den nordfriesischen Inseln gibt es eine friesische Minderheit. Im Grenzgebiet zwischen Deutschland und Dänemark ist das sog. Plattdänische zu Hause. Auch das Angelner Platt enthält ja so manches dänische Element. Diese Sprachformen haben sich am längsten in den eingestreuten Versen bewahrt. Die Volksüberlieferung der dänischen Minderheit im Landesteil Schleswig ist weitgehend eine Übersetzung der Müllenhoffschen Sammlung ins Dänische und bleibt deswegen unberücksichtigt.

Faßt man einmal alle Sagen zusammen, so dürften es mehr als 1600 Erzählungen der unterschiedlichsten Art und Länge sein, ohne daß alle Varianten zu einem Thema berücksichtigt worden wären. Sie verteilen sich auf die verschiedenen Sagentypen ungefähr folgendermaßen: Am häufigsten belegt sind Erzählungen von Menschen mit übernatürlichen Fähigkeiten mit über zweihundert Fassungen, gefolgt von den Totensagen mit rund hundertundfünfzig Belegen. Dann kämen die geschichtlichen Sagen im engeren Sinne, die oft sehr lang sind und beinahe ebenso häufig wie die Totensagen vorkommen. Zwerg-, Frevel-, Vorspuk-, Spuk- und Schatzsagen schließen sich an mit jeweils etwas über hundert Varianten. Selbst Legenden sind noch fast neunzigmal belegt. Dahinter rangieren Teufelssagen, die verschiedenen Räubergeschichten und die Ursprungs- und Erklärungssagen. So ließen sich sämtliche Kategorien durchspielen. Die Inhalte unterscheiden sich wahrscheinlich nicht wesentlich von denen anderer Regionen und Landstriche Deutschlands.

Eine andere Systematik bietet die Sagenforschung mit dem traditionspsychologisch orientierten Modell an. Beginnend mit einer vorchristlichen Sagenschicht, könnte man auf die antiken Stoffe »Der Ring des Polykrates« (AaTh 736A), hier vertreten durch Nr. 143 und 400, oder »Der Traum vom Schatz auf der Brücke« (AaTh 1645), was hier der Nr. 310 entspricht, verweisen. In der christlichen Sagenschicht werden verschiedene Milieudominanzen unterschieden, wobei der bäuerliche Bereich besonders stark vertreten ist. Dafür böte die vorliegende Sammlung zahllose Beispiele, was Arbeit, Geräte, Kleidung, Nahrung usw. betrifft. Als typische Hausform für die Halbinsel Eiderstedt sei hier nur der Haubarg herausgegriffen, der in Nr. 122 eine Rolle spielt. Für die Milieudominanz des feudal-genealogischen Bereichs ließen sich mehrere Sagen anführen, so z. B. »Die Leibeigenen« (Nr. 388) oder »Frau Metta« (Nr. 138). Zum urbanen Umfeld rechnen Zunft- und Gildesagen wie »Der Bock mit der Leuchte« (Nr. 207) oder »Freimaurer« (Nr. 412) bzw. Wappensagen wie »Der Becher der Buchwalds« (Nr. 221). Der maritime Bereich ist vor allem in Nordfriesland und auf den Nordseeinseln stark vertreten, sei es nun mit Sagen von Schiffern, Strandräubern, Seeräubern oder großen Fluten. Doch auch von der Ostsee sind ähnliche Erzählungen überliefert, z. B. »Das verschüttete Dorf« (Nr. 371), »Die Flut in Osterwisch« (Nr. 397) oder Varianten der Störtebekersagen. Den alpinen Bereich sowie den Montanbereich hingegen sucht man in Schleswig-Holstein vergebens.

An einen Ort oder eine Landschaft können sich bestimmte Sagen knüpfen. Beispielsweise gehört Martje Floris zu Eiderstedt wie Peter Swyn zu Dithmarschen, Pape Döne(ke) zum Herzogtum Lauenburg wie Pidder Lyng bzw. der Lange Peter zu Nordfriesland. Eulenspiegel wird mit der Stadt Mölln in Verbindung gebracht, Störtebeker und die Swarte Greet hingegen trieben an verschiedenen Orten ihr Unwesen. Um manch andere historische Persönlichkeit ranken sich Sagen, so um die Könige Abel, Erich und Waldemar, um Graf Adolf usw. Nis Puk ist im Landesteil Schleswig zu Hause, der Schimmelreiter ist in Schwansen und auf der Halbinsel Eiderstedt belegt, jedoch nicht in der nordfriesischen Marsch. Auf vielen Schiffen will man den Klabautermann gehört haben, wofür in der vorliegenden Sammlung ein Beispiel aus Rendsburg steht.

Gundula Hubrich-Messow

LANDESTEIL SCHLESWIG

Dänischer Wohld, Eckernförde, Schwansen und Hüttener Berge

Ostseestrand. Zeichnung von C. Schröder.

Störtebeker

Er hatte auch das Gut Bülk im Dänisch-Wohld in Besitz und hatte daselbst ein großes Schloß, wovon man noch viele Überreste findet. Da in der Nähe liegt ein hoher, mit Bäumen bewachsener und von Gräben umgebener Berg, der die Störtebekerinsel heißt. Hier hatte Störtebeker seinen versteckten Wartturm, von wo aus er das Meer beobachtete und den vorübersegelnden Schiffen auflauerte. (1)

Der Müller und der Teufel

Einem anderen Müller, der mit dem Teufel über eine Wassergrube auf der Teufelskoppel bei Alt-Bülk streitet, dreht er den Hals um und wirft ihn in die Kuhle. Läuft dort jetzt jemand über das Eis, so ertönt unten ein Klopfen. Das ist der Müller, der warnt die Leute vor dem Teufel. (2)

Hexerei auf Gut Eckhof

Auf dem Gute Eckhof ist früher viel Hexerei getrieben worden. Die Kühe haben fast keine Milch mehr gegeben. Schließlich ist es so schlimm gewesen, daß sie fast keine Milch mehr im Keller gehabt haben. Da haben sie aus Kiel den Schiffszimmermann C. geholt; der hat mit der Hexerei fertigwerden können. Der hat gesagt, sie müßten die eine Koppel Klee umpflügen, weil dort die Hexerei schon zu sehr eingewurzelt wäre. Dann hat er sich mit dem Verwalter auf den Weg gemacht. Sie sind nach Dänischenhagen geritten. Als sie da bei der Mühle haben über den Bach wollen, ist ein fürchterlicher Sturm gekommen. Sie haben den Hut kaum auf dem Kopf behalten können, und die Pferde haben nicht über die Brücke gewollt. C. hat wohl gewußt, daß die Hexen es mit dem laufenden Wasser zu tun haben. Er hat gesagt, sie sollten absteigen und die Pferde rückwärts hinüberführen. So sind sie auch über den Bach gekommen. Als sie dann durch Sprenge geritten sind, haben sie an einem Heckschur eine Frau gesehen; die hat herumgetanzt und ist mit einem Mal umgefallen. Sie sind gleich weitergeritten und haben sich nicht darum gekümmert, ob sie tot oder lebendig war. Aber C. hat gesagt, daß das die Hexe gewesen ist. (3)

Die Brutkoppel

So heißt eine Koppel bei dem Hofe Seekamp im Gute Klausdorf. Da liegt ein großer flacher Stein, und rings um ihn her im Kreise sind andere kleinere gesetzt. Und der Ort hat den Namen davon erhalten, weil in alter Zeit, da es noch keine Kirche gab, hier sich die Brautleute mit ihren Eltern und Verwandten versammelten, auf den großen Stein sich setzten und dann getraut wurden. (4)

Das Licht

Auf einem Hünengrab zwischen Sprenge und Birkenmoor im Dänischen Wohld soll sich alljährlich zur Zeit des Umschlags ein Licht gezeigt haben. (5)

Diebe bringen das Gestohlene wieder

Einst waren in einem zum Gute Noer gehörigen Walde viele Arbeiter mit Holzfällen beschäftigt. Wenn Feierabend gekommen war, verbargen die meisten von ihnen ihre Gerätschaften sorgsam oder nahmen sie mit nach Hause; nur drei Mecklenburger ließen sie offen und frei liegen. Geraume Zeit ging das gut. Aber als sie eines Morgens kamen und zu arbeiten anfangen wollten, waren die Sachen weg. Ganz ruhig, als wenn nichts geschehen sei, machten nun die drei ein Feuer an und setzten sich um dasselbe. Wenn die anderen sie neckten und sagten, sie hätten ihre Sachen verwahren sollen, antworteten sie: »Man soll uns das Gestohlene wohl wiederbringen.« So machten sie es drei Tage. Da am Abend des dritten Tages, als alle eben wieder nach Hause gehen wollten, kamen zwei Männer und brachten die Gerätschaften, legten sie beim Feuer nieder und gingen wieder fort, ohne ein Wort zu sagen. Die Diebe hatten sich aber nicht früher einstellen können, weil sie nach Schwansen gehörten und wegen eines Sturmes nicht über den Eckernförder Hafen hatten kommen können. (6)

Volkssage aus Bornstein

In alten Zeiten soll das Dorf Bornstein bei Altenhof in der Pest ganz und gar ausgestorben sein, und die Zigeuner sollen sich in den leeren Häusern eingenistet haben und für immer dageblieben sein; woher es denn kommt, daß die Leute aus Bornstein in den Nachbardörfern noch nach Jahrhunderten wegen ihres wilden Wesens gefürchtet geblieben sind, sollen sie doch bei Schlägereien gleich Wagenrungen losgemacht und damit auf ihre Gegner losgeschlagen haben. Das kommt aber alles vom Zigeunerblut, das in ihnen sitzt. (7)

Diebglauben

In Sehestedt bei Rendsburg war ein Schäfer, und wenn der abends seine Schafe ins »Hokk« trieb, umkreiste er es dreimal, murmelte unverständliche Worte dabei, und – kein Dieb konnte ihm Schafe wegstehlen. Einmal nachts konnte der Schäfer nicht schlafen, stand auf, um einmal nach den Schafen zu sehen, und siehe da! – Ein Dieb stand mitten unter den Schafen mit einem Schaf auf dem Nacken, konnte aber nicht aus dem »Hokk« heraus.

Dem Gutsgärtner in Sehestedt stahl man immer von einem Apfelbaum, der besonders schöne Äpfel trug, Äpfel weg. Da grub er rund um den Baum die Erde um. Die Fußspur, die nun am anderen Morgen in dem frischgegrabenen Land war, hing er in einem Beutel in den Rauch. Da bekam die Dienstmagd einen schlimmen Fuß. Sie hatte also die Äpfel gestohlen. (8)

Der leibhaftige Teufel

Ein Fischer aus Groß Wittensee ging mit einem Damendorfer Bauern, der als Vieharzt berühmt war, von Bünsdorf nach Groß Wittensee. Von dem Bauern erzählte man aber auch, er stünde mit dem Teufel in Verkehr. Sie waren noch nicht weit gegangen, erst bei der sogenannten Kollstätte angekommen, als das Gespräch auf den Teufel kam. Der Bauer fragte den Fischer: »Willst du ihn sehen?« – »Ja«, sagte der. Als sie nun noch ein paar Schritte vorwärts gegangen, so geht der Teufel leibhaftig vor ihnen vorüber. »Hast du ihn gesehen?« fragte der Bauer. »Nicht recht«, sagte der Fischer, und damit gingen sie weiter.

Ein andermal kommt nun der Fischer allein den Weg von Bünsdorf nach Groß Wittensee, und als er wieder bei der Kollstätte ist, kommt ein großer schwarzer Pudel zu ihm und glotzt ihn mit feurigen Augen an und läuft immer neben ihm her bis Sande. Hier kehrte der Fischer voller Angst ein, in der Hoffnung, der Pudel werde zurückbleiben, sagte aber nichts von dem, was ihm passiert war. Nachdem er einige Zeit da verweilt war, machte er sich wieder auf den Weg, aber der Pudel begleitete ihn bis nach Klein Wittensee, wo er abermals einkehrte. Die Leute sahen ihm seine Angst an und wollten ihn bis Groß Wittensee begleiten, aber der Fischer lehnte das ab und ging allein wieder fort. Kaum war er aus dem Dorf, als der Pudel sich abermals einstellte und ihn nun erst kurz vor Groß Wittensee verließ. Man hat überhaupt ganz oft den großen Pudel zwischen Klein und Groß Wittensee bemerkt. Da hatte er seinen Aufenthalt und Versteck in einem alten Dornbusch am Wege. (9)

Die Tänzerin

Zwei Mädchen gingen miteinander zum Abendmahl. Als sie eben genossen und noch um den Altar herumgingen, fragte die eine die andre: »Gehst du heut abend mit zur Hochzeit?« – »So sprich doch nicht davon«, antwortete die Gefragte; aber die andere fuhr fort: »Ich will hin und mich einmal recht satt tanzen; ich könnte mich heute wohl tottanzen.« Als sie abends zur Hochzeit ging und im besten Tanzen war, kam ein schöner, langer, junger Herr in die Tür, den keiner kannte, forderte sie zum Tanze auf und tanzte anfangs ganz ordentlich; dann aber immer toller und toller, und wenn die Musikanten ihre Pausen machten, ging's mit den beiden fort ohne Aufhören. Da ward's den übrigen Gästen unheimlich, und sie ließen einen Gesang aufspielen, um sie zum Stillstand zu

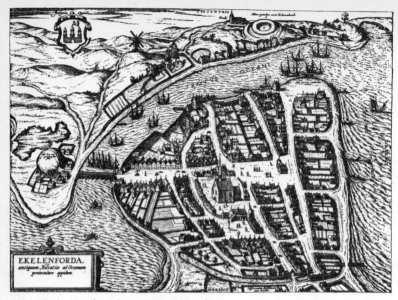

Eckernförde. Kupferstich aus Braun-Hogenberg

bringen. Aber der Fremde tanzte mit dem Mädchen zur Tür hinaus und verschwand; das Mädchen aber fand man in der Mistpfütze, wo sie vor den Augen der Gäste versank. Man glaubte, ihre Mutter habe das Mädchen schon als Kind dem Teufel verkauft. – Nach anderen soll der Teufel sie in seiner Kutsche mit vier schwarzen Pferden fortgeführt haben. (10)

Vörspökeln

Mein Vater trat 1848 bei der Infanterie unter die Waffen. Da lernte er einen Kameraden kennen, der oft erzählte, was er nachts gesehen habe und was in der allernächsten Zeit geschehen würde. Sie lagen eine Zeitlang in Eckernförde in Quartier, und da erzählte der Mann: »Vorige Nacht hatte ich keine Ruhe, ich mußte auf die Straße gehen, und da war eine furchtbare Schlägerei, überall stand das Blut auf der Straße, und ich hörte auch einige Kanonenschüsse.« Die Offiziere wollten den Mann bestrafen lassen, weil er unwahre Gerüchte verbreitet hätte. Nach zwei Tagen aber lief ein Schiff in den Eckernförder Hafen ein; die Matrosen gingen ans Land, und es entstand zwischen ihnen und dem Zivil eine wüste Schlägerei. Der Kommandant des Schiffs sah sich genötigt, einige Kanonenschüsse abzugeben, was »Alles an Bord!« bedeutet. Also war es so gekommen, wie der Mann es vorhergesehen hatte. (11)

Der Wolfsriemen

Ein Landmann in Barkelsby hatte eine Haushälterin, die sehr geizig war und den Dienstboten schlecht zu essen gab. Daher wunderten viele sich, daß sie sonntags immer frisches Fleisch erhielten, da doch nie etwas gekauft wurde. An einem Sonntag, als alle andern zur Kirche waren, sah der Dienstjunge, der sich auf dem Heuboden versteckt hatte, wie die Haushälterin einen Wolfsriemen anlegte. Da ward sie ein Wolf und kam bald mit einem Schaf daher, von dem sie Fleisch in den Topf zum Mittagsmahle tat. Der Junge wollte gern noch mehr erfahren und versteckte sich nach dem Mittagessen in ihrer Kammer unterm Bett. Nun hätte die Haushälterin gerne den Bauersmann geheiratet, und als sie sich zum Mittagsschlafe legte, betete sie:

»Ach, du leewer Gott, wannehr?«

Der pfiffige Junge antwortete:

»Nun und nimmermehr!«
»Worüm denn nich, du leewer Gott?«
»Du giffst din Lüd tovel gele Wuddeln in de Pott!«
»Wenn ick mi denn nu betern do?«
»Dor rad ick di ganz ernstlich to.«

Der Junge entdeckte seinem Herrn, was er von der Haushälterin wußte, und als sie sich verraten sah, ist sie auf der Stelle gestorben. (12)

Das Hufeisen im Stein

Bei dem Gute Ludwigsburg liegt ein großer Stein in einem Steinwall mit der Spur eines Hufeisens. Denn vor vielen Jahren ritt einmal eines Morgens ein Mann des Weges, und als die Betglocke schlug, fluchte er und sagte: »Mich soll der Teufel holen, wenn ich heute abend nicht wieder hier zur Stelle bin, wenn die Glocke schlägt.« Er kam gerade zur rechten Zeit wieder dahin; aber als die Glocke schlug, trat sein Pferd auf den Stein und brach ein Bein; davon ist das Hufeisen noch da zu sehen. (13)

Der Schimmelreiter

Anna von der Wisch geb. Blome, aus dem Hause Nehmten, vergiftete 1598 ihren Gatten Melchior von der Wisch, den Erbauer des Damper Herrenhauses. Wie die Sage unter den Damper Gutsleuten berichtet, erscheint in seiner Todesnacht alljährlich Melchior von der Wisch auf einem weißen Roß; über die Brücke kommend, umreitet er dreimal das Herrenhaus, sprengt über den Burggraben und verschwindet im Gebüsch. (14)

De depe Slunk

Auch mitten im Grünholzer Holz in Schwansen hat vorzeiten ein großes Schloß gestanden; es ist im Moor versunken, wo noch »de depe Slunk« ist. Abends haben alte Leute dort oft eine Dame in schwarzem Kleide wandeln sehen. (15)

Der Hund

Von einem Tischler, der vor 100 Jahren im Gute Maasleben wohnte, wird erzählt, daß er immer, wenn in seinem Kundenkreise jemand im Sterben lag, nachts die Hobel in seiner Werkstatt klappern hörte. Darüber war er sehr traurig und klagte einem sogenannten Hexenmeister in Zwicksdamm seine Not. Auf dessen Rat ließ er einen Hund über seine rechte Schulter sehen. Jetzt verließ ihn die Gabe des Hellsehens, die nunmehr auf den Hund übergegangen war, der jedesmal, wenn im Orte einer auf dem Totenbette lag, schauerlich Tag und Nacht heulte. (16)

Der Mann im Mond

In der Landschaft Schwansen in Schleswig sammelte ein Mann am Sonntag im Mondschein dürre Reiser im Walde und trug sie auf dem Rücken heim. Unterwegs begegnete ihm der Herrgott und fragte ihn, ob er auch wüßte, wie das dritte Gebot hieße. Wie er das nicht wußte, sagte Gott (der Mann wußte nicht, daß er es war), daß er bestraft werden müsse, doch könne er sich wählen, ob er lieber in dem Mond oder in der Sonne sitzen wolle. Sprach der Mann: »Wenn ich durchaus bestraft werden muß, so will ich lieber in dem Mond erfrieren als in der Sonne verbrennen.« Und so ist es denn auch gekommen. (17)

Der unmäßige Teufel

Der Teufel machte einst eine Reise durch das fette Land Schwansen; auf allen Höfen sprach er bei den Bauern ein, ließ sich traktieren, und wo er einkehrte, schlug er sich den Magen voll von Speck und Mehlbeutel. Damit machte er sich wieder auf den Weg. Aber er hatte des Guten zuviel genossen, und als er an die Hüttener Berge bei Brekendorf kam, ward ihm so übel, daß er zuletzt alles wieder von sich geben mußte. Seit der Zeit findet man in und auf den Hüttener Bergen die Steine in so großer Anzahl; das werden nämlich die Mehlklöße sein. Zugleich entstand auch der Rammsee, der mitten in den Bergen liegt, weder Zu- noch Abflüsse hat und ganz unergründlich tief ist. Es ist kein Fisch, überhaupt keine Kreatur in ihm zu finden. (18)

Die Hüttener Berge. Zeichnung von C. Schröder

Hinkelbeen

In dem Kindelberg bei Brekendorf hörte nachts ein Knecht buttern. Er bat um ein Butterbrot. Einer kam und brachte es ihm. Da erschrak er und lief fort; der Unterirdische hinkte auf einem Bein, doch verfolgte er ihn. Da kam ein anderer Unterirdischer aus dem Berge heraus und rief: »Hinkelbeen, loop to! Hinkelbeen, loop to!« Aber doch holten sie den Knecht nicht ein. (19)

Friedrichshof

Friedrichshof liegt am Bistensee, nicht sehr weit von den Hüttener Bergen. Vor Zeiten gehörten die Ländereien zum Dorfe Ahlefeld. Später hat dort eine Burg gestanden, aus welcher sich der Herzog Friedrich, vermutlich der nachmalige König Friedrich I. von Dänemark, ein prächtiges Schloß erbauen ließ. Es hatte nicht weniger als neunundneunzig Zimmer. Hundert Zimmer darf kein Herzog, nur der König besitzen. Seit Christian V., der in den Wäldern am

Bistensee gerne jagte, hat kein König mehr in dem Schlosse gewohnt. Man erzählt, daß in den zum Schloß gehörigen Wäldern
und Feldern oftmals nächtliche Jagden abgehalten werden; aber
jedermann flieht vor dem grausigen Gebell der Hunde und den
Fackeln der Jagdgesellschaft. (20)

Hexen erkannt und belauscht

Wenn man ein altes Weib für eine Hexe hält, so braucht man nur
eine Handvoll Salz ihr nachzuwerfen, um sie zu erkennen. Denn ist
sie eine Hexe, so muß sie sich umsehen; oder will eine, die man in
Verdacht hat, in die Tür treten, so braucht man nur einen Besen
verkehrt in den Weg zu legen, und sie kann nicht eintreten, wenn
sie eine Hexe ist. Man kann's aber auch so machen, wie einmal ein
paar junge Knechte taten. Sie gingen in der Johannisnacht hinaus
auf eine Wiese und wälzten sich nackend im Tau. Sonntag darauf
gingen sie in die Hüttener Kirche, sie dienten da in der Nähe, und
sahen nun, daß jede Frau, die eine Hexe war, eine Milchbütte auf
dem Kopfe trug, und das waren damals sehr viele Frauen und
Mädchen. (21)

Brennende Strohbündel

Zwischen Owschlag und Sorgwohld, bei Schleswig, gehen drei
Männer als brennende Strohbündel, weil sie die Grenzen beider
Dörfer einst falsch beschwuren. (22)

Niß Puk in Owschlag

Einer der Kolonisten zwischen Tetenhusen und Kropp war sehr
reich geworden, wie man sagte durch einen kleinen Jungen mit
einer roten Mütze, den hatte er sich gekauft. Er warf ihm jeden
Morgen einen Spezies vom Boden, dafür mußte er ihm abends
Butter in die Grütze geben, und er gehörte ihm an, wenn er stürbe.

Der Bauer hatte ihn aus der ersten Hand, konnte ihn also wieder verkaufen, und das tat er auch, als er reich genug war. Er verkaufte ihn an einen Mann in Owschlag. Bei diesem machte er es ebenso. Der Bauer hatte eine Kammer, in die niemand kommen durfte; darin fehlte eine Fensterscheibe, die nie eingesetzt wurde; denn dadurch ging der Kleine aus und ein, sonst wohnte er auf dem Boden. Einst bei Nacht machten die Pferde einen furchtbaren Lärm, sie fraßen, als wenn sie Eisen bissen, es knirschte und knarschte ihnen zwischen den Zähnen. Der Knecht stand auf und wollte nachsehen; als er aber den Pferden in die Krippe sah, bekam er rechts und links Ohrfeigen von dem Kleinen. Wenn der Knecht künftig etwas hörte, so blieb er ganz ruhig liegen. Der Bauer konnte den Kleinen aber nicht wieder loswerden, denn er war der dritte, der ihn hatte. Der Bauer ist nun längst tot, und man weiß nicht, wie der Niß Puk aus dem Hause gekommen ist. (23)

Schleswig und Umgebung

Pingel ist tot!

In Jagel bei Schleswig war vorzeiten ein Wirt, der bemerkte mit Verdruß, daß sein Bier immer zu früh all ward, ohne daß er wußte wie. Einmal fuhr er nach der Stadt, um neues Bier zu holen. Als er nun zurückkam und bei dem Jagelberg vorbeifuhr, wo ein Riesengrab ist, hörte er ganz jämmerlich schreien: »Pingel ist tot! Pingel ist tot!« Er geriet darüber in die größte Angst und fuhr schnell nach Hause; da erzählte er seiner Frau: »Ach, was hab ich eben Angst ausgestanden; da fuhr ich an dem Jagelberg vorbei, und da schrie es so jämmerlich: ›Pingel ist tot! Pingel ist tot!‹« Kaum hatte er diese Worte gesprochen, so kam ein Unterirdischer aus dem Keller gesprungen und schrie:

»Ach, ist Pingel tot, ist Pingel tot,
So hab ich hier Bier genug geholt«,

und damit lief er fort. Nachher fand man einen Krug bei dem Fasse im Keller stehen, den der Unterirdische zurückgelassen hatte; denn er hatte für den kranken Pingel das Bier gestohlen. (24)

Kohlen in Gold verwandelt

Einige haben auch den Butterberg bei Esprehm voll glühender Kohlen gesehen; aber gewöhnlich ward ihr Pferd scheu oder sonst ein Hindernis trat ein, sonst hätten sie davon mitgenommen; denn die Kohlen werden zu Gold. (25)

Die Riesen und die Bauern

Bei Esprehm auf der Heide liegt ein Feld, das das Rötsal genannt wird; da war vorzeiten der Riesen Wohnung. Sie waren von ungeheurer Größe. Da kamen nun die Bauern in diese Gegend und fingen an, mit dem Pflug das Land umzureißen. Da mußten die Riesen weichen. Einmal sah eine Riesenfrau lange zu, wie ein Bauer pflügte; dann ergriff sie ihn und seine Pferde, nahm alles in ihre Schürze und zeigte ihn den andern, indem sie sagte: »Süh, dat sünd unse Verdriwers!« (26)

Die Nachtmähr

Zu einem jungen Manne kam jede Nacht die Nachtmähr und plagte ihn so entsetzlich, daß er es zuletzt seinen Freunden klagte. Nun wußte einer von diesen, daß die Nachtmähr nur durch ein Loch kommen könnte, das mit einem Harkenbohrer gemacht sei. Sie suchten nach und fanden wirklich in der Tür ein solches Loch. Nachts paßten sie auf und verschlossen es mit einem Pflock, als die Mähr drinnen war. Am hellen Morgen fanden sie nun eine schöne Frau bei ihrem Freunde im Bette liegen. Da ließen sie Hochzeit anrichten, und beide lebten zwei Jahre ganz glücklich miteinander. Sie gebar ihm in der Zeit ein Paar Zwillinge. Endlich geriet der Mann mit seiner Frau einmal in Streit und fragte sie ärgerlich, wo sie denn eigentlich her sei. »Das weiß ich gar nicht«, antwortete die Frau, und der Mann nahm sie bei der Hand, führte sie zur Stubentür und sagte: »So will ich es dir zeigen!«, und damit zog er den Pflock heraus. Da verschwand die Frau mit einem kläglichen Ton; nur an jedem Sonntagmorgen kam sie und brachte ihren Kindern schneeweiße Wäsche. (27)

Riese steigt aus der Erde

Bei Altmühl in der Nähe von Schleswig war ein Berg, der Klinkeberg, der jetzt abgetragen ist. Hier hütete ein Mann die Schafe. Plötzlich sah er einen Mann vor sich aus der Erde steigen, der immer größer und größer ward, bis er am Ende als ein Riese auf der Erde stand. Bald aber ward er wieder kleiner und kleiner und sank langsam in die Erde hinein. (28)

Die Priorin tanzt

Ein Herzog von Schleswig wollte gerne von dem Kloster Johannis den Selker See gegen den Tolker eintauschen. Aber vergebens. Da lud er die damalige Priorin zu einem Tanzfeste im Haddebyer Holze ein. Er gab ihr die Ehre des ersten Tanzes und brachte sie so zur Einwilligung in den Tausch. Die späteren Priorinnen haben vergeblich versucht, den Selker See wieder an sich zu bringen. Als sie dennoch eigenmächtig mit der großen Wade darin fischten, wurde ihnen diese genommen und der Klostervogt in den Turm gesetzt. (29)

Erichs Leiche

Nachdem Herzog Abel seinen unschuldigen Bruder, den König Erich, hatte ermorden lassen und die Leiche mit Steinen und Ketten beschwert bei Missunde in die Schlei gesenkt war, so stieg sie doch bald empor und trieb ans Ufer. Als man sie in feierlichem Zuge in die Stadt führte, fingen alle Glocken von selbst an zu läuten. Man begrub sie in der Kirche St. Peter und zeigt heute noch, nachdem sie längst anderswo hingeführt ist, dort des Königs Mütze, Rippe und die Ketten.

An dem Orte, wo die Leiche antrieb, errichtete man ein hölzernes Kreuz und nannte ihn zum Finsteren Stern. Oft haben später Fischer blaue Lichter da gesehen, wobei sie immer ein Grausen angekommen ist.

Hünengrab bei Missunde

Der König soll jetzt unter einem Steine zwischen Loitmark und Arnis an der Schlei begraben sein. Jede Nacht, wenigstens in der Nacht, in der er ermordet ward, kehrt der Stein sich um, wenn die Uhr zwölf schlägt. (30)

Die Domkirche zu Schleswig

Hinter dem Altar in der Domkirche zu Schleswig hing lange Zeit ein uraltes Bild, von welchem niemand sagen konnte, wen es vorstellen sollte. Die Sage bezeichnet es als dasjenige des Königs Erich und behauptet, wenn dieser seinem Bruder verziehen habe, würde das Bild reden und die Mauer sich öffnen. Dann würde man auch den Gang nach dem Möwenberge zugänglich finden, die Schätze würden gehoben werden, müßten aber an den Dom fallen. Die Möwen würden die Insel gänzlich verlassen. (31)

Die Möwen in Schleswig

König Abels Leute, die ihm bei der Ermordung seines Bruders Erich halfen, sind alle eines elenden Todes gestorben; der eine ward beim Spiel erstochen; ein anderer gerädert; der dritte von seinen eigenen Leuten erschlagen etc. Sie und alle die zwanzig Ritter, die mit dem Könige den Reinigungseid taten, sind nach ihrem Tode für immer an den Ort ihrer Schandtat gebannt.

Nahe an Schleswig, der Stelle, wo Abels Schloß stand, gegenüber, erhebt sich eine kleine Insel in der Schlei, der Möwenberg; alljährlich kommen am Gregoriustage die Möwen dahin und nisten ungestört; die Stadt bestellt ihnen einen Fischer zum Hüter, der der Möwenkönig heißt. Wenn sie nun zweimal Junge gebrütet haben und die dritten eben aus dem Ei gekrochen sind, dann stürmt es an einem Sonnabendnachmittag, sowie die Uhr zwölf schlägt, von allen Seiten auf den Berg. Knaben greifen die nackten Jungen; die andern erreichen die Schützen, die ganze Schlei ist mit Booten bedeckt, und Schüsse knallen ringsherum. Bis zum Sonntagmittag um zwölf Uhr dauert der Möwenpreis. Die noch lebenden Möwen sind dann traurig davongezogen; aber in jedem Jahr müssen sie wiederkommen und brüten.

Denn die Möwen sollen Abels Leute sein, und sie können nicht von dem Orte loskommen. Nur wenn einmal ihr Möwenkönig sie nicht beschützt und sie in der Zeit vor dem Möwenpreise keine Ruhe haben, brauchen sie in sieben Jahren nicht wiederzukommen. Das ist noch im Anfange dieses Jahrhunderts geschehen, wo sie in einem bösen Kriegsjahre gestört wurden. Aber erst wenn dreimal nacheinander ihnen das gleiche geschieht, man also binnen einundzwanzig Jahren gegen die alte Sitte verfährt, werden sie erst vom Fluche frei. – Andere sagen, daß auf der Möweninsel in einem Schlosse vor alten Zeiten ein mächtiger Herr gewohnt hat, der mit seinen Dienern und Knechten die Leute der Umgegend hart bedrückte. Das Schloß ist danach versunken, und er [wurde] mit seinen Dienern in Möwen verwandelt, die seit der Zeit die Insel allein bewohnen. (32)

Möwenschießen auf dem Holm

Swarte Margret

Es herrschte einmal eine Königin, die swarte Margret, über Dänemark, die ließ die Elbe mit langen Pfählen und einer großen Kette
sperren, so daß niemand heraus noch hinein konnte. So hat sie auch
den Kieler und Flensburger Hafen versperrt und die Schlei ruiniert
...

[Sie] hat auch das Dannewerk bauen lassen, um damit Dänemark
vor den Deutschen zu verschließen. Als sie noch nicht damit fertig
war, ward sie vom Feind angegriffen. Da stellte sie eine Reihe
Kühe an dem äußern Graben auf, der davon der Kohgraben heißt,
und die Feinde verschossen alle ihre Munition, weil sie die Kühe für
behelmte Soldaten hielten. Unterdes ward sie fertig ...

Am Deckerkruge bei Schuby, in der Nähe der Lohheide bei
Schleswig, ist ein kleiner Hügel, den man Dronningshoi nennt. Er
ist von Soldaten aufgeworfen, indem sie die Erde in ihren Helmen
zusammentrugen. Hier hat die swarte Margret einmal einen anderen Fürsten erschlagen.

Sie hatte nämlich Krieg mit ihm. Aber da sie sah, daß es ihr nicht
gutgehen werde, schickte die alte listige Frau zu ihm und ließ ihm
sagen, daß es doch unrecht wäre, daß so viele tapfere Leute um
ihretwillen sterben sollten; besser wäre es, daß sie und er den Streit
allein ausmachten. Der Fürst dachte, mit der Frau wohl auszukom-
men, und nahm das Anerbieten an. Als sie nun miteinander foch-
ten, sagte die Königin zu ihm, er möchte ihr doch einen Augenblick Zeit geben, sie wollte nur ihre Sturmhaube, wie man sie
damals trug, ein wenig fester binden. Der Fürst erlaubte ihr das; sie
aber sagte, daß sie ihm doch nicht trauen dürfe, wenn er nicht sein
Schwert bis an die Parierstange in den Grund stecke. Auch das tat
der Prinz. Aber da ging sie auf ihn los und schlug ihm den Kopf ab.

Er ist in Dronningshoi begraben, und die Leute, die dabei wohnen, haben ihn da oft sitzen sehen vor einer silbernen Tafel, mit
einem silbernen Teetopf, einer silbernen Milchkanne und einer
silbernen Tasse. (33)

Die schwarze Greet am Dannewerk

Gott straft die alte Königin Margret so für ihr ruchloses Leben, daß sie keine Ruhe im Grabe hat und in jeder Nacht über den alten Wall, den sie mit Hilfe des Teufels gebaut hat, hinreiten muß. Das haben viele Leute gesehen. Oft kommt sie auch mittags zwischen zwölf und eins. Sie trägt stets ein schwarzes Kleid, reitet auf einem weißen Rosse, das Dampf und Feuer aushaucht; ihr nach folgen zwei andere Geister in schneeweißem Gewande. So macht sie jedesmal die Runde in vollem Rennen von Hollingstedt bis Haddeby. – Einmal war eine Magd ausgeschickt, an dem Walle Kartoffeln auszugraben; es war mittags um zwölf. Da kam sie plötzlich nach Hause gesprungen und schrie, die schwarze Greet sei ihr vorbeigesaust, und ihre Begleiter seien auf sie losgekommen. Da habe sie den Kartoffelsack im Stich gelassen und sei davongelaufen. Als man nun hinging und nachsah, fand man die Kartoffeln umhergestreut und zertreten. Das hatte aber die schwarze Greet getan, weil sie nicht will, daß auf ihrem Wall gebaut werden soll.

Noch in der Neujahrsnacht des Jahres 1844 geschah es, daß die Kinder der Leute, die bei Kurburg am alten Walle wohnen, abends spät nach elf von der Nachbarschaft nach Hause gingen. Da kam ihnen auf dem Walle das weiße Pferd entgegen, mit einem weißen Laken behangen, große Klunker an den Ohren, mit einer Laterne vor dem Kopf, es gab Dampf von sich, und darauf saß eine hohe schwarze Gestalt. Das war die Greet. Zwei andere weiße Gestalten folgten ihr zu Fuß. Die Mädchen liefen eilig ins Feld, da sauste das Pferd weiter den Wall entlang, aber die weißen Gestalten verfolgten sie. Die Mädchen waren in großer Not. Die kleinste fiel und fing an zu beten, die anderen kamen davon. Als nun die Eltern die Kleine nach Hause holten, konnte sie kein Wort reden als: »Das Pferd! Das weiße Pferd!« Noch mehrere Tage redete sie irre, und als der Vater diese Geschichte erzählte, ward ihr wieder ganz angst, und sie hielt die Hände vors Gesicht, war auch auf keine Weise zu bewegen, etwas davon zu erzählen. (34)

Das Butterbrot

Bei dem Dorf Dannewerk befindet sich auch ein Butterberg. Ein Pferdejunge sah ihn einmal offen und eine Unterirdische vor dem Butterfaß; da rief er: »Giff mi en Botterbrot!« Als die Unterirdische ihm eins brachte, lief er aber fort, und die Unterirdische verfolgte ihn. Da hörte er eine Stimme:

> »Loop oewer de Stücken,
> So deit di nüms drücken.«

Das tat er und sprang über die Gräben querfeldein; die Unterirdische aber, weil sie alle einen unmäßig dicken Kopf haben, stolperte jedesmal beim Überspringen. Der Junge kam glücklich ins Haus; da ward das Butterbrot gegen den Türständer geworfen, und als man nachsah, war's eine grüne Grassode. Aber viele haben solch ein Butterbrot von den Unterirdischen bekommen und ihnen immer einen Pfennig dafür gegeben. (35)

Die junge Hexe ersäuft

In Kurburg am Dannewerk und in andern Orten bei Schleswig weiß man viel von Hexen zu erzählen. Einmal sollten Fischer eine junge Hexe übers Wasser setzen. Da beredeten sie sich heimlich, daß sie sie ersäufen wollten. Unterwegs mitten auf dem Wasser stießen sie das Mädchen aus dem Boot; sie aber faßte es wieder und riß es um, daß die Fischer elendiglich ertrinken mußten. Das Mädchen aber tauchte wieder hervor, und die Leute sahen sie später noch oft auf den großen Blättern der Wasserlilien über den Wellen schweben. (36)

Die Teufelskatze

Es war einmal ein Bauer, der hatte drei schöne große Katzen. Sein Nachbar kam und bat ihn um eine. Er erhielt sie und setzte sie auf den Boden, um sie anzugewöhnen. Nachts steckte die Katze den

Schleswig. Kupferstich aus Daniel Meisner

Kopf durch die Bodenluke und fragte: »Was soll ich bringen über Nacht?« – »Mäuse sollst du bringen«, antwortete der Bauer. Da fing die Katze Mäuse und warf sie alle auf die Diele. Am andern Morgen lag die Diele so voll, daß man die Tür gar nicht öffnen konnte, und der Bauer fuhr den ganzen Tag die Mäuse fuderweise weg. Nachts steckte die Katze den Kopf wieder durchs Bodenloch und fragte: »Was soll ich bringen über Nacht?« – »Roggen sollst du bringen«, antwortete der Bauer. Da schüttete die Katze die ganze Nacht Roggen hinab, daß man morgens wieder die Tür nicht öffnen konnte. Da merkte der Bauer, daß die Katze eine Hexe sei, und brachte sie wieder zum Nachbarn. Und daran hat er klug getan; denn hätte er ihr zum dritten Mal Arbeit gegeben, so hätte er sie niemals wieder loswerden können. Aber daran tat er nicht klug, daß er nicht das zweite Mal sagte: »Geld sollst du bringen!« Dann hätte er soviel Geld gehabt als nun Roggen. (37)

Der Schmied beim Landgrafen Karl

Landgraf Karl von Hessen auf Schloß Gottorp († 1836) war ein sehr gelehrter Mann. Nebenbei beschäftigte er sich viel mit den geheimen Künsten und Wissenschaften, so daß die Leute behaupteten, daß er »das schwarze Buch« besitze. Ein Schmied, der als guter Freund nicht selten auf Gottorp einkehrte, soll das schwarze Buch gesehen haben und durch dasselbe fast unglücklich geworden sein. Er saß allein wartend im Zimmer, sah auf dem Tisch ein merkwürdiges Buch liegen, nahm es in die Hand und schlug es auf. Er wunderte sich über die ungewöhnlichen Buchstaben, und wie er nun anfing zu lesen, da schwärmte es um ihn von schwarzen Krähen in immer wachsender Zahl. Die kamen ihm näher und immer näher, als wollten sie ihm Kopf und Augen zerhacken. In seiner Angst schrie er laut, und im selben Augenblick kam der Landgraf, der sich gerade erinnert hatte, daß er sein Buch dort habe liegenlassen. Wie er die Notlage des Schmiedes sah, begann er eifrig rückwärts zu lesen, und die Krähen verschwanden nach und nach. (38)

Der gestrichene Scheffel

Ein Mann befand sich in großer Geldnot und rief den Teufel an. Der Teufel kam und versprach, ihm einen Scheffel Goldgeld zu geben; er solle ihn gehäuft voll empfangen und nach zehn Jahren nur gestrichen wieder abliefern. Könne er das nicht, sei er seiner Seele verlustig. Der Teufel hoffte, der Mann sollte ein Schlemmer werden und würde dann ihm sicherlich zufallen. Der Mann aber fragte, ob er das Geld, wenn's ihm möglich wäre, nicht früher wieder abliefern könnte; der Teufel sagte dazu ja. Als er darum dem Mann den gehäuften Scheffel brachte, nahm dieser ein Brett, strich ab und sagte zu ihm, er könne das übrige nun wieder mitnehmen; denn mehr brauche er nicht. Seit der Teufel diesen Ärger gehabt hat, ist er vorsichtiger bei solchen Kontrakten geworden. (39)

Der Nisebok

Dem Nisebok, so hörte ich einmal aus Schleswig, stellt die Frau abends Milch und Brot in den Schrank, wenn sie sich von den Mägden unbemerkt glaubt, und wenn sie zur Stadt fährt, bringt sie ihm immer einen Stuten mit. Er aber bringt Korn, und wenn man dreschen will, so findet man zwischen jeder Lage Roggenstroh eine Lage schieres Korn. (40)

Der Sack mit Hafer

Auf den Hesterberg bei Schleswig bringen die Bauern aus Mielberg jedesmal, wenn ein gewisses Stück mit Hafer besäet wird, einen Sack mit diesem Korn und lassen ihn da stehen. Nachts kommt dann jemand und braucht den Hafer für sein Pferd. (41)

Der Brutsee

Ganz nahe bei Schleswig neben dem Wege nach Moldenit liegt ein kleiner schöner See, der Brutsee. In alten Zeiten war er ganz von Wald umgeben, und ein Dorf lag daran, das zu St. Jürgen in Schleswig eingepfarrt war. Hier wohnte ein reicher Bauer, dessen schöne Tochter einen armen Knecht liebte und ihm Treue gelobt hatte. Aber der Bauer wollte sie einem reichen Hufner geben, und die Hochzeit ward auf den Pfingsttag angesetzt. Zum letzten Male sahen sich am Abende vorher die Liebenden an dem großen Steine, der noch am Ufer des Sees liegt. Als nun am andern Morgen Braut und Bräutigam mit ihren Verwandten über den See zur Stadt fuhren, ertönte plötzlich die Totenglocke, wie es bei uns Sitte ist, wenn einer gestorben ist. Und in demselben Augenblick erhob sich ein gewaltiger Wirbelwind, das Boot schlug um, und alle ertranken. Die Leichen fand man bis auf die der Braut; sonst hätte man sie mit ihrem alten Liebsten begraben, dem das Läuten gegolten hatte. Aber in der Pfingstnacht steigt nun ein wunderschönes Mädchen in prächtigen Kleidern aus dem See, setzt sich auf jenen Stein und kämmt singend ihr langes goldenes Haar, bis der Morgen graut. Dann verschwindet sie wieder im See, der nach ihr der Brutsee heißt. (42)

Angeln

Der Teufel und die Braut

In Moldenit, einem Kirchdorfe in Angeln, begehrte ein junger Mensch ein Mädchen zur Frau. Sie aber wollte ihn durchaus nicht, sosehr er ihr auch mit Bitten nachstellte, und sagte endlich, eher wolle sie den Teufel nehmen als mit ihm zur Kirche gehen.

Obgleich sie sich so selber dem Teufel zugesagt hatte, gab sie dem Freier doch endlich das Jawort. Wie das Brautpaar nun zur Kirche geht und in die Nähe des sonderbar geformten Hügels kommt, den man noch da sieht, ruft ein altes Weib ihnen zu, sie sollten eilen, der Teufel laure auf die Braut. Kaum sind sie an der andern Seite des Hügels und wollen eben in die Kirche treten, als der Teufel hervortritt und eine schwere Kette nach ihnen schleudert. Glücklicherweise setzten sie eben den Fuß in die Kirche; sonst wäre die Braut verloren gewesen. Der Teufel hatte die Kette mit solcher Macht geschleudert, daß ihre Spuren noch in der Mauer über der Kirchtür zu sehen sind. Einige sagen auch, daß die Kette sitzengeblieben sei und da noch herabhänge.

In der Söruper Kirche sind an der Innenwand ebensolche Spuren einer Kette zu sehen. Eine meineidige Braut, die schon mit einem andern verlobt war, ging mit dem zweiten da zur Kirche, um sich trauen zu lassen. Als sie aber kaum in die Tür trat, ließ der Böse eine schwere Kette herab, hakte die Braut hinein und fuhr mit ihr durch die Luft fort, und zwar mit solcher Gewalt, daß durch das Anstreifen der Kette jene Löcher in der Mauer entstanden, die in scheitelrechter Richtung übereinander da noch zu sehen sind. (43)

Pinnes Grab

Im Gehege Rehberg, südlich von Satrup, befindet sich ein ausgedehntes Hünengrab, dessen Kammern aus großen, teilweise gespaltenen Steinen zusammengesetzt sind. Es heißt im Volksmund »Pinnes« oder »Pinas Grab«. Man erzählt sich, daß hier der Räuberhauptmann Pinas begraben ist, der bei Lebzeiten auf seinen Fahrten zu Lande und zu Wasser die Gegend unsicher gemacht habe. (44)

Die alte Eiche

Mitten in einer alten Koppel südlich von Esmark steht einsam eine alte knorrige Eiche. Die ältesten Leute samt ihren Eltern und Großeltern haben sie schon als solche gekannt. Wer diese Eiche umhaut, dessen Haus soll Feuersbrunst verzehren. (45)

Die Kirche zu Sieverstedt

Als der heilige Poppo die Heiden im Helligbek taufte, benutzte er den Stein, der auf der Poppholzer Koppel nicht weit vom Wirtshause liegt, als Taufstein. Der Stein ist noch da, und man nimmt ihn nicht weg, obgleich er mitten im Acker liegt. Er ist oben ein bißchen rund, etwa vier Fuß im Geviert und ruht ein wenig erhöht auf mehreren Steinen.

Zu jener Zeit passierte nun einmal ein Fremder zu Pferde den Bach. Mitten darin hielt er an, sein Pferd zu tränken, und fragte die Leute, die in der Nähe waren: »Ist dies das Wasser, in dem ihr getauft werdet?« Die Leute bejahten seine Frage. »So wünsche ich«, rief der Fremde, »daß mein Pferd in euer heiliges Wasser einen Dreck täte.« Sein Wunsch ging in Erfüllung, allein in demselben Augenblick war er mit seinem Pferde festgenagelt, er konnte nicht von der Stelle und mußte lange Zeit im Bache halten. Da tat er in seiner Herzensangst das Gelübde, den Christen des Ortes eine Kirche zu bauen; der fromme Vorsatz half ihm aus der Not. Und der Fremde hielt sein Wort, und die Sieverstedter Kirche, die etwa eine halbe Stunde entfernt liegt, ward von ihm gebaut. Sie ist daher eine der ältesten Kirchen unseres Landes.

Man zeigt da noch bei Poppholz auch einen Stein, der der Tempel heißt, weil der heilige Poppo da gepredigt hat; den Taufstein nennt man auch den Poppstein. (46)

Glocke im Wasser

In einem Kriege war den Schaalbyern oder Kahlebyern die Glocke aus dem Turm fortgekommen. Da erhielten sie von dem Könige die Erlaubnis, sich irgendwo eine zu stehlen, wo es deren zwei gäbe. Sie kamen nach Haddeby und nahmen da die eine weg. Als aber das Boot in die Borgwedeler Breite kam, versank es samt dem Raube. Alle Neujahrsmorgen um sechs Uhr hört man's nun in der Tiefe läuten. (47)

Ulsnis und Rieseby

In der Nähe des heutigen Dorfes Ulsnis wohnte einst ein mächtiger Riese, den man wegen seines Alters den Alten nannte. Sein Sohn war ihm an Größe und Kraft noch weit überlegen. Um von seinem Vater unabhängig zu sein, watete er durch die Schlei und wohnte in der Gegend von Rieseby. Mehrmals aber kam es vor, daß die beiden sich über die Schlei beschimpften und mit Felsblöcken bewarfen. Aber der Streit brach erst recht aus, als der Alte bei Ulsnis anfing, eine Kirche zu bauen. Der Sohn bemerkte von seinem Berg in der Nähe seines Wohnortes alles, was sein Vater machte. Er wollte ihm nicht nachstehen, und so baute er eine Kirche, die noch höher und schöner sein sollte. Als der Alte dieses von einer Anhöhe aus merkte, rief er seinem Sohn bittere Vorwürfe zu. Bald gerieten beide in Wut und warfen mit den größten Blöcken, die sie auf den Feldern fanden, nacheinander. Die hohen Türme der Kirchen waren bald niedergeworfen und dadurch die Wut noch größer geworden. Gleichzeitig wurden beide von einem

41

Haddeby

Stein getroffen, so daß sie tödlich verletzt zu Boden sanken und bald starben. Der Alte fiel mit dem Kopf in die Schlei hinein, und dadurch bildete sich die Halbinsel Nes am Gunnebyer Noor, und nach dem Alten nannte man den Ort Ulsnis. Den Wohnort des Jüngeren nannte man Rieseby. (48)

Tutland

Im südlichen Angeln an der Landstraße von Schleswig nach Kappeln liegt am Oxbek bei Loit ein Hügel, der Tutland genannt wird. Hier stürzte nämlich vor vielen Jahren einmal ein Halbmeister vom Pferde und brach den Hals. Er durfte nun nicht in geweihter Erde begraben werden, sondern die Ecke der anstoßenden Koppel Westerlük nahm den Leichnam auf. Seit der Zeit war's nicht geheuer an dem Orte. Alle Reisenden wurden da beunruhigt, und die Leute im Dorf hörten an jedem Donnerstagabend, dem Todestage des Halbmeisters, den noch in Angeln gebräuchlichen Weheruf: »O jaue tut! O jaue tut!« Wer über die Brücke, die über den nahen Bach führt, ungehindert hinüberkam und nicht ins Wasser geworfen ward, konnte von Glück sagen. Sie heißt noch die Schelmenbrücke; aber auch auf dem Hügel Tutland hat der Spuk jetzt aufgehört. (49)

Süderbrarup

Auf der Koppel Boikil bei Süderbrarup befindet sich eine Quelle. Schon in heidnischer Zeit bestand sie, und ihr Wasser war für mancherlei Gebrechen heilbringend. Von weit und breit strömten die Kranken herbei und fanden ihre Gesundheit wieder. Nach Einführung des Christentums wurde die Quelle dem Jacobus geweiht, und große Wallfahrten haben den Grund zu dem jetzt noch bestehenden Brarupmarkt gelegt, der regelmäßig Ende Juli stattfindet. (50)

Gut Roest

Der Scheidevogt

Eine Sage erzählt, daß zwischen einem Besitzer von Roest über eine Hölzung bei Fegetasch, Topholz genannt, Streit mit Rabenkirchen war. Da sollte der Edelmann an Ort und Stelle schwören, daß er auf seiner eigenen Erde stände und daß die Zweige über seinem Haupte sein wären. Er füllte zu diesem Zwecke am Morgen Erde aus seinem Garten in seine Schuhe und zierte seinen Hut mit Zweigen von den Bäumen bei seinem Hofe. Nun schwur er, wie verlangt war, und die Rabenkirchener verloren das Holz. (51)

Die Teufelsbrücke

Im Hüholz bei Kappeln führt über eine tiefe Schlucht eine Brücke. Der Knecht von Grödersby war nach Kappeln geritten. Er war ein toller Reiter und Waghals. Man mahnte ihn zur Vorsicht, er aber verfluchte sich. Der Teufel möge ihm den Hals brechen, sagte er und ritt fort. In der Schlucht bei der Brücke stürzte er mit seinem Pferde und brach das Genick. Die Brücke heißt seit jener Zeit die Teufelsbrücke. (52)

Die Kapelle zu Kappeln

Ähnliches wird auch von der Kapelle zu Kappeln erzählt, zu deren Bau nach der Sage die Materialien auf wunderbare Weise in einer Nacht ohne menschliche Hilfe zusammengetragen wurden. Dorthin habe das Volk nach ihrer Fertigstellung von weither Wallfahrten gemacht, weil auch nachher sich hier solche großen Wunderkräfte wirksam zeigten: Blinde wurden sehend, Lahme gehend und alle nur möglichen Gebrechen geheilt. Auch hier waren zur Zeit, als die Reformation eingeführt wurde, noch viele Krücken vorhanden, welche die geheilten Lahmen weggeworfen hatten. Durch die vielen Opfer, die diese Wallfahrten einbrachten, wurden so große Mittel angesammelt, daß die Kapelle zu einer stattlichen Kirche umgebaut werden konnte. (53)

Kappeln

Der Mann ohne Kopf

Vor einem Hause zu Kiekut geht nachts um die zwölfte Stunde ein Mann auf der Straße im Mondenschein unablässig auf und ab. Bei genauerem Zusehen hat er keinen Kopf auf, sondern trägt denselben im rechten Arm. Mit diesem Kopf hat er einen Mordplan ausgesonnen und mit diesem Arm ihn in diesem Hause ausgeführt. Darum kann der Enthauptete in der Geisterstunde keine Ruhe finden. (54)

Hexen-Maitag

Im östlichen Angeln hatten die Hexen ihre Zusammenkunft zwei Tage vor Maitag in Schwackendorf. Da ging es dann hoch her. Auf silbernen Pfeifen wurde zum Tanz aufgespielt. Als Speisen wurden Kalbsbraten, Wurst und Weißbrot gereicht, wozu Bier getrunken wurde. Um Mitternacht nahmen die Versammlungen ihren Anfang, und beim Morgengrauen mußten alle wieder verschwunden sein. (55)

Der Teufel trägt Ohrfeld

Der adlige Hof Ohrfeld in Angeln stand früher in Kronsgaard. Der Teufel sollte ihn an einen bestimmten andern Ort tragen; in einer Nacht lud er ihn auf; da aber krähte der Hahn, als er eben jenseits der Geltinger Scheide war, und er mußte ihn fallen lassen. Darum liegt Ohrfeld jetzt so nahe an Gelting. (56)

Lebendig begraben

Um 1655 feierte ein Hufner in Osterholm Ksp. Sterup seine Hochzeit, und beim Hochzeitsmahl verschluckte sich die ihm eben angetraute Braut an einem Kloß und galt bald für gestorben. Wegen des heißen Sommers wurde sie, wie öfter üblich, in ihrem Sarg schon am Abend vor dem Beerdigungstage auf dem Kirchhof in Sterup in das Grab gesenkt, das vorläufig mit Brettern zugedeckt wurde. In der Nacht kamen nun zwei Steruper, deren Wohnungen noch genannt werden, um die Leiche ihres goldenen Fingerringes und ihrer goldenen Ohrringe zu berauben. Es machte ihnen Mühe, den Ring abzukriegen, und sie äußerten, die Ohrringe würden sie einfach ausreißen. Die Begrabene hörte alles, konnte sich aber nicht regen. Man richtete dieselbe im Sarge auf und gab ihr, als sie zurücksank, einen Stoß in den Rücken mit den Worten: »Du warst widerspenstig im Leben und bist es noch im Tode.« Da flog der Kloß, die Scheintote regte sich, und die Diebe flohen mit Hinterlassung eines Brecheisens und einer Zange. Sie ging nun in ihrem Leichengewande während der Sommernacht nach ihrem Hause in Osterholm, pochte an die Haustür und rief leise. Der Hufner erkannte ihre Stimme, erschrak und holte seinen Knecht. Dieser machte gleich die Tür auf, indem er sprach: »Ist es die Tote, so können wir ihren Geist doch nicht draußen halten, ist sie aber lebendig, so hat es ja keine Not.« Sie aber gab dem Knecht die Hand und sprach einige beschwichtigende Worte, und der Knecht rief: »Die Hand ist warm, sie lebt.« Sie hat denn noch fünf Jahre mit ihrem Manne gelebt und zwei Kinder gehabt, ist aber immer sehr bleich und sehr ernst geblieben, und jedesmal, wenn jemand beim Essen lachte, hat sie es gerügt und gesagt: »Denkt an mein Schicksal!« (57)

Auff dem Kirchhoffe

Ich hänge diesem an / was einem meiner Kirchspiels-Leuten Nahmens Hinrich Claussen / der ein Tischler ist / wiederfahren. Denselben trieb die Verwegenheit / da er am Abend über unser Kirchhoff gehet hier zu Sterup / daß er seinen Stecken nam / und mit demselben auff die in dem Bein-Hause gelegte Todten-Köpffe klopffete / mit diesen Worten: Guten Abend Brüderchens! Was machet ihr? schlaffet ihr oder nicht? etc. Allein diese Verwegenheit bekam den verwegenen Menschen übel / und ward von dem Kirchhoffe gleichsam mit Stein und Knochen abgetrieben / indem ihm vorgekommen / als ob eine große Anzahl Menschen ihn gefolget und verfolget / also das er durch die Flucht seinen Hut verlohr / und da er durch die Kirchhoffs-Pforte gerennet / hinter sich ein starckes Werffen gehöret / (wiewol er nicht getroffen) / so gar auch / daß die Seinigen / da er in seines Vaters Hause / so nicht weit von der Kirchen abgelegen / das Steinwerffen auff der Steinbrücken / und an der Thür des Kirchhoffs mit angehöret / und solches bekräfftiget haben / und er am Morgen den verlohrenen Hut erst wieder geholet. (58)

Bauernhaus in Angeln. Zeichnung von C. Schröder

Habernis

Bei Habernis stießen die Ländereien von Steinberg und Quern aneinander, und die Bewohner beider Kirchspiele ließen hier ihr Vich unter der Aufsicht von Hirten weiden. Oft kam es zu Grenzstreitigkeiten zwischen ihnen, und eines Tages erschlug der Steinberger Hirte den Querner mit Namen Niß. Alsbald traten nun die Bauern zur Beilegung des Streites zusammen, und man einigte sich dahin, daß die ganzen Ländereien auf der Halbinsel den Quernern zufallen sollten, als Buße für den erschlagenen Hirten. Dabei sagte man: »Det skal De ha' for Niß« (Das sollt Ihr für Niß haben). So ist denn der Name Habernis entstanden. (59)

Die drei Alten

Im Herzogtum Schleswig, in der Landschaft Angeln, leben noch Leute, die erinnern, nachstehende Erzählung aus dem Munde des vor einiger Zeit verstorbenen, durch mehrere gelehrte Arbeiten bekannten Pastor Oest gehört zu haben; nur weiß man nicht, ob die Sache ihm selbst oder einem benachbarten Prediger begegnet ist.

49

Mitten im XVIII. Jahrhundert geschah es, daß der neue Prediger die Markung seines Kirchsprengels umritt, um sich mit seinen Verhältnissen genau bekannt zu machen. In einer entlegenen Gegend stehet ein einsamer Bauernhof, der Weg führt hart am Vorhof der Wohnung vorbei. Auf der Bank sitzt ein Greis mit schneeweißem Haar und weint bitterlich. Der Pfarrer wünscht ihm guten Abend und fragt, was ihm fehle. »Ach«, gibt der Alte Antwort, »mein Vater hat mich so geschlagen.« Befremdet bindet der Prediger sein Pferd an und tritt ins Haus, da begegnet ihm auf dem Flur ein Alter, noch viel greiser als der erste, von erzürnter Gebärde und in heftiger Bewegung. Der Prediger spricht ihn freundlich an und fragt nach der Ursache des Zürnens. Der Greis spricht: »Ei, der Junge hat meinen Vater fallenlassen!« Damit öffnet er die Stubentüre, der Pfarrer verstummt vor Erstaunen und sieht einen vor Alter ganz zusammengedrückten, aber noch rührigen Greis im Lehnstuhl hinterm Ofen sitzen. (60)

Seeräuber

In alten Zeiten überfielen Seeräuber häufig die Landschaft Angeln und plünderten und brandschatzten die Bewohner. Um sich gegen plötzliche Überfälle zu schützen, stellte man an verschiedenen Stellen an der Küste Posten auf, die das Herannahen der feindlichen Boote melden mußten. Eine solche Stelle lag in Bockholm im Kirchspiel Munkbrarup und heißt heute noch Wahrberg. (61)

Die Munkbraruper Kirche

Ein Maurer hatte es übernommen, die Munkbraruper Kirche bis zu einer bestimmten Zeit zu erbauen. Bald sah er sich außerstande, die Frist einzuhalten. Mißmutig ging er eines Abends umher und grübelte, was wohl in der Sache zu tun sei. Da trat ein kleines Männlein zu ihm und bot ihm seine Dienste an. Der Baumeister hörte anfangs ungläubig die großprahlerischen Reden des Kobolds an. Endlich wurden sie sich doch einig, daß der kleine Mann in kurzer Zeit die Kirche fertigbauen sollte, der Baumeister hingegen sollte bis dahin seinen Namen ausfindig machen. Konnte er das nicht, so sollte er mit Leib und Seele dem Kobold gehören. Seelenvergnügt ging der Baumeister heim, denn er dachte: »Will er mir nicht selbst seinen Namen sagen, so will ich ihn schon aus den Leuten herauslocken.« Aber es ging anders, als er dachte, denn der kleine Mann brauchte keine Helfer, sondern alles vollbrachte er nachts mit unglaublicher Behendigkeit. Am Tage, wo nun der Bau fertigwerden sollte, wußte der Baumeister noch immer nicht den Namen des Kleinen. Traurig, wie das erste Mal, ging er wieder über die Felder. Als er nun an einem Hügel vorbeikam, hörte er unter der Erde ein Kind weinen. Er blieb stehen und lauschte. Da vernahm er, wie die Mutter sagte: »Schweig still, du Ding! Heute abend kommt dein Vater Sipp und gibt dir Christenblut zu trinken.« Da wurde der Baumeister froh, denn er wußte nun, daß Sipp der Name des Kobolds war. Er eilte zur Kirche, wo der kleine Mann gerade den letzten Stein in die Mauer fügen wollte, und rief ihm von ferne zu:

»Guten Morgen, Sipp! Guten Morgen, Sipp!
Setze nur ein den letzten Stein!«

Da wurde der Kobold rasend, als er seinen Namen hörte, und warf den Stein, den er eben einsetzen wollte, fort und fuhr in seine Höhle. Das Loch, welches in der Kirchenmauer blieb, hat man niemals dicht machen können. Ein Maurer, der es einmal auszumauern versucht hat, bekam darnach eine auszehrende Krankheit. Später setzte man da ein Fenster ein; das ließ der Kobold unangetastet. (62)

Bey Hollnisfähr

Eben derselbe Herr Magister erzehlete mir / daß ohnegefehr vor 26 Jahren vor diesen 1697 geschehen sey bey Hollnisfähr / woselbst man über den Flenßburger Wieck von Angeln nach Alsen schiffet / zwey Fährleute beym starcken Gewitter ihre Kühnheit haben sehen lassen wollen / und sich zu dem Ende mit einem kleinem Fahrzeuge zu segeln hinaus begeben / nach der Kühnlingen Sprichwort: Audendem aliqvid brevibus gyaris, & carcere dignum. Allein was geschach? Kühnheit ward mit Unglück belohnet. Denn der starck Sturm / und die wütende Fluhten / wurffen das Fährzeug herum / und also ersoffen die verwegene beyde Schiffs-Leute. Wie nun die Ihrige / nachdem das Meer sich wiederum gesetzet / dieselbe im Meer Ertrunckene wieder auffsucheten / trugs sich zu / daß die eine Person nur auffgefischet und gefunden ward / die ander Person aber könte durch allen angewandten Fleiß nicht gefunden werden. Allein nach Verfliessung einiger Zeit / indem der Fährknecht am Abend zu Bette gegangen / und also liegend sein Abend-Gebet verrichtete / kommt der nicht gefundenen Person Gestalt in weisser Habiet zu dem Bette gehen / und redet den betenden Fährknecht an / und saget / sie sollen nur einen zimlichen Strich des Ufers passiren / und in dem Schilffrohr / so sie würden antreffen / suchen / daselbst lege der todte Cörper. Da nun dieses angedeutet war / verschwindet die Gestalt / und an dem andern Tage darauff ward am angewiesenen Ort der Cörper gesuchet / und gefunden. (63)

Flensburg

Dr. Faust und Niß

Dr. Faust hat den Niß einmal in seinen Diensten gehabt. Er fuhr mit ihm in einem gläsernen Kasten über die See an den Küsten entlang, um alle Tiefen und Untiefen auszuspähen. Alles, was er so durch seinen Glaskasten wahrgenommen, hat er aufgenommen und zu Papier gebracht; denn die Seekarten, die die Kapitäne und Steuermänner gebrauchen und worauf alles gezeichnet ist, die rühren von dem Dr. Faust her. Als sie an die Fährstelle am Eingange des Flensburger Hafens kamen, da war es aber nahe daran, daß der Glaskasten untergehen sollte. Da rief Dr. Faust: »Hol, Niß!« Niß sollte nämlich nicht weiterfahren, weil es nicht mehr ging, und sollte das Schiff zum Stehen bringen. Seit der Zeit heißt nun der Ort Holnißfähr. (64)

Peter Pommering

In der Stadt Flensburg, vier Meilen von Schleswig, lebte vor mehreren hundert Jahren ein gar böser Mann, der hieß Peter Pommering und war der Sohn wenig geachteter Eltern. Er hatte aber einen listigen Kopf und war fleißig, wo es darauf ankam, für seinen Vorteil zu arbeiten. So lernte er denn mancherlei und brachte es mit der Zeit bis zum ersten Bürgermeister von Flensburg, was damals nichts Geringes war, denn Flensburg ist eine feine Stadt und treibt bedeutenden Handel und Schiffahrt.

Es läßt sich aber denken, daß Peter Pommering seine hohe Würde nicht ohne mancherlei Praktiken und Kniffe erlangte, und die alten Chroniken der Stadt Flensburg wissen viel und mancherlei davon zu erzählen.

Wie dem aber auch sei, so ist gewiß, daß sobald Peter Pommering Bürgermeister von Flensburg war, er sich gar ungebärdig

Flensburg. Kupferstich aus Daniel Meisner

anstellte und bald weit und breit für einen Erztyrannen galt. Seine erste Handlung war, daß er einen neuen Gefängnisturm baute, dicht bei dem Rathause, auf dem Dingplatze am Graben, und dabei schwur er, daß das Bild desjenigen, welcher zuerst in den Turm kommen würde, zum ewigen Andenken an der Pforte desselben in Stein ausgehauen werden sollte. Er glaubte damit irgendeinem Flensburger Stadtkinde einen großen Schimpf anzutun, aber es kam anders. Denn kaum, daß Peter Pommering den Schwur getan hatte, so brachten seine Häscher drei alte Juden ein, welche auf verbotenem Schacher waren betroffen worden. Da mußte Peter Pommering zu seinem großen Ärger diese drei alten Mauschel in den neuen Turm sperren und hernach in Stein über dem Tore desselben aushauen lassen, wo die Gesichter noch bis auf den heutigen Tag zu sehen sind. Darüber wurde er so grimmig, daß er eine arme Magd, welche um eines geringen Fehles willen bald hernach eingebracht wurde, ohne Urteil und Recht lebendig hinter dem Graben verscharren und ihr einen hölzernen Pfahl durch das Herz stoßen ließ, über welche unerhörte Grausamkeit ganz Flensburg in Schrecken geriet. Das war ihm denn eben recht, und er trieb es alle Tage ärger. Als er aber gegen Weihnachten des Jahres 1595 es den bösen Hamburger Bürgermeistern nachtat und einen armen Straßenjungen, der ihm beim Ballspiel aus Versehen eine Fensterscheibe eingeworfen hatte, mit dem Schwerte hinrichten ließ, da rotteten sich die Flensburger Bürger zusammen und stürmten das Haus des bösen Bürgermeisters, der, als er keine Rettung mehr sah, sich mit seiner goldenen Mantelschnur erdrosselte.

Die Flensburger berichteten sogleich den Vorfall an den Statthalter nach Schleswig, und dieser verordnete, daß Peter Pommering ohne Sarg noch Sang noch Klang am Graben neben dem von ihm grausam hingerichteten Mägdlein solle verscharrt werden. Das geschah denn auch, aber Peter Pommering hatte keine Ruhe im Grabe, und bis auf den heutigen Tag geht er als ein boshaftes Gespenst im Graben umher. Viele, viele Leute haben ihn schon in der Dämmerung und um Mitternacht gesehen, bald als blaues Flämmchen über der Stelle, wo er verscharrt liegt, bald als schwarzen, zottigen Pudel mit glühenden, tellergroßen Augen, bald im Leichenhemde mit der goldenen Mantelschnur um den Hals, und alle Flensburger haben das Sprüchlein: »Es muß jedem Bösen ergehen wie dem Peter Pommering.« (65)

Der wachsende Pfahl

Auf dem Nordermarkte in Flensburg steht ein Pfahl; den läßt der Magistrat in jeder Nacht abhauen. Aber jedesmal wächst er wieder aus der Erde hervor. Es ist nämlich der Pfahl, mit dem einst ein unschuldiges Mädchen auf eine falsche Anklage hin lebendig gepfählt wurde. (66)

Cyprianus

In alter Zeit lebte auf einer dänischen Insel ein Mann namens Cyprianus; der war schlechter als der Teufel. Deshalb ward er, als er gestorben und zur Hölle gefahren war, vom Teufel wieder hinausgeworfen und auf seine Insel zurückversetzt. Hier schrieb er neun Bücher in altdänischer Sprache mit Hexereien und Zaubersprüchen. Wer diese Bücher alle neun durchliest, ist dem Teufel verfallen. Von diesem Original sollen drei (oder neun) Exemplare von einem Mönche abgeschrieben und dann zerstückelt über die ganze Welt verbreitet worden sein.... Eins dieser Bücher existiert noch in Flensburg. Einzelne Zaubereien aus den neun Büchern sind noch vielen alten Leuten bekannt. Will man aber darin eingeweiht werden, muß man zuerst das Christentum verschwören.

In Flensburg soll man noch mehr vom Cyprianus zu erzählen wissen. (67)

Aberglaube

In den zwanziger und dreißiger Jahren gab es gewisse Leute, welche mittels eines geerbten Schlüssels und allerlei Zeremonien einen Dieb ausfindig machen konnten oder solchem mit Hilfe eines bestimmten Nagels »ein Auge auszuschlagen« imstande waren. Aus Furcht vor solcher heimlichen Strafe kam es vor, daß nächtlicherweise ein Dieb die gestohlenen Sachen wiederbrachte. – In den dreißiger Jahren habe ich noch eine alte Frau gekannt, die nach allgemeinem Volksurteil eine Hexe sein sollte. Sie ritt ganz bestimmt alljährlich auf einem Besenstiel auf den Blocksberg zum Hexentanz. Man hatte sie zum Schornstein hinaus- und wieder hineinreiten sehen. Sie überschritt keinen Besenstiel, hieß es, und als sie einmal während des Dreschens in die große Diele unseres sächsischen Hauses trat, warf schnell der Knecht, als er sie in der Ferne kommen sah, einen Besenstiel quer vor den Eingang. Sie beachtete ihn nicht, ging ungeniert darüber weg, wie ich als Knabe aufmerksam beobachtete; trotzdem behauptete der Knecht steif und fest, sie wäre um den Besenstiel herumgegangen. Die alte Frau kam oft zu uns; sie hatte nichts Auffallendes an sich, im Gegenteil war sie uns Kindern sehr lieb. Sie hat meistens ihr Brot in unserm Backofen gebacken, zeichnete dasselbe durch einen mit mehreren Kreuzen versehenen Holzstempel, was von andern als Hexenzeichen gedeutet wurde. Sie hat uns aber nie verhext. –

Damals gab es auch noch Unterirdische, welche mit Vorliebe die kleinen Kinder gegen ihre auswechselten, weshalb die alten Frauen den jungen Wöchnerinnen den Rat gaben, dem Neugebornen eine Nadel in der Kleidung anzubringen. – In den vierziger Jahren wurden noch Personen bezeichnet, welche Leute zu »binden« (festzubannen) imstande wären, und wir Kinder gingen mit geheimem Grauen an diesen Personen oder deren Wohnung vorüber. – Andere Personen konnten damals – und noch viel später – an dem brennenden Haarbüschel einer Kuh die Krankheit derselben erkennen und das Mittel dagegen geben, auch wenn keine Butter aus der Milch zu erlangen war, solches sofort durch geheime Mittel möglich machen. – In den vierziger Jahren glaubte jemand neben einem Hünengrabe Unterirdische gesehen zu haben, die aber schnell wieder im Berge verschwunden waren. Das Gerücht lief von Dorf zu Dorf, und allsonntäglich fanden ganze Wallfahrten dahin statt, ja, einmal zog sogar eine ganze Schule – unter Anführung einer Frau – dahin, doch hat keiner etwas gesehen. Schließlich gruben einige Jäger dort einen Dachs aus, und nun waren die Unterirdischen verschwunden. (68)

Geistermahl

Als König Friedrich III. von Dänemark eine öffentliche Zusammenkunft nach Flensburg ausgeschrieben, trug sich zu, daß ein dazu herbeigereister Edelmann, weil er spät am Abend anlangte, in dem Gasthaus keinen Platz finden konnte. Der Wirt sagte ihm, alle Zimmer wären besetzt bis auf ein einziges großes; darin aber die Nacht zuzubringen, wolle er ihm selbst nicht anraten, weil es nicht geheuer und Geister darin ihr Wesen trieben. Der Edelmann gab seinen unerschrockenen Mut lächelnd zu erkennen und sagte, er fürchte keine Gespenster und begehre nur ein Licht, damit er, was sich etwa zeige, besser sehen könne. Der Wirt brachte ihm das Licht, welches der Edelmann auf den Tisch setzte und sich mit wachenden Augen versichern wollte, daß Geister nicht zu sehen wären. Die Nacht war noch nicht halb herum, als es anfing, im Zimmer sich hier und dort zu regen und rühren und bald ein Rascheln über das andere sich hören ließ. Er hatte anfangs Mut, sich wider den anschauernden Schrecken festzuhalten, bald aber, als das Geräusch immer wuchs, ward die Furcht Meister, so daß er zu zittern anfing, er mochte widerstreben, wie er wollte. Nach diesem Vorspiel von Getöse und Getümmel kam durch einen

Ansicht von Flensburg. Originalzeichnung von Fritz Stoltenberg

Kamin, welcher im Zimmer war, das Bein eines Menschen herabgefallen, bald auch ein Arm, dann Leib, Brust und alle Glieder, zuletzt, wie nichts mehr fehlte, der Kopf. Alsbald setzten sich die Teile nach ihrer Ordnung zusammen, und ein ganz menschlicher Leib, einem Hofdiener ähnlich, hob sich auf. Jetzt fielen immer mehr und mehr Glieder herab, die sich schnell zu menschlicher Gestalt vereinigten, bis endlich die Türe des Zimmers aufging und der helle Haufen eines vollständigen königlichen Hofstaates eintrat.

Der Edelmann, der bisher wie erstarrt am Tisch gestanden, als er sah, daß der Zug sich näherte, eilte zitternd in einen Winkel des Zimmers; zur Tür hinaus konnte er vor dem Zuge nicht.

Er sah nun, wie mit ganz unglaublicher Behendigkeit die Geister eine Tafel deckten, alsbald köstliche Gerichte herbeitrugen und silberne und goldene Becher aufsetzten. Wie das geschehen war, kam einer zu ihm gegangen und begehrte, er solle sich als ein Gast und Fremdling zu ihnen mit an die Tafel setzen und mit ihrer Bewirtung vorliebnehmen. Als er sich weigerte, ward ihm ein großer silberner Becher dargereicht, daraus Bescheid zu tun. Der

Edelmann, der vor Bestürzung sich nicht zu fassen wußte, nahm den Becher, und es schien auch, als würde man ihn sonst dazu nötigen, aber als er ihn ansetzte, kam ihn ein so innerliches, Mark und Bein durchdringendes Grausen an, daß er Gott um Schutz und Schirm laut anrief. Kaum hatte er das Gebet gesprochen, so waren in einem Augenblick alle Pracht, Lärm und das ganze glänzende Mahl mit den herrlich scheinenden stolzen Geistern verschwunden.

Indessen blieb der silberne Becher in seiner Hand, und wenn auch alle Speisen verschwunden waren, blieb doch das silberne Geschirr auf der Tafel stehen, auch das eine Licht, das der Wirt ihm gebracht. Der Edelmann freute sich und glaubte, das alles sei ihm gewonnenes Eigentum, allein der Wirt tat Einspruch, bis es dem König zu Ohren kam, welcher erklärte, daß das Silber ihm anheimgefallen wäre, und es zu seinen Handen nehmen ließ. Woher es gekommen, hat man nicht erfahren können, indem auch nicht, wie gewöhnlich, Wappen und Namen eingegraben war. (69)

Die Schlange in der Duborg

In den Ruinen der alten Duborg bei Flensburg lebt eine bläuliche Schlange, die trägt eine kleine Krone von dem feinsten Golde auf ihrem Kopfe. Sie zeigt sich nur einmal am Tage in der Mittagsstunde, aber auch nur auf einen Augenblick. Wer sie aber fangen oder ihr die Krone rauben kann, der ist glücklich. Der König bezahlt ihm sogleich zwanzigtausend Taler Kurant dafür; denn wer sie trägt, der ist unsterblich. (70)

Brotfrevel

Erschrecklich ist es zu hören, was sich am dritten Monatstage des Martii mit einem Weibe namens Ida Clausen (Klaussen?) in einem Flecken Mysby (?) nahe bei Flensburg im Herzogtum Schleswig zugetragen hat. Dieselbe hatte für eine Frau in gedachter Stadt Flensburg etwas an Garn gesponnen, und, als sie solches nach ihr gebracht, nicht allein den gebührenden Spinnlohn, sondern auch aus Barmherzigkeit noch zwei gebackene Hausbrote dazu bekommen. Als sie nun auf dem Wege wieder nach Hause zu gehen an einen Bach kommt, worüber sie trockenen Fußes nicht kommen kann, hat sie von vermeldeten zwei Broten eins ins Wasser geworfen und ist mit einem Fuß darauf getreten. Als sie nun auch das andere als Stütze ihres Fußes in dem Bache gebrauchen will, ist sie bis zur Hälfte des Körpers ins Wasser gesunken, dergestalt, daß sie Tage und Wochen lang in solcher Position hat zubringen müssen, weil sie nicht rück- noch vorwärts gekonnt hat, was viele tausend Menschen, die von Hamburg, Lübeck und von andern Orten mehr dahin gereist waren, zu nicht geringer Verwunderung erblickt haben.

Solches vermeldet uns aus dem Jahre des Heils 1657 das bekannte und namentlich durch Merians Kupferstiche berühmte Theatrum Europaeum. (71)

Der Jungfernsee

In der Marienhölzung bei Flensburg stand in ganz alten Zeiten ein Schloß, darin hauste ein wilder Ritter. Lange hatte er sein zügelloses Leben geführt, die Mädchen der Gegend wurden geraubt und geschändet, und keine kehrte zu den Ihrigen zurück; da versank eines Nachts das Schloß mit allen, die darin waren; nur eine Kammermagd entkam und schenkte später die Hölzung an die Kirche. An die Stelle des Schlosses aber trat ein See; darin kann man mittags, wenn nur die Sonne scheint, noch die Turmspitzen sehen, und man hat da auch mehrere Male Glockentöne aus dem Wasser vernommen. Um Mitternacht aber tanzen die Jungfrauen, die einst entführt und entehrt wurden, in langen weißen Gewändern um das Ufer des Sees herum, und dabei hört man sie mit klagender Stimme gar traurige Weisen singen. (72)

Schleswigsche Geest

Der Friedensberg

Nicht weit von Flensburg westlich nach Handewitt zu liegt ein Hügel, der heißt der Friedensberg. Dort wurde einst eine große Schlacht geliefert und der Hügel zum Andenken aufgeworfen. Ein Stein steht darauf; der fällt jedesmal herunter, wenn Krieg bevorsteht. (73)

Der Ruf am Fenster

Auf Handewittfeld hört ein Bauer, wie nachts jemand an sein Fenster tritt, anklopft und ruft. Als er aufsteht, ist niemand da. Nach ein paar Tagen kommt zur selben Stunden sein Nachbar ans Fenster, klopft und ruft in ganz derselben Weise: Er ruft ihn zu Hilfe, sein Sohn ist verunglückt. (74)

Unaften

In Unaften, früher Ondaften, war eine königliche Mühle und Gastwirtschaft. Der Sohn des Hauses geht in die Fremde und fährt zusammen mit einem anderen aus der Flensburger Gegend lange Jahre auf holländischen Schiffen, um sich Geld zu verdienen. Als sie zurückkehren, verabreden sie, sich bis zum nächsten Tage nicht zu erkennen zu geben. Da besucht der Freund die Müllersleute und fragt nach dem Reisenden von gestern. »Der ist schon weitergereist«, sagten sie. »Das ist doch nicht möglich«, antwortet er, »es war doch euer Sohn.« Da erbleicht die Frau, »det war en ond aften«, sagt sie, »das war ein böser Abend«, und sie muß gestehen, daß sie ihren eigenen Sohn ermordet haben, weil er viel Geld bei sich hatte. So hat das Dorf Unaften seinen Namen bekommen. (75)

Gasthausszene in einem Dorf bei Flensburg. Federlithographie von Johann Peter Lyser (1830)

Die schwarze Schule

Pastor Fabricius in Medelby, Amt Tondern, war besonders geschickt; einmal, als er auf einer Kindtaufe in Holt war, zwang er einen Jungen, der einen Apfelbaum im Pastoratgarten plündern wollte, so lange sitzenzubleiben, bis er zurückkam und ihn befreite. Ein andermal schlug er mitten in der Predigt nur auf das Kissen der Kanzel und rief: »Halt!« da stand, als die Leute nachher aus der Kirche kamen, ein Mann mit einem Sack voll frisch geschnittenen Grases unbeweglich da, das er während der Predigt vom Kirchhof hatte stehlen wollen. Er hatte auch sehr viele Zauberbücher. Seine Dienstmagd machte einmal während der Predigt seine Studierstube rein, und neugierig fing sie in einem kleinen Buche an zu lesen. Plötzlich ward es in der Stube lebendig, und eine Menge der scheußlichsten Gestalten und Geister ließen sich sehen, und es kamen immer mehr und mehr, und immer näher kamen sie auf das Mädchen los, das vor Angst fast gestorben wäre. Der Pastor merkte in der Kirche gleich, was in seinem Hause vorging; plötzlich sagte er mitten in der Predigt Amen, lief nach Hause und brachte die Geister wieder zur Ruhe, die sonst das Mädchen umgebracht hätten. (76)

Gassebro

Die Straße von Ladelund nach Medelby führt kurz vor Strichsand über eine unscheinbare Brücke, die unter dem Namen Gassebro (Gänserichbrücke) bekannt ist. Dort sieht man nachts menschliche Gestalten ohne Kopf umherirren. Es sind die Seelen von Räubern, die nach ihrer Hinrichtung kopflos in der Gegend ihres einstigen Schlupfwinkels umherirren. (77)

Schwarzkünstler

Johannes Borchers, Prediger zu Nordhackstedt, im Amt Flensburg, war auch Schwarzkünstler. Sein Knecht fing einmal in einem Buche an zu lesen, während der Prediger in der Kirche war. Da kamen viele Mäuse. Der Prediger merkt's, läuft nach Hause und befiehlt dem Knecht, eine Tonne Hafer vom Boden zu holen und den Mäusen vorzuschütten. Darauf verschwinden sie. Der Pastor ist vor dem Altar begraben, aber keiner seiner Nachfolger hat neben ihm ruhen wollen. (78)

Ewiger Jäger

Ein Graf auf Lindewitt war ein leidenschaftlicher Jäger. Er hatte einst nach einer beutereichen Jagd den Wunsch ausgesprochen, er möchte ewig jagen können. Der Graf ist gestorben. Nach seinem Tode aber hörte man oft zur mitternächtlichen Stunde in den Lüften hoch über dem Wald das Bellen und Rauschen der vorübereilenden Hunde. So wurde des Grafen Wunsch erfüllt. (79)

Geestlandschaft

Hellsehen

Auch das »Hellsehen« war früher nichts Ungewöhnliches, und man erzählt, daß ein alter Mann in Schobüll auf dem Berg, der heute Kirchberg heißt und zwischen Schobüll und Sillerup liegt, eines Abends eine Kirche mit hell erleuchteten Fenstern gesehen habe, doch steht dort jetzt keine Kirche. (80)

Der tote Bräutigam

In Lüngerau hatte sich ein junges Mädchen einem Krieger versprochen. Der Verlobte war bald in den Krieg gezogen. Die junge Braut dachte viel an ihn. Eines Nachts klopfte es leise an das Fenster ihrer Kammer. Sie sah hinaus und erkannte den Geliebten. Als sie ihm das Fenster öffnete, winkte er ihr schweigend, sie möge ihm folgen. Sie tat es und erzählte und plauderte, er aber sagte nichts. Als sie bei Wiehekrug ankamen, dort, wo jetzt der Weg nach der Kirche abbiegt, sagte er: »Der Mond, der schien so hell, der Tod, der ritt so schnell! Gretchen, fürchtest du dich nicht?« Dann beugte er sich vom Pferde, riß ihr ein Stück von der Schürze und war verschwunden. Es war der Geist des Verlobten, der von der Braut Abschied genommen hatte. (81)

Riesenbaumeister

Vom Bau unserer Kirche erzählt man die auch sonst mancherorts ähnlich bekannte Sage, daß ein Riese sie gebaut habe. Gleichzeitig baute ein anderer Riese in Medelby eine Kirche. Beide hatten aber nur einen Hammer, um die Steine zu behauen, darum warfen sie sich immer gegenseitig den Hammer zu. Dabei beschädigten sie aber den Turm der Wallsbüller Kirche so sehr, daß dieser heute noch einen niedrigen, stumpfen Turm hat. (82)

Der Galgen für die Uggelharde

An der Landstraße, die von Flensburg nach Schleswig führt, sah man am Ende des 18. Jahrhunderts in der Nähe des Dorfes Oeversee noch die Überreste eines Galgens. Der letzte, der hier durch die Hand des Henkers den Tod gefunden hat, soll ein Kätner aus dem Dorf Sieverstedt gewesen sein. Dort fand der Küster, als er eines Morgens nach der außerhalb des Dorfes liegenden Kirche kam, die Tür derselben aufgebrochen. Vor der Tür lag der Hund eines in der Nähe wohnenden Kätners. Einige Nachbarn wurden herbeigerufen; man ging in die Kirche und fand den Armenblock aufgebrochen und seines Inhalts beraubt. Daneben lagen Keil und Hammer, die man sofort als Eigentum des Kätners erkannte, dessen Hund vor der Tür lag.

Da der Mann also stark verdächtig war, wurde er gefangengenommen und peinlich verhört. Unter den großen Qualen der Folter gestand er, die Tat vollbracht zu haben. Er wurde verurteilt und gehenkt.

Viele Jahre später lief bei dem Pastor in Sieverstedt ein Brief aus Amerika ein. Ein Amtsbruder teilte ihm die letzte Beichte eines Verstorbenen mit, der der Sohn des Küsters in Sieverstedt gewesen

Oeversee

war. Als Student war dieser wegen dummer Streiche von der Universität verwiesen [worden]. Um nach Amerika zu kommen, hatte er den Armenblock seiner Heimatkirche aufgebrochen und dem gehenkten Kätner vorher Keil und Hammer gestohlen. (83)

Räubergeschichte

[...] erzählt man eine Räubergeschichte an einer Stelle an der Landstraße zwischen Flensburg und Husum. Die Räuber hatten einen Zwirnsfaden über den Weg gespannt, der eine Glocke in der Höhle anzog. Ein kleines Bettelmädchen, das sie bei sich hatten und das alles für sie einkaufen mußte, verriet endlich alles einem Stein, was Feldarbeiter hörten. Am Sonnabend streute sie Grütze etc. (84)

Gastwirtschaft

Ein Knecht sagte zu seinem Bauern, er könne nicht mehr bei ihm bleiben, er finde des Nachts keine Ruhe, da im Hause immer laut geklopft, auf die Tische geschlagen und Licht gebrannt werde. Nicht lange nachher wurde in dem Hause eine Gastwirtschaft eingerichtet; sie lag am Ochsenweg zwischen Flensburg und Schleswig. Da standen die Lichter auf den Tischen, und in jeder Nacht wurde geschimpft und geflucht und oft bis an den frühen Morgen von den Ochsentreibern und Bauern beim Kartenspielen auf die Tische geschlagen. (85)

Das Teufelspferd

Ein Bauer aus Hüsby bei Schleswig hatte ein Fuder Heu von der Bünge geholt, einem großen Torfmoor; ein andrer begleitete ihn. Als sie nun von Silberstedt herkamen bei Kappesbroe, wurden die Pferde lahm, und das eine fing an zu hinken, daß sie nur langsam vorwärts kamen. Da sahen sie neben dem Wagen ein loses Pferd herlaufen. Der eine von ihnen wollte es einspannen; aber der andre sagte: »Laat du dat tom Deuwel lopen!« Bald aber ward ihr Pferd noch viel lahmer, und der eine sagte wieder: »Laat uns dat schöne grote Perd doch inspannen«; doch der andre sagte: »Laat du dat to alle Deuwel lopen!« Der Wagen stand endlich still, und das fremde Pferd kam ganz nahe, als wollte es sich freiwillig einspannen lassen. Da nahm der Bauer seine Peitsche und schlug so arg darauf los, als er konnte, und rief: »Gah du na Europa un da herüm!« Da bäumte sich das Pferd, ließ einen Furz, schnob Dampf und Feuer und stob durch die Luft davon. Da sahen sie, daß es nur drei Beine hatte. Das geschah, als ich noch Gänse hütete, sagte ein alter Mann. (86)

Mutter Potsaksch

Bei Hollingstedt an der Treene war vor nicht langer Zeit eine alte Frau, die man nur Mutter Potsaksch nannte, weil sie niemals Schuhe trug, sondern immer barfuß oder in Socken ging. Sie konnte hexen und Wetter machen (böten). Ihre Tochter hatte sie in allen ihren Künsten unterrichtet. Sie vermietete diese endlich bei einem reichen Bauern als Kindermädchen. Einmal, als Wirt und Wirtin ausgegangen waren und die Knechte und Mägde in der Stube saßen und sich allerlei erzählten, kam die Dirne, die das Kind wiegen sollte, herein und setzte sich zu ihnen. Die alte Magd hieß sie hinausgehen und das Kind wiegen. »Ei was«, antwortete das Mädchen, »die Wiege geht schon von selbst.« Da riefen alle, daß sie das doch einmal sehen möchten. »Dann könnt ihr noch ganz andre Dinge zu sehen bekommen«, sagte das Mädchen und ließ die Wiege zur Stube herein- und herauswiegen. »Und das ist noch gar nichts«, fuhr die Dirne fort; »wenn ihr wollt, so will ich euch eine von den Kühen totmelken, die da auf der Koppel gehen.« Alle wünschten es zu sehen, und nun nahm sie ein Messer, steckte es in einen Ständer und verlangte, daß man ihr ein Wahrzeichen gäbe, welche Kuh es sein sollte. Man zeigte ihr eine bunte Kuh. Nun fing sie an auf dem Heft des Messers zu melken, und die Kuh stand, als wenn sie im Stalle gemolken würde. Als das Mädchen aufhörte, fiel die Kuh tot nieder. »Da habt ihr's«, sagte sie; »nun will ich euch noch mehr zeigen, was ich kann. Ich will juchhe! rufen, und ein dreimastiges Schiff soll auf der Mistpfütze schwimmen.« Alle meinten, daß es unmöglich sei; als sie aber nur einmal juchte, sahen alle das Schiff. Darauf juchte sie zum zweiten Male, und eine große Musikbande war auf dem Schiff und spielte lustige Stücke.

Unterdes kamen Wirt und Wirtin wieder nach Hause, und die Knechte und Mägde erzählten, was geschehen sei. Da ließen sie die alte Potsaksch holen und verlangten von ihr, daß sie ihr Kind wieder wegnehmen sollte; und die Kuh sollte sie wieder lebendig machen. »Nichts leichter als das«, rief die Alte, steckte drei Gabeln mit den Stielen in die Erde, daß die Zinken in die Höhe standen, stellte sich darüber, und alsbald stand die Kuh auf und graste wie vorher.

Diese Geschichte ward ruchbar und der Obrigkeit angezeigt. Nun sollte die alte Hexe verbrannt werden. Auf der Koppel, wo die Kuh totgemolken ward, wurden drei Faden Holz mit viel Stroh geschichtet, und man ließ darin einen Raum wie eine kleine Stube. Als die alte Hexe dahin geführt ward, eine unzählige Menge Volks war zugegen, ging der Zug an des Bauernvogts Hause vorbei. Da bat Mutter Potsaksch die Frau des Bauernvogts, die in der Tür stand, um einen Tropfen Milch. Die stieß sie aber fort und sagte, sie solle ja doch gleich brennen, sie brauche keine Milch. Da sagte die alte Potsaksch: »Das hat mir schon heut nacht geträumt.« Man brachte sie nun in die kleine Stube und zündete das Feuer an. Als es niedergebrannt war und man in der Asche nach den Knochen suchte, da kam Mutter Potsaksch über die Koppeln dahergegangen und sagte: »Was habt ihr nun getan! Ihr habt des Bauernvogts Frau verbrannt!« Alle erschraken; des Bauernvogts Frau war nirgends zu finden, und niemand wagte sich mehr an die alte Hexe.

Der Amtmann wußte nicht, was er aus der Sache machen sollte, und berichtete darüber an den König. Da bot der König ewig viel Geld dem, der die Hexe umbrächte. Aber keiner wollte sich daran machen. Endlich fing ein Schmiedgesell damit an, daß er der Alten viele schöne Worte und Schmeicheleien sagte und sie zuletzt ganz verliebt machte; sie wollte ihn heiraten. Der Hochzeitstag kam, und sie sollten zur Kirche. Auf dem Wege dahin mußten sie über ein breites Wasser. Da hatte der Schmiedgesell überall Netze hin und her aufstellen lassen, und Fischer lauerten hinter den Büschen am Ufer. Als sie nun im Kahn saßen, sagte er zu ihr: »Potsaksch, kann sie die Kirche schon sehen?« – »Nein«, sagte sie, »dann muß ich mich erst umkehren.« Als sie sich nun umwandte, stieß er sie ins Wasser und rief den Fischern, daß sie die Netze zuzögen. So mußte die Alte umkommen. (87)

In Hollingstedt

In alten Zeiten fuhren die Schiffe die Eider und Treene hinauf bis nach Hollingstedt. Bei einer großen Wasserflut hatten alle Einwohner des Dorfes nach Ellingstedt flüchten müssen. Da soll ein Ochse herangeschwommen und in die Kirche gekommen sein, die damals wohl noch ein Packhaus gewesen ist. Zum Andenken sieht man heute noch an der getünchten Süderwand der Kirche Umrisse eines Ochsen gezeichnet. (88)

Stapelholm

Thiesburg bei Schleswig verteidigt

In früherer Zeit konnte man noch Rudera von dem alten Schlosse und der Schanze sehen, die zwischen Wohlde und Bünge lagen. Man hat da auch Kugeln, Bomben und Dachpfannen ausgegraben. Der Herzog hatte hier einen tapfern Obersten zum Verteidiger eingesetzt, und das erste Mal ist der König von Dänemark von der Nordseite gekommen, hat die Schanze lange beschossen, aber hat doch zuletzt abziehen müssen. Darauf ist er den weiten Süderweg von Wohlde gekommen; da hat er besser schießen können, so daß die in der Schanze sich nicht bergen konnten. Viele wurden getötet, und die Lebensmittel wurden knapp. Sie hatten nur noch ein Schwein übrig; dem haben sie alle Tage die Ohren gekniffen und es schreien lassen, daß der König von Dänemark meinte, sie hätten noch so viele, daß sie jeden Tag eins schlachten könnten. Des Herzogs Leute wollten sich nicht ergeben und hatten ihren Spott mit den Feinden. Sie setzten ihren Tisch mit Gläsern und Flaschen vor die Tür und tranken lustig. Das ärgerte den König, und er ließ hereinsagen, ob er ihr »klakels Mahl« vom Tische herunterschießen solle. Er möchte es gerne tun, wenn er es könnte, gaben sie zur Antwort, und bald flog eine Kugel herein und fegte alles vom Tische. In der Schanze wußten sie, daß der König seine Pferde bei dem Wirt in Thiesburg stehen hatte; da schossen sie in den Stall hinein und ein Pferd nach dem andern tot. Man sieht noch die Kugeln in der Wand. Zuletzt, als all ihr Proviant gerade auf war, schickte der König, um nicht länger davor liegen zu dürfen, herein, daß sie frei abziehen könnten mit voller Musik und fliegenden Fahnen. Das nahmen sie an. Als sie nun herauskamen, waren da nicht mehr als dreizehn Mann. (89)

Wiedergänger

Zwischen Bergenhusen und Wohlde liegt noch recht viel Gehölz, und hier gerade auf der Grenze – »Mittelfredendoor« heißt die Stelle – geht ein Mann mit einer Kette um. Jedenfalls ist es ein Landmesser, der die Grenze falsch gemessen hat.

In Bergenhusen starb der alte H. Kaum war er gestorben, so kehrte er wieder und beunruhigte die Seinen im Hause. Endlich machte man das Grab offen, öffnete den Sarg und legte die Leiche mit dem Gesichte nach unten (nüel). Von nun an mußte H. unter der Erde umgehen. (90)

Der feurige Mann

In Bergenhusen sahen die Mägde, wenn sie frühmorgens in der Dämmerung zum Melken gingen, einen großen feurigen Mann auf einem der größeren Häuser des Dorfes stehen; von da trat er mit einem großen Schritt auf ein kleineres, danebenstehendes. Da verschwand er. Das sahen sie drei Tage nacheinander, und in der dritten Nacht brannte zuerst das große, dann das kleine Haus aus. (91)

Der Totengräber

In der Pestzeit hatte ein Einwohner in Bergenhusen es übernommen, die Toten seines Dorfes auf einer Schlöpe nach der Pestkuhle zu schlöpen. Eines Tages sieht man sein Pferd, einen alten Schimmel, am Grasrande des Weges grasen; ein Toter liegt auf der Schlöpe, und der Führer liegt tot hingefallen daneben. (92)

Stapelholmerin. Lithographie von F. C. Lund

Das verwunschene Schloß

Zwischen Stapel und Erfde auf dem Erfder Langendamm, ungefähr da, wo die alte Sorge in die Eider mündet, befindet sich eine Wehle. Hier stand in alter Zeit ein großes, prächtiges Schloß. Dasselbe ist versunken, weshalb, weiß ich nicht mehr, und an der Stelle, wo einst das Schloß stand, ist jetzt die Wehle, die aber grundlos ist. In der Neujahrsnacht hört man tief unten ein Glöcklein. (93)

Der Hexenschiffer

In Erfde an der Eider wohnte ein Schiffer, der, wenn er ausfuhr und ein Sturm kam, immer zu seinem Knechte sagte: »Gah du man to Koje!« und dann segelte er ganz alleine durch Wasser, Luft und Land. Einmal steckte der Knecht seinen Kopf heraus und sah, wie sie eben an einem Kirchturm vorbeikamen. »Dat güng ebenmist (mit genauer Not)«, rief er, und der Schiffer antwortete:

>»Wenn dat nich gaan harr ebenmist,
>So weer't de Blixdorper Toorn gewis.« (94)

An der Sandschleuse

Bei Erfde, auf dem Wege »na de Sandslüs«, stand früher ein Schloß, und in dem Schloßbrunnen hausen sieben verwünschte Prinzessinnen; sieben desertierte Soldaten kehrten einmal im Schloß ein und erhielten von unsichtbarer Hand Speise und Trank vorgesetzt; um Mitternacht aber erschienen ihnen sieben Lichter, die sich in Jungfrauen verwandelten. Wenn die Soldaten sieben Jahre im Schlosse bleiben, werden sie die Jungfrauen erlösen; sie halten es aber nur sechs Jahre aus. Als sie dann auf das Schloß zurückkehren, schmeckt das Brunnenwasser widerlich, und sechs Soldaten werden in schwanzlose Ratten verwandelt. (95)

Der arme und der reiche Bauer

Ein armer Bauer im Meggerkoog bei Rendsburg, der eine große Familie hatte, aber weiter nichts besaß als ein Stück Moorland, einen alten Gaul und einen schlechten Karren, wollte eines Abends, nachdem er den Tag seinen Arbeitslohn verdient hatte, noch den Mondschein benutzen, um aus seinem Moore einen Karren Torf zu holen; denn der Tag darauf war ein Markttag, und da wollte er ihn in Rendsburg zu Kauf bringen. Der Torf stand auch grade gut im Preise, aber die Wege waren tief, und nur mit Mühe arbeitete er sich mit seinem Wagen durch. Doch kam er endlich an Ort und Stelle und hatte auch nach einiger Zeit ein kleines Fuder aufgeladen. Als er sich aber mit seinem Fuhrwerk auf den Weg nach Hause machte, ward das Fahren auf dem durchweichten Boden immer schwieriger, und endlich sanken Wagen und Pferd so tief ein, daß sie nicht mehr von der Stelle zu bringen waren. Der arme Bauer arbeitete, weinte und betete umsonst; er mußte beides sitzenlassen und einen weiten Weg zurückmachen, um von seinem reichen Nachbarn Hilfe zu suchen, bei dem er den Tag über gearbeitet hatte. Er weckte ihn, klagte ihm seine Not und bat, ihm einen Knecht und zwei seiner starken Pferde mitzugeben; sonst sei das seine verloren. Dieser aber, im Ärger darüber, daß er aus dem Schlafe geweckt war, antwortete dem Armen, das sei seine eigene Schuld; was er denn auch bei Nacht im Moore zu tun habe. Er wolle seine guten Pferde nicht für seine Kracke preisgeben. »Warum büst du so unklook! Maak, dat du wegkümmst, un laat mi up en andermal slaapen«, sagte er und schlug das Fenster zu.

Der arme Bauer lief in der Verzweiflung den Weg zurück, in der sichern Erwartung, sein kleines Fuhrwerk jetzt ganz versunken wiederzufinden. Er betete in seiner Herzensangst, daß der liebe Gott doch nur diesen kleinen Augenblick an ihn denken möge; wie er aber nun nach der Stelle seines Unglücks hinblickte, nahm er mit Verwunderung von ferne wahr, was für ein wunderliches Gewimmel an dem Platze sei, als ob gegraben und Erde ausgeworfen würde. Als er nun selber dort anlangte, fand er sein Pferd schon auf ebenem Boden stehen; die Unnererschen hatten sein Jammern gehört und gruben nun auch seinen Karren aus, mit einer Behendigkeit, daß dem Bauern darüber Hören und Sehen verging. Als er ihnen aber danken wollte, waren sie auf und davon.

Am andern Morgen kam singend des Reichen Knecht dahergefahren; kaum aber war er in einen Moorweg, der seinem Herrn gehörte, eingelenkt, da sanken auf einmal Pferde und Wagen so tief in den Grund, daß der Knecht sich nur mit genauer Not retten konnte, und als er mit Hilfe zurückkam, da war von allem keine Spur mehr als das Loch, worin Pferd und Wagen versunken, das unterdes voll Wasser gelaufen war. – Dieses Loch hatten die Unnererschen gegraben und dünne Reiser und Erdschichten darübergelegt, um den unbarmherzigen Bauern zu bestrafen. Er versuchte später, das Loch zuzuwerfen, was ihm jedoch nicht gelang. Jetzt ist die Stelle, die nach ihm den Namen trägt, so groß, daß sie Wellen schlägt. Die Bauern pflegen sich beim Moorgraben die Geschichte gerne zu erzählen. (96)

Der Weltkrieg

Wenn in Olra (Dorfteil von Erfde) das dritte Haus gebaut wird, so beginnt der schreckliche Krieg, und dieses Haus wird sofort wieder in Brand geschossen werden. Auch heißt es in Erfde: Wenn der Buchweizen in Stucken steht, geht es los.

> »Wenn in'n olen Koog de Hahn kreit,
> in'e Wohld de engelsche Trumm sleit,
> wa et denn wull in Seth un Drag steit.«

Oder:

> »Wenn in Seebüll en Stadt steit,
> in'n ol'n Koog de Hahn kreit,
> in'e Wohld de engelsche Trumm sleit,
> wa et denn wull in Seth un Drag steit.«

Wenn eine rote Kuh mit weißen Ohren über eine gewisse Brücke geführt wird, so liegt alles voll Kriegsvolk. (97)

Woher Scheppern den Namen hat

Das Dorf Scheppern hat den Namen von Scheeper, Scheeperi (Schäfer, Schäferei). Als nämlich die Pahlhorner Burg noch stand, da hatte der Besitzer dieser Burg seine Schäferei dort, wo jetzt das Dorf Scheppern liegt. (98)

Schwarzkunstbücher

In Bargen (Stapelholm) lebte einst ein Mann, der Schwarzkunstbücher besaß, die er aber stets sorgfältig verwahrte. Eines guten Sonntags aber hatte er doch vergessen, diese Bücher zu verschließen, und als er nun in die Kirche ging, fing sein neugieriger Knecht darin an zu lesen. Im Nu war das ganze Haus voll kleiner Zwerge, die drohend auf ihn eindrangen, als er nicht imstande war, ihnen sofort Arbeit zu verschaffen. Schon wollten sie ihn töten; da, noch eben zur rechten Zeit, kehrte der Hausherr, von einer bösen Ahnung getrieben, heim, streute den kleinen Wesen schnell einen Scheffel Erbsen auf die Diele, die sie Stück für Stück aufsammeln müssen, während welcher Zeit er in seinen Büchern rückwärts lesend sie wieder fortschafft und so dem Knechte das Leben rettet. (99)

Zaubernadeln

In Stapelholm war Ringreiterfest. Sprach ein alter zauberkundiger Mann zu seinem Enkel: »Du mußt König werden!« Antwortete der Jüngling: »Nein, ich will nicht König werden.« Doch der Alte machte sich beim Pferde etwas zu schaffen, und als der Reiter nun anfing zu reiten und unter den Ringbaum kam, da war das Loch im Ring so groß wie ein Teller, und er mußte den Ring mitnehmen, er mochte wollen oder nicht. Ja, bei jedem Durchritt hatte er den Ring und ward also doch König. Wie ging das zu? Der Alte hatte drei Nadeln, mit denen ein Totenhemd genäht worden war, so in die Satteldecke gesteckt, daß sie mit der Spitze nach vorne zeigten, und nun erschien ihm das Loch, das doch in Wirklichkeit nur klein war, so groß wie ein Teller. (100)

Die Unterirdischen

Sie können sehr bösartig sein. Einen Mann in Süderstapel, der mit den neuen Kolonisten ins Land zog, haben sie sein Leben lang verfolgt. Sie stahlen ihm einmal seinen Schimmel und brachten ihn erst wieder, als er lahmte. (101)

Galgen und Rad über der Tür

Der letzte Mörder, der auf dem Galgenberg bei Süderstapel hingerichtet ward, war Hans Jürgen Grützbeutel, so genannt, weil er einst einen Beutel mit Grütze gestohlen hatte. Er hat auf der Holzkate bei Bergenhusen eine Frau umgebracht und wurde durch ein Kind verraten, das gehört hatte, die Mutter habe geschrien: »O, Hans Jörn, laat mi doch leb'n, laat mi doch leb'n!« (O, Hans Jürgen, laß mich doch leben, laß mich doch leben!) Das Geburtshaus dieses Mörders ward in meinen Knabenjahren noch in Kleinsee gezeigt. Bei seiner Geburt tritt der Vater in die Stube und sagt zu seiner Frau: »Unser Kind wird auch nicht glücklich werden, denn Galgen und Rad hängen über der Tür.« (102)

Ein weißes Pferd weist die Stätte, wo die Süderstapler Kirche stehen soll

Als man in der Gegend von Stapel, Seeth und Drage eine Kirche bauen wollte, ließ man ein weißes Pferd laufen, und da, wo dieses sich am andern Morgen befände, wollte man die Kirche erbauen. Die Süderstapler wendeten aber eine List an, sonst wäre die Kirche nach Seeth und Drage zu stehen gekommen. Nun aber lockte man das Pferd dahin, wo die Kirche jetzt steht. (103)

Kirche in Süderstapel

Kind in der Wehle

Durch einen mächtigen Sturm entstand an der Eider ein Deichbruch, und durch nichts war es möglich, den Bruch zu hemmen. Endlich hieß es, man müsse ein Kind in die Wehle werfen, da dann der Bruch geschlossen werden könne. Man kaufte einer Mutter ihr uneheliches Kind ab, die es für schnödes Geld hergab. Über der Wehle baut man eine Wippe, läßt das Kind hinaufgehen, so daß es sich überschlägt und ins Wasser sinkt. Doch taucht es noch mehrmals auf, und man hört deutlich: »Wat is weeker as week?« – »Moers Schoot!« – »Wat is söter as söt?« – »Moers Titt!« – »Wat is harter as hart?« – »Moers Hart!« (104)

Wiedergänger

In Drage erhängte sich vor Jahren eine Frau. Das böse Gewissen hatte ihr keine Ruhe gelassen, weil sie einst als junges Mädchen ihr neugeborenes Kind umgebracht hatte. Aber auch im Grabe fand sie keine Ruhe und mußte nach ihrem Tode umgehen. Der Drager Nachtwächter hat sie oft gesehen. (105)

Die Unterirdischen im Brasberge

Im Brasberge, südöstlich von Drage, wohnten früher die Unterirdischen. Einst kam ein Mann an diesem Berge vorbeigeritten, als die Unterirdischen gerade eine Hochzeit feierten. Da trat einer von ihnen mit einem goldenen Becher voll Wein zu dem Reiter hin und bot ihm zu trinken. Der Reiter nahm den Becher, nippte ein wenig von dem Wein und goß das übrige den umstehenden Unterirdischen in die Augen. Dann ritt er spornstreichs mit dem Becher davon. Der Becher war von ausgezeichneter Arbeit, und stets, wenn Besuch da war, zeigte der Mann den Becher. Einmal nun war gerade große Gesellschaft bei ihm, in der er auch den goldenen Becher herumzeigte, und noch stand der Becher auf dem Tisch, als ganz heftig gegen die Stubentür gestoßen ward. Der Hauswirt ging hinaus, und alle Gäste folgten ihm. Aber auf der großen Diele war nichts zu sehen und zu finden. Als man aber wieder in die Stube trat, da war der Becher vom Tisch verschwunden. Die Unterirdischen hatten ihn wiedergeholt. (106)

Höllenhunde

Zwischen Seeth und Drage, gerade auf der Dorfgrenze, geht ein schwarzer Pudel mit großen glühenden Augen um. Begegnen ihm Leute, so geht er ihnen aus dem Wege, steht aber dann eine Zeitlang still und schaut ihnen mit seinen glühenden Augen unheimlich nach und verschwindet.

Zwischen Norderstapel und der Holzkate geht auch ein schwarzer Pudel. (107)

Den Dieb fangen

Der alte O. in Seeth in Stapelholm konnte auch einen Dieb veranlassen, das Gestohlene wiederzubringen. Er tat das aber nicht gerne, weil er, wie er zu sagen pflegte, zuviel Böses dabei sagen müsse. Einmal hatte man ihm seine Taschenuhr aus der Stube weggenommen. Der Verdacht fiel auf den Dienstjungen. Diesem erzählte O. denn, daß er den Dieb ausfindig machen könne; und wenn derselbe die Uhr nicht bald wiederbrächte, so würde ihn eine schwere Strafe treffen. Gegen Abend schon brachte der Junge die Uhr wieder mit dem Vermerk, dieselbe zwischen Seeth und Drage gefunden zu haben. (108)

Der Stein bei Seeth

In Seeth, bei Friedrichstadt, wohnten einmal zwei Brüder. Der eine war reich, der andere arm. Der reiche war kinderlos, aber der arme war gesegnet mit sieben Kindern, für die er oft nicht wußte, wo das Brot hernehmen. Eines Tages kam die Mutter mit ihnen vor des reichen Oheims Tür und bat um Brot. Aber die Frau, die gerade allein zu Hause war, war ein hartherziges Weib, schnauzte sie an und sprach: »Was ziehst du herum wie eine Sau mit ihren Ferkeln? Schäme dich, du bekommst von mir nichts!« Verzweifelnd ging die Mutter mit ihrem Häuflein davon. Als abends nun der reiche Mann nach Hause kam und sich ein Stück Brot abschneiden wollte, da quoll Blut unter dem Messer hervor, und das Brot war zu Stein geworden. Entsetzt sprach er zu seiner Frau: »Dies Zeichen bedeutet etwas; es ist heute Böses in unserm Hause geschehen.« – »Davon weiß ich nichts«, antwortete die Frau, »nur die Schwägerin war hier mit ihren sieben, die hab ich abgewiesen.« – »Da mußt du doch Sünde mit getan haben«, sagte der Mann und eilte nach dem Hause seines Bruders. Er fand unten niemand, wie er aber auf den Boden kam, da hingen da unter dem Dache sieben Leichen, die Mutter und sechs von den Kindern. Nur der älteste war entflohen und so dem entgangen, was die Mutter den andern Kindern angetan. Man konnte ihnen kein ehrlich Begräbnis geben, da sie auf diese Weise zu Tode gekommen waren; darum grub man alle sieben Leichen eben draußen vor dem Dorfe an der Landstraße ein, legte aber zum ewigen Gedächtnis einen Stein darauf, den man noch heute zeigt. Seine Inschrift aber ist jetzt schon ganz verwittert. (109)

Unheimlicher Ort

Auf dem Wege von Friedrichstadt nach Stapelholm in einer Allee, die nach der Eider hinuntergeht, springt den Leuten, die nachts des Weges kommen, ein Wolf auf den Nacken und läßt sich bis ans Ende der Allee tragen. Dort geht auch zwischen zwei Mühlen immer eine weiße Frau umher. (110)

Friedrichstadt. Federzeichnung von Bruno Wolf

Eiderstedt

Der warme Biers-Topff

Ich weiß mir gar wol zu erinnern / daß ohngefehr im Jahr 1678. sich begab / daß ein Bürger aus Husum / als meiner Geburt Stadt / dessen Namen nicht exprimiren mag / zur Winter-Zeit da es gefrohren war nach Tönning ging / und daselbst in ein gemeines Wirts-Haus eintratt / um einen Trunck Brantewein in der Kälte zu geniessen. In dem er sich aber an den Kachel-Ofen gefüget / ward er gewahr daß ein Topff mit warm Bier daselbst stand. Dieses war ihm eben recht / und darum machete er sich dabey / und sättigte sich daran mit Vergnügen. Was geschach aber! da die Wirthin in die Stube kam und sahe / daß er aus ihrem warmen Biers-Topffe asse / empfand sie solches hefftig / schalt und fluchete darüber erschrecklich. Der Bürger aber excusirte sich / und bot ihr die Bezahlung an. Sie aber blieb bey ihrem Zorn / und ging mit ihrem Topff weg. Nicht lange nach dem der Bürger seine genossene Speise bey sich gehabt hatte / empfand er Grimmen im Leibe / und nach dem er meynete ein heimliches Gemach zu besuchen / kam ihm untern gehn ein Kaackeln an gleich den Hünern / und muste nolens volens sich an dem Orte / da er damahls war nieder setzen / und legte darauf bey hundert Stück gute Hüner Eyer. Wann aber diese Geschichte nicht verschwiegen bleiben könte / sondern sich alsobald offenbahrete / als müste der gute Mann von seinen Bekandten so wol in Tönning als in Husum sehr viel darüber leyden. Wie dem Weibe aber geschehen sey / ist mir itzo entfallen. (III)

Die Prinzessinnen im Tönninger Schloß

Als Tönning einmal von Feinden belagert war, haben die drei Töchter des Generals, der das alte Schloß bewohnte und die Stadt verteidigte, ein Gelübde getan und sich in den Keller verwünscht.

Das Schloß ist nun längst abgetragen; aber die Keller sind noch da und von der Wasserseite sichtbar. Darin werden die verzauberten Prinzessinnen von einem großen Höllenhunde mit feurigen Augen bewacht. Ein Matrose faßte einmal den Entschluß, sie zu befreien. Er ging zu einem Prediger, ließ sich das Abendmahl geben und über die ganze Sache genau unterrichten. Dann begab er sich, ausgerüstet mit einem guten Spruch, auf den Weg und kam bald an ein großes eisernes Tor, das sogleich aufsprang, sobald er nur seinen Spruch gesagt hatte. Als er nun hineintrat, saßen die drei weißen Jungfern da und lasen und zerpflückten Blumen und Kränze, in der Ecke aber lag der Höllenhund. Der Matrose sah, wie schön sie waren; da faßte er Mut und fragte, wie er sie erlösen könne. Die Jüngste antwortete, daß er das Schwert, das an der Wand hange, nehmen und damit dem Hunde den Kopf abschlagen müsse. Der Matrose nahm das Schwert herunter und erhub es schon zum Hiebe, da sah er seinen alten Vater vor ihm knien, und er hätte ihn unfehlbar getroffen. Voller Entsetzen aber warf er das Schwert weg und stürzte zur Tür hinaus, die mit ungeheurem Krachen zufiel. Er selbst aber starb nach drei Tagen. (112)

Martje Floris

In Eiderstedt hat man die Sitte, bei jedem frohen Mahle »Martje Floris Gesundheit« auszubringen und darauf anzustoßen und zu trinken; das ist wahrlich eine gute Sitte, die sich auch schon über die Grenzen der Landschaft verbreitete und nimmer sollte vergessen werden.

Als nämlich Tönning im Jahre 1700 belagert ward, hatte eine Gesellschaft von feindlichen Offizieren auf einem Hofe in Katharinenheerd (er ist erst vor einigen Jahren eingegangen) Quartier genommen und wirtschaftete nun da arg. Sie ließen Wein auftragen, setzten sich an den Tisch und zechten und lärmten, ohne auf die Hausleute viel zu achten, als wären sie selber die Herren. Martje Floris, die kleine zehnjährige Tochter vom Hause, stand dabei und sah mit Unwillen und Bedauern dem Treiben zu, weil sie der Trübsal ihrer Eltern gedachte, die ein solches Leben in ihrem Hause

Matje Flohr

Up dat et uns wolgaa up unse olen Dage!

Matje Flohr. Zeichnung von Bernhard Winter

dulden mußten. Da forderte endlich einer der übermütigen Gäste das Mädchen auf, heranzukommen und auch einmal eine Gesundheit auszubringen. Was tat nun Martje Floris? Sie nahm das Glas und sprach: »It gah uns wol up unse ole Dage.« Und von der Zeit an trennen sich in Eiderstedt selten Gast und Wirt, ohne des Mädchens und ihres Trinkspruchs zu gedenken, und jeder versteht's, wenn es heißt: »Martje Floris Gesundheit«. (113)

Die beiden Drescher

In Eiderstedt bei Witzwort liegt ein schöner Haubarg (so heißen die Bauernhöfe, die auf Wurten liegen), darin ist eine große Loh; an der Tür davor sind zwei Drescher abgebildet. Der eine ist sehr groß, der andere klein und hat einen schwarzen Rock an. Unter dem Großen steht der Spruch:

>»Ich bin der Mann,
>Der dreschen kann«;

unter dem Kleinen aber:

>»Ich kann auch wohl dreschen,
>Wenn es nur Arbeit lohnen soll.«

Man erzählt darüber folgende Geschichte:

Es war einst in jenem Dorfe ein so großer und starker Mann, daß keiner das Dreschen mit ihm aushalten konnte; denn alle seine Macker drosch er zu Tode. Am Ende wollte es keiner mehr mit ihm aufnehmen; und wenn er einmal auf den Markt kam und sich einen neuen Helfer suchen wollte, sagte ihm jeder: »Mit dir mag der Teufel selbst nicht dreschen.« Als er nun einmal wieder auf dem Markte war, trat ein klein schwarz Männlein an ihn heran und fragte: »Bist du der Mann, der dreschen kann?« – »Ja, ich bin der Mann, der dreschen kann«, antwortete der Große, und der Kleine sprach: »Ich kann auch wohl dreschen, wenn es nur Arbeit lohnen soll; willst du's einmal mit mir versuchen und mich zum Macker haben?« – »Komm nur mit«, sagte der Große, »ich habe schon

Die beiden Drescher. Zeichnung von Johann Holtz

andere Gesellen gehabt und sie alle totgemacht; aber du siehst doch wohl darnach aus, daß du dreschen kannst.« Der Kleine entgegnete: »So schnell geht's noch nicht; morgen will ich kommen; ich muß erst meinen Flegel holen.« Aber der Große meinte, daß das nur Ausflüchte wären und der Kleine sich fürchtete, er sagte darum: »Einen Flegel will ich dir wohl leihen.« Doch der Kleine war damit nicht zufrieden: »Ich muß durchaus meinen eignen haben«, sagte er. »So will ich den Knecht danach schicken«, sagte der Große. »Dann muß er einen Wagen nehmen; tragen kann er ihn nicht.« Der Große lachte, schickte aber doch einen Wagen hin. Als der Knecht zurückkam, mußte man ihm abladen helfen, denn der Flegel war ganz von Eisen. »Frau«, sagte der Kleine nun zu der

Bäuerin, »die Teller, Pfannen und Grapen mußt du herunternehmen.« Die Frau aber lachte ihn aus. »So will ich keine Schuld
haben, wenn Unglück passiert«, sagte er, und nun ward alles Korn
auf die Loh geworfen. Da tat der Kleine den ersten Schlag, und die
Teller und Grapen und Pfannen stürzten von den Borden und alles,
was da war. Der Große entsetzte sich, aber wollte sich nicht geben,
sondern sie droschen um die Wette Schlag um Schlag die Loh
hinunter und hinauf, bis sie ganz in Grund und Boden geschlagen
war. Da strengte sich der Große übermäßig an und schlug rascher
zu, und der Kleine folgte immer rascher und schneller, und das
trieben sie so lange, bis der Große tot niederstürzte. – Darnach ist
das Bild zum Andenken gemalt worden. (114)

✳

Kurz vor Garding, rechts am Wege nach Husum, liegt ein netter
Hof, auf dessen Lohtüre zwei Drescher, ein kleiner und ein großer,
abgemalt sind. Vor vielen Jahren wohnte hier nämlich ein reicher
Bauer, der hatte eine hübsche Tochter. Die beiden jungen Drescher
bewarben sich um sie, aber dem Vater waren beide gleich lieb, und
da er keinem unrecht tun wollte, gab er zur Antwort, der solle seine
Tochter haben, welcher von ihnen in vierundzwanzig Stunden den
meisten Weizen ausdreschen würde. Da entstand auf der Diele ein
Dreschen, wie es noch in ganz Eiderstedt nicht gesehen war.
Keiner gab dem andern nach, das Korn flog nur so aus den Garben;
so ging es die Diele hinauf und hinunter, und der Tag verging, und
keiner ließ nach. Als aber der Morgen kam und die Stunden um
waren, sanken beide tot nieder, und die Braut hat keiner bekommen. (115)

Der Dränger

In Vollerwiek an der Eider lebte auf einem Hofe ein Lehnsmann,
der ein gottloses Leben führte und von dem es hieß, daß er sich dem
Teufel verschrieben habe. Als er nach seinem Tode umging,
bannte man ihn über den Eiderdeich hinaus. Unaufhörlich strebt er

nun in jeder Nacht seinem Hofe zu, kann aber trotz aller Arbeit nur alle sieben Jahr einen Hahnentritt weitertun. Jetzt ist er bis an das Wagengeleis des Weges gekommen, der vor dem Deiche hinläuft; wenn er erst das andre erreicht, wird der Deich bald einstürzen, und die See kommt ins Land. Darum ist er der Dränger.

Es ist nicht gut, ihm in den Weg zu kommen. Man sieht ihn nicht, aber man kann nicht vorwärts, und es drängt einen mit übermenschlicher Gewalt von dem Geleise zurück. Viele Leute haben stundenlang schweißtriefend mit ihm gerungen; aber nur wer das Geleis meidet und sich näher an den Deich hält, der begegnet ihm nicht. (116)

Irrlicht

Auf einem Kreuzweg bei Westerdeich (Eiderstedt) sehen nächtliche Wanderer häufig eine glühende, sprühende Kugel herumfliegen. (117)

Die Wogenmänner

Die Wogenmänner hatten sich an der Westerhever eine große Burg gebaut, die hieß die Wogenmannsburg. Sie hatten kleine und große Schiffe und raubten damit binnen und außer Landes und hatten die ganze Westerhever wüste gemacht. Das Gut führten sie alles auf die Burg und nahmen die schönsten Mädchen mit Gewalt mit hinauf und behielten sie da und gaben sie ihren Knechten. So hatten sie schon vierzehn ehrliche Bauerntöchter genommen, und das ganze Land betrübte sich sehr darüber. Da versammelte der Staller Owe Hering aus den Landen Everschop und Utholm das Volk am Margarethen-Tage und zog zu Schiffe und zu Fuß vor die Burg. Eine Jungfrau, die sie zuletzt hinaufgeholt hatten, hatte sich mit so schlauen Worten verteidigt, daß sie noch Jungfrau geblieben war; denn sie hielt sich so tapfer, als ob sie im Harnisch von der Burg stürmen wollte. Als nun die Lande mächtig und kühn davorzogen und stürmten und die auf der Burg in großer Wehre stunden, schlich sie zu der Brücke, und ehe sie davon wußten, ließ sie die Brücke fallen und sprang damit hinunter und hielt sie also lange mit wehrender Hand, daß die Lande hinaufdrängeten und die Burg gewannen, was sonst ihnen nimmer gelungen wäre. Da hielt der Staller Owe Hering ein Ding vor der Brücke mit den zween Landen und der zween Lande Ratleuten über alles Volk, das man in der Burg gefangen hatte. Und es geschah ihnen, wie nach dem Rechte Räubern und Jungfrauenschändern geschieht. Alle Frauen und alles Gut, das auf der Burg war, nahmen sie und zerstörten dieselbige. Etliche Frauen versenkten sie ins Wasser; allem Mannsvolk aber schlug man die Köpfe ab und warf die Leichen in die See; es waren ihrer sechzig, ohne ihre Frauen. Die Frauen aber, die sie geraubt hatten, standen dabei und sahen, wie ihr Leid gerochen ward.

Aus den Baumaterialien der Burg erbaute man die Kirche und das Pastorat zu Westerhever, die jetzt auf dem Burgplatze stehen. (118)

Der Bote

Es war im Jahre 1875, erzählte ein alter Lehrer, als ich noch in Westerhever war. Ich liege abends im Bett und höre ganz deutlich, es kommt jemand den Steinstieg hinaufgelaufen, am Hause entlang, klopft ans Fenster und ruft: »Klaus!« Ich springe auf, stoße das Fenster auf, es ist aber niemand da, und ich hatte doch die Stimme eines Nachbarn erkannt. Das war an einem Montag. Genau acht Tage später höre ich genau dasselbe wieder; ich höre die Schritte klappern, und es klopft ans Fenster und ruft: »Klaus!« Als ich hochkomme, sehe ich, daß das Haus eines Bauern brennt. (119)

Die Glocke in Osterhever

In dem alleinstehenden Glockenturm zu Osterhever hing noch bis vor einigen Jahren eine Glocke, die bei einer Überschwemmung aus dem Dorfe Buphever auf Pellworm hinübergekommen sein soll. (120)

Die Tänzerin

Bei einer großen Hochzeit auf dem alten adligen Gute Hoyerswort in Eiderstedt war unter den Gästen auch eine Dirne, die war die flinkste Tänzerin weit und breit, und sie konnte vom Tanzen gar nicht lassen. Die Mutter warnte; aber sie sprach übermütig: »Und wenn der Teufel mich selbst zum Tanze auffordert, so schlüg ich es ihm nicht ab!« Augenblicks kam ein Unbekannter zur Türe herein und forderte sie zum Tanze auf. Das war aber der Teufel, mit dem sie zu tanzen versprochen. Er hat sie so lange herumgeschwenkt, bis ihr das Blut aus dem Munde brach und sie tot hinfiel. Die Blutspuren im Saale sind unvertilgbar. Die Dirne selbst aber hat noch keine Ruh. In jeder Nacht um Mitternacht muß sie aus dem Grabe in den Tanzsaal, eine höllische Musik bricht los, und das ganze Schloß hüpft auf und ab. Jeden, der zufällig eine Nacht in dem Saale schläft, fordert sie zum Tanze auf; noch hat's keiner gewagt, mit ihr zu tanzen. Tut's aber einmal ein Christenmensch, so ist sie erlöst. Einen jungen Mann, der auch ein wilder, lustiger Geselle war, hat sie einmal so erschreckt, daß ihm für immer die Lust an Gelagen verging, und wenn er nur Violinen hörte, meinte er, den Spuk wieder zu hören.

Der Grabstein der Tänzerin von Hoyerswort soll heute vor dem Haubarg Leutnantshof in Uelvesbüll liegen. (121)

Der rote Haubarg

An der Landstraße nicht weit von Witzwort steht ein großer schöner Hof, der rote Haubarg; der hat neunundneunzig Fenster. Vor Zeiten stand hier ein kleines elendes Haus, und ein armer junger Mann wohnte darin, der in die Tochter des reichen Schmieds, seines Nachbarn gegenüber, verliebt war. Das Mädchen und die Mutter waren ihm auch gewogen; doch der Vater wollte nichts davon wissen, weil der Freier so arm war. In der Verzweiflung verschrieb er seine Seele dem Teufel, wenn er ihm in einer Nacht bis zum Hahnenschrei ein großes Haus bauen könnte. In der Nacht kam der Teufel, riß das alte Haus herunter, und blitzschnell erhuben sich die neuen Mauern. Vor Angst konnte der junge Mann es nicht länger auf dem Bauplatze aushalten; er lief hinüber in des Schmieds Haus und weckte die Frauen, wagte aber nun nicht zu gestehen, was ihm fehle. Doch als die Mutter einmal zum Fenster hinaussah und mit einem Male ein großes Haus erblickte, dessen Dach eben gerichtet ward, da mußte er bekennen, daß er aus Liebe zu dem Mädchen seine Seele dem Teufel verschrieben habe, wenn er, ehe der Hahn krähe, mit dem Bau fertig würde. Schnell ging die Mutter in den Hühnerstall, schon waren neunundneunzig Fenster eingesetzt, und nur noch das hundertste fehlte: Da ergriff sie den Hahn, schüttelte ihn, und er krähte laut. Da hatte der Teufel sein Spiel verloren und fuhr zum Fenster hinaus. Der Schmied aber gab seine Tochter nun dem jungen Mann, dessen Nachkommen noch auf dem Haubarge wohnen. Aber die hundertste Scheibe fehlt noch immer, und sooft man sie auch am Tage eingesetzt hat, so wird sie doch nachts wieder zerbrochen. (122)

Die abgehauene Pfote

In Eiderstedt war ein Müller, der hatte das Unglück, daß ihm alle Weihnachtsabende seine Mühle abbrannte. Einmal hatte er einen dreisten Knecht, der übernahm es, in der gefährlichen Nacht Wache zu halten in der Mühle. Er legte ein großes Feuer an und kochte sich einen Kessel voll Brei, den er mit einem großen Schleef umrührte. Einen alten Säbel hatte er neben sich liegen. Bald kam eine ganze Schar Katzen in die Mühle. Da hörte er, wie eine leise zu der andern sagte: »Mäuselein! Setze dich zu Hänselein!« und eine schöne schneeweiße Katze kam darauf herbeigeschlichen und wollte sich zu ihm setzen. Da langte er in den Kessel und warf ihr einen Schleef voll heißen Breis ins Gesicht, und sogleich ergriff er seinen Säbel und hieb ihr eine Pfote ab. Da verschwanden die Katzen; als er aber genauer zusah, fand er statt der Pfote eine schöne Frauenhand mit einem goldenen Ringe, und auf dem Ringe stand seines Herrn Zeichen. Am andern Morgen lag die Müllerin im Bette und wollte nicht aufstehen. »Gib mir deine Hand, Frau!« sagte der Müller, und obgleich sie sich weigerte, mußte sie zuletzt doch den Arm hervorstrecken; da fehlte die Hand. Als die Obrigkeit das erfuhr, da ward die Müllerin als Hexe verbrannt. (123)

Der Kielkropf

In Eiderstedt legte eine Frau bei Nacht mitten in der Scheune ein großes Feuer an und setzte einen ganz kleinen Topf darauf. Als nun der Kielkropf geholt ward, schlug er voller Verwunderung beide Hände zusammen und rief mit kreischender Stimme: »Nun bin ich fünfzig Jahre alt und habe noch nie so etwas gesehen!« Da wollte die Frau das Kind in die Glut werfen, aber es ward ihr weggerissen, und ihr eignes rechtes Kind stand wieder vor ihr. (124)

Der Schimmelreiter in Eiderstedt

Zu Anfang des 18. Jahrhunderts lebte in Eiderstedt ein Deichgraf, der wohl ausgerüstet war mit den Eigenschaften, die sein verantwortungsvolles Amt von ihm verlangte. Es geschah aber, daß im Februar 1718 nach langem, strengem Froste plötzlich starkes Tauwetter einfiel, zu dem sich ein furchtbarer Nordwest gesellte. Samt den wilden, grimmen Wassern schlugen zahlreiche Eisblöcke, auf den ungestümen Wogen treibend, in heftigem Anprall gegen die schützenden Deiche, und die Bewohner sahen angstvoll drohendes

Unglück vor Augen. In der Nacht des 25. Februar war der Deichgraf, wie immer auf seinem Schimmel reitend, mit den Mannen mehrerer Kirchspiele an einer besonders stark gefährdeten Stelle des Deiches auf dem Posten und ordnete und leitete hier ein schweres Kämpfen mit klarer Umsicht und ruhiger Tatkraft. Aber ob vieler Menschen Hände auch rastlos arbeiteten, um einen Durchbruch zu verhindern, es wäre auf die Dauer vergebliches Ringen und Mühen gewesen. Sobald der Deichgraf solches erkannte, befahl er, in einiger Entfernung den Deich zu durchstechen und so den Wassern freiwillig Bahn ins Land zu geben. Größeres Unheil glaubte er, der Tragweite seiner Worte schweren Herzens sich bewußt, durch dieses Mittel als durch ein kleineres Übel abwenden zu können. Die verständnislose Menge der Umstehenden war starr vor Entsetzen; allein in wild aufbrausendem Zorn und harter Rede fuhr der Deichgraf sie an: »Mein ist die Verantwortung und euer die Pflicht des Gehorchens!« Als bald danach die Fluten der Nordsee brausend und schäumend durch den Deich stürzten und immer weitere Flächen Marschland bedeckten, da machte der Zorn der sonst so ruhigen Friesen sich in heftigen Verwünschungen gegen den Deichgrafen Luft. Der aber stürzte sich mit seinem Pferd in den Deichbruch hinein. Alsbald schlossen mächtige Eisschollen den Durchstich, der Sturm legte sich, und die Wasser traten langsam wieder zurück. Die Leichen des Deichgrafen und seines Schimmels hat man nie gefunden, aber manchmal jagt in stürmischen Nächten ein Reiter aus dem Deichbruch hervor und den Deich entlang. Mancher einsame Wanderer, der spät des Weges kam, hat den Wiedergänger gesehen und gewußt, daß es der Deichgraf war, der die Menschen vor nahendem Unglück warnen wollte. (125)

Nordfriesland

Die beiden Seeräuber in Schwabstedt

Bei Schwabstedt an der Treene hausten einst zwei Seeräuber, welche das ganze Land unsicher machten. Keiner konnte sie fangen, da ihr Schiff so schnell segelte, daß kein anderes es einzuholen vermochte. Es war dort auch ein Fischer, der bat um die Erlaubnis, in der Nähe des Schiffes angeln zu dürfen. Die Erlaubnis ward ihm gegeben. Was aber tat der Fischer? Er goß das Steuer des Seeräuberschiffes mit geschmolzenem Blei fest, und als nun die Feinde der Seeräuber kamen, konnten sie das Schiff nicht steuern, und man nahm sie gefangen. In Hamburg wurden sie hingerichtet. Freilich wollten sie eine goldene Kette, mit der ganz Hamburg umschlossen werden könnte, schenken, wenn man ihnen das Leben lassen wollte. Aber vergebens. Die Hamburger ließen sich auf nichts ein. (126)

Die Unterirdischen

Zwischen Hude und Süderhöft, bei Muhlensumpborg, klingt es an einer Stelle dumpf und hohl, wenn dort Wagen fahren; dort backen und buttern die Unterirdischen, darum rufen die Kinder an dieser Stelle: »Rummel rummel tut, smiet 'n Bodderbroot herut!« (127)

Niß Puk in der Luke

In Hollbüllhuus bei Schwabstedt hat man auf einem Hofe den Niß Puk oft im Sonnenschein in der Bodenluke sitzen sehen, wie er mit den Beinen baumelte und den Kopf sich in beide Händen stützte. Einmal saß er auch da und machte sich ein Plaisir daraus, den Pudel

Ostenfelderin

unten auf dem Hofe zu necken, indem er ihm bald das eine Bein, bald das andere hinhielt; der Pudel bellte darüber, und Niß lachte entsetzlich. Da schlich sich der Knecht, um sich einen Spaß zu machen, von hinten herzu und stieß den Puk mit der Heugabel hinunter, indem er sprach: »Da, Pudel, hast du den ganzen Puk!« Das dachte ihm Niß. Der Knecht hatte noch ein Paar nagelneue Stiefel in der Kammer stehen. Abends, als er eben die Augen zutun wollte, so kam der Niß, zog die Stiefel an und schlurrte nun die ganze Nacht so lange umher, bis Hacken und Sohlen herunter waren.

In einem andern Hause knickte er sogar die Bodenleiter ein, und als der Knecht nun Korn hinauftragen wollte, mußte er beide Beine brechen. (128)

Die Friesen

Die Ostenfelder stammen aus Ostfriesland; sie sind schon vor Jahrhunderten die Eider und die Treene heraufgekommen und haben sich auf »Rott« angesiedelt oder zusammengerottet und diesem Ort den Namen gegeben. Schließlich haben sie sich über den Raum des ganzen Kirchspiels ausgebreitet und die andern Dörfer gegründet. (129)

Stiere weisen die heilige Stätte

In Schwesing, im Amte Husum, koppelte man zwei junge Stiere zusammen und erbaute die Kirche, wo diese ihr Nachtlager hielten. Sie hatten sich an einem sehr morastigen Orte niedergelegt, und dieser mußte erst ausgefüllt werden, ehe der Bau beginnen konnte. (130)

Das brave Mütterchen

Es war im Winter, und das Eis stand. Da beschlossen die Husumer ein großes Fest zu feiern: Sie schlugen Zelte auf, und alt und jung, die ganze Stadt versammelte sich draußen. Die einen liefen Schlittschuh, die andern fuhren in Schlitten, und in den Zelten erscholl Musik, und die Tänzer und Tänzerinnen schwenkten sich herum, und die Alten saßen an den Tischen und tranken eins. So verging der ganze Tag, und der helle Mond ging auf; aber der Jubel schien nun erst recht anzufangen.

Nur ein altes Mütterchen war von allen Leuten allein in der Stadt geblieben. Sie war krank und gebrechlich und konnte ihre Füße nicht mehr gebrauchen; aber da ihr Häuschen auf dem Deiche stand, konnte sie von ihrem Bette aus aufs Eis hinaussehen und die Freude sich betrachten. Wie es nun gegen Abend kam, gewahrte sie, indem sie auf die See hinaussah, im Westen ein kleines weißes Wölkchen, das eben an der Kimmung aufstieg. Gleich befiel sie eine unendliche Angst; sie war in früheren Tagen mit ihrem Manne zur See gewesen und verstand sich wohl auf Wind und Wetter. Sie rechnete nach: In einer kleinen Stunde wird die Flut da sein, und wenn dann der Sturm losbricht, sind alle verloren. Da rief und jammerte sie so laut, als sie konnte; aber niemand war in ihrem Hause, und die Nachbarn waren alle auf dem Eise; niemand hörte sie. Immer größer ward unterdes die Wolke und allmählich immer schwärzer; noch einige Minuten, und die Flut muß da sein, der Sturm losbrechen; da rafft sie all ihr bißchen Kraft zusammen und kriecht auf Händen und Füßen aus dem Bette zum Ofen; glücklich findet sie noch einen Brand, schleudert ihn in das Stroh ihres Bettes und eilt so schnell sie kann hinaus, sich in Sicherheit zu bringen. Da stand das Häuschen augenblicklich in hellen Flammen, und wie der Feuerschein vom Eise aus gesehen ward, stürzte alles in wilder Hast dem Strande zu. Schon sprang der Wind auf und fegte den Staub auf dem Eise vor ihnen her; der Himmel ward dunkel, und bald fing das Eis an zu knarren und zu schwanken, der Wind wuchs zum Sturm, und als eben die Letzten den Fuß aufs feste Land setzten, brach die Decke, und die Flut wogte an den Strand. So rettete die arme Frau die ganze Stadt und gab ihr Hab und Gut daran zu deren Heil und Rettung. (131)

Blau-gekleidete Soldaten auff dem Deich

Vor mehr als 16 Jahren hat man bey Husum auff dem hohen Hoff-Deich an dem Heverstrom / eine grosse Menge blau-gekleideter Soldaten auffsteigen / und auch marchiren gesehen / welcher Sprache die Anwohnende nicht verstanden. Ingleichen ist solches bey Ockholm an eben solcher West-See-Küste gesehen worden. (132)

Am Ufer bei Schobüll

Am Ufer bei Schobüll wissen die am Strande spielenden Knaben noch eine Stelle zu zeigen, wo einmal bei der großen Sturmflut, die den größten Teil vom Nordstrand verschlang, ein Heuklamp (Schober) angetrieben kam, darauf saßen Braut und Bräutigam

Die Alte von Husum. Neuruppiner Bilderbogen Nr. 9339 von Gustav Kühn

und ein Hahn. Als aber der Klamp, dem Ufer nahe, auf den Grund
stieß, ging er auseinander. Da flog der Hahn ans Ufer, aber Braut
und Bräutigam umschlangen sich und hielten sich noch fest um-
klammert, als sie tot unter dem Heu gefunden wurden. (133)

Hagel und Schlossen

Selbst weiß ich mir gar wol zu erinnern / daß von glaubwürdigen
alten Leuten / und von meinen sel. lieben Vater in der Stadt Husum
nicht einmahl gehöret / daß da die Gottselige Hertzogin zu
Schleßw. Holstein / Fr. Augusta nach Absterben des Gottseligen
Herrn Hertzogs auf ihrem Leibgedinge zu Husum als Wittwe /
residiret / das Gerüchte daselbst erschollen / ob solten auf dem
Meyerhoff des Hochfürstlichen Hauses zu Husum / Arlwart / sich
zwo Mägde finden / welche Zauberey trieben. Die Gottseliege
Hertzoginn als eine Ernsthaffte und nicht leichtgläubige Fürstinn
fuhr auf solches Gerücht selbst hinaus nach dem Meyerhoff / und
weil ein helles schönes Wetter war / und man gar keine Wolcken
am Himmel über den Horizon sehen könte / foderte von den
Mägden / nach erstlich gethaner ernsthafften Vermahnung / daß
sie Hagel / und Schlossen / und also ein ungestümes Gewitter
erwecken sollen / mit der Hochfürstlichen Gnaden-Verheissung so
sies thun würden / solten sie so hart nicht angesehen werden / als
sonst geschehen mögte. Auf geschehenen Befehl waren die Mägde
parat, und ging nur eine unter ihnen unter den Schornstein stehen /
und sahe oben zum Loch hinaus dabey etliche unverständliche
Worte redend (ob sie sonst andere Ceremonien gebrauchet / ist mir
entfallen) nechst diesen ging sie zu der Gottseligen Hertzoginn /
und sagte / sie mögte sich nur gedulden / es werde nicht lange
ausbleiben. Wie es die That endlich auch bewiesen. Denn kaum
nach Verfliessung einer viertel Stunde / stieg im Westen eine
schwartze Wolcke auf / und führete neben sich einen hefftig brau-
senden Wind / also daß endlich dieselbe sich im Sturm durch Hagel
und Schlossen resolvirete / und solche da herum nieder geworffen
mit nicht geringer Verwunderung der Gottseligen Hertzogin / und
derer zugleich daselbst mit anwesenden Hoff-Bedienten. (134)

Torhaus des Schlosses vor Husum

Riesensteine

In der Landschaft Bredstedt wohnten in alten Zeiten zwei Riesen, ein friesischer in Drelsdorf und ein dänischer in Viöl. Jeder rühmte sich oft gegen den andern seiner Stärke, und beide lebten in fortwährendem Streit. Zuletzt, um diesem ein Ende zu machen und die Sache zu entscheiden, verabredeten sie sich, daß jeder einen Wurf nach des andern Kirchturm tun sollte. Der Drelsdorfer Riese nahm einen großen Stein und schleuderte ihn mit aller Macht gegen den Viöler Kirchturm, so daß er seit der Zeit bis auf diesen Tag stumpf geblieben ist. Darüber ergrimmte nun der Viöler Riese noch mehr und nahm einen noch weit größeren Stein, um den Drelsdorfer Kirchturm zu zerschmettern. In der Hitze aber zielte er nicht recht, warf vorbei, und man zeigt noch heute den großen Felsblock im Moor eine gute Strecke hinter Drelsdorf. Aber viel hätte doch nicht gefehlt, so wäre der Drelsdorfer Turm verloren gewesen; denn der Stein ist so nahe daran vorbeigeflogen, daß er bis auf den heutigen

Tag ein bißchen schief steht. Es liegen noch zwischen Drelsdorf und Bredstedt zwei Hünengräber, das eine ist ungewöhnlich lang; da soll ein Riese begraben sein, und das mag der Drelsdorfer Riese sein. (135)

Heidnischer Tempel

Bei Bohmstedt, Landschaft Bredstedt, soll ein heidnischer Tempel, genannt Donieshuus, gestanden haben. Dem Götzen, der sich da befand, opferte man Speck und schrieb ihm Heilkräfte zu. (136)

Kühe weisen heilige Stätte

Auf einem hohen Marschgrund unweit Breklum hatten einst drei adlige Jungfrauen ihre Wohnung. Sie entschlossen sich, eine Kirche auf einer südlichen Anhöhe, dem Steenbarg, zu erbauen; allein was an einem Tage aufgeführt ward, war am andern verschwunden. Da ließen die frommen Jungfern einen Wagen beladen, spannten zwei säugende Kühe davor und ließen diese gehen, wohin sie wollten. Sie standen zuletzt still, wo jetzt die Kirche von Breklum steht. – Auf dem Kirchturm stehen noch drei sehr alte, aus Holz geschnitzte Bilder. Das sollen die drei Jungfern sein. Als eine von ihnen einmal wegen einer natürlichen Begebenheit verlacht und verspottet wurde, zogen alle drei fort nach dem nahen Drelsdorf, als noch kaum die Kirche aus der Erde herausgebaut war. Wie sie fertig geworden ist, weiß niemand zu sagen. (137)

Frau Metta

Die Frau Metta, die vor Zeiten ein Edelgut bei Bordelum besaß, hatte ihre Magd [grausam] umgebracht. In der Nacht darauf erschien aber die Tote, wimmerte und ächzte und rief die Frau bei ihrem Namen und verfolgte sie überallhin. Das wiederholte sich lange Zeit, so daß die Edelfrau nirgends mehr Ruhe fand und zuletzt verzweifelt vom Schlosse rannte und sich in die See stürzte. Da haben in der Nacht Vorübergehende noch oft bald eine klägliche Stimme gehört, bald ein Fluchen und Schwören. Das Gespenst der Magd hat sich darauf nicht wieder blicken lassen. Das Schloß ward abgebrochen und daraus die Kirche zu Ockholm gebaut. (138)

Mettenwarf

Zur Zeit des Dithmarscher Krieges befand der König Johann sich in einem Hause, wo er von allen Seiten umringt war. Eine kluge Magd, Metta, diente da und rettete den König dadurch, daß sie einen ihrer Röcke zerschnitt und seinem Pferde um die Hufe band. In der Nacht führte sie es am Zügel auf einen sichern Weg, und der König entkam. Andre sagen, sie habe ihn mit einem Knappen über die Eider gesetzt; und noch andre, daß sie ihn aus dem Wasser rettete, als er mit seinem Schiffe in einer Sturmflut in der Wiedingharde strandete. Aus Dankbarkeit ließ der König sie erst an seinen Hof kommen und gab ihr dann viel Land im Bordelumer Kooge, wo er ihr ein großes Haus bauen ließ, dessen Stelle noch Mettenwarf heißt. Darauf bat Metta auch um etwas Geestland, und der König erlaubte ihr, sich so viel zuzueignen, als sie an einem Tage umpflügen könne. Die kluge Frau nahm den König beim Worte und zog in weitem Kreise bis ganz nach Lütjenholm eine Furche und bekam so an einem Tage ein gutes Stück, das bis auf diesen Tag Fru Metten Land heißt. (139)

Das Gespenst mit dem Grenzpfahl

In den niedrigen Fennen zwischen Lindholm und Maasbüll, Amt Tondern, die im Winter meist unter Wasser stehen, tobte allnächtlich ein Gespenst. Es war ein Mann mit einem großen Pfahl auf dem Nacken, und indem es umherstürmte, schrie es beständig: »Wo schall ik den Paal daalschlaan? Wo schall ik den Paal daalschlaan?« Die ältesten Leute hatten davon schon von ihren Eltern

Das Gespenst mit dem Grenzpfahl. Zeichnung von Johann Holtz

gehört, und immer ging das Gespenst noch umher. Es tat keinem etwas zuleide, und jeder ging still vorüber; es bekümmerte sich niemand weiter darum. Einmal aber kamen zwei Nachbarn miteinander vom Markte zurück, und der eine war etwas betrunken. Als sie nun an die Stelle kamen und das Gespenst rief, fragte er: »Wat seggt de Kerl?« – »Um Gottes willen, so schweig doch«, sagte der andre, »he deit di niks.« – »Ik will awer weten, wat he seggt«, erwiderte der andre mürrisch und rief das Gespenst an: »Wat seggst du?« Gleich stand es vor ihnen und schrie: »Wo schall ik den Paal daalschlaan? Wo schall ik den Paal daalschlaan?« Vor Schreck plötzlich nüchtern, faltete der Mann die Hände und antwortete: »In Gottes Namen, schlaag em daal, wo he fröer staan hett.« Unter lautem Danke, weil es auf dieses Wort schon über hundert Jahr gehofft hatte, rannte das Gespenst nach einer Stelle, schlug den Pfahl da hinunter, so daß das Wasser weit über seinen Kopf und über den Pfahl hinwegstob, und war zugleich verschwunden.

Der Mann hatte nämlich bei Lebzeiten den Grenzpfahl verrückt und hatte damit umgehen müssen, bis jemand ihn anredete und dadurch erlöste. (140)

Die Riesen von Leck und Karlum

In alten Zeiten lebte in Leck ein Riese, desgleichen auch einer in Karlum. Beide gerieten miteinander in Streit und warfen nacheinander mit Felsblöcken. Der Lecker Riese traf mit einem großen Steine den Kirchturm in Karlum so gut, daß derselbe zusammenstürzte. Seit dieser Zeit hat die Karlumer Kirche keinen Turm gehabt. (Seit einigen Jahren hat sie allerdings doch einen Dachreiter.) Der Karlumer Riese ergriff nun in der Wut einen noch viel größeren Stein, um den Lecker Kirchturm zu zerschmettern. Der Stein gelangte aber nicht ans Ziel, sondern fiel nördlich von Leck zur Erde. Über diese Niederlage seines Todfeindes war der Lecker Riese so erfreut, daß er verlangte, man solle ihn dereinst unter diesem Stein begraben. Das ist auch geschehen, und der Ort heißt noch jetzt Kämpegracht. Der Stein, den alte Leute noch an dem genannten Ort gesehen haben, ist jetzt weggenommen und zu Heckpfählen verarbeitet worden. (141)

Vier große Lichter

Bei Ladelund zeigen sich vier große Lichter an der Stelle, wo ein Vater mit seinen drei Söhnen in einen Streit geriet, in dem sich alle erschlugen. (142)

Die reiche Frau von Fockebüll

Nördlich von der Chaussee von Aventoft nach Neukirchen kann man eine Erhöhung erblicken. Das ist eine alte Warft. Auf der stand vor dreihundert Jahren ein großes Haus, das hieß Fockebüll. Hier wohnte einmal ein Landvogt, der war reich, aber gegen die Leute hart. Und seine Frau war stolz und hochmütig.

Eines Tages fiel es ihr ein, ihren goldenen Ring bei Verlat in das tiefe Wasser zu werfen. Dabei sagte sie: »So sicher, wie ich diesen Ring bei Verlat nie wieder sehen werde, kann ich auch niemals arm werden.«

Aber es kam doch anders. Ein Fischer brachte einmal Fische ins Haus. Als man einen Hecht öffnete, fand man in ihm den goldenen Ring. Und die stolze Frau, sie hieß Magdalena, soll im Aventofter Armenhaus gestorben sein. (143)

Die Mäher

Die Brorkenkoogswisch in der Tondernschen Marsch bei dem Kanzleihof Freesmark hat ihren Namen von einem reichen Bauern namens Brork, der vor seinem Tode all sein Vermögen unter seine drei Söhne teilte, bis auf diese schöne Wiese, über die sie sich brüderlich einigen sollten.

Als nun der Vater gestorben war, machten die drei unter sich aus, daß dem die Wiese gehören solle, der bei der ersten Mahd auf ihr die meisten Schwaden schlüge. Beim Mähen aber wurden sie eifersüchtig aufeinander und erschlugen sich zuletzt einer den andern mit den Sensen.

Seit der Zeit tanzen auf der Brorkenkoogswisch allnächtlich drei Irrlichter herum und machen das Wettmähen und den Bruderzwist nach; dann verlöschen sie eins nach dem andern. (144)

Glocke im Wasser

Eine Kapelle bei Neukirchen in der Wiedingharde – da, wo es noch jetzt heißt up de Kapell – ward von Seeräubern geplündert, und die Glocke ward mitgenommen. Ihr Fahrzeug lag bei Hornburg an einem Arm der Wiedau, dem Siel; dorthin mußten sie ihren Raub bringen. Es war aber die Nacht auf Ostern, und wie sie gegen Hornburg kamen, graute der Morgen des ersten Ostertages. Da der Kapellan in Neukirchen das Fest nicht mehr einläuten konnte, so betete er es ein und betete so inbrünstig, daß die Glocke den Händen der Räuber entfiel, wie sie eben sie ins Schiff bringen wollten, und in das Siel versank. Aber noch klingt jeden Ostermorgen ihr Geläute aus der Tiefe herauf, und Kinder gehen dann dahin und hören es wirklich. (145)

Horsbüll

Nordwestlich vom jetzigen Horsbüll jenseits eines Stromes wohnte in dem längst untergegangen Dorfe Rentoft ein Mann; dessen Stute, auf friesisch Hors, schwamm immer durch jenen Strom und verlief sich nach der Gegend, wo jetzt Horsbüll liegt. Da nahm er den Trieb des Tiers, nach Osten zu wandern, als ein Vorzeichen und verließ seinen bisherigen Wohnort, der bald vom Wasser verschlungen ward, und siedelte sich an dem Ort an, der nach der Stute benannt wurde. Die Horsbüller Harde führt auch ein Pferd im Wappen. (146)

Alt-Galmsbülls Untergang

In wilden Sturmnächten gingen die Bewohner von Alt-Galmsbüll an den Strand, lockten mit Teerfackeln die Schiffe, die in Seenot waren, durch falsche Signale ans Ufer. Wenn dann das Schiff von den Brechern zerstört wurde, ertrank die Schiffsbesatzung. Diejenigen, die lebend ans Ufer gelangten, wurden von den Schiffern erschlagen und im Sande verscharrt. Die Ladung teilten die Räuber dann unter sich.

Unter diesen Seeräubern war auch einer, dessen einziger Sohn vor vielen Jahren in die Fremde gezogen war. Als wieder einmal in einer stürmischen Herbstnacht ein Schiff dort scheiterte, war unter der Besatzung, die Mann für Mann im Dunkel der Nacht erschlagen wurde, der Sohn des Schiffers. Der Vater erkannte seinen Sohn, als dieser im Morgengrauen verscharrt werden sollte. Wenige Wochen später kam eine gewaltige Sturmflut, in der Alt-Galmsbüll unterging, als Strafe für die Untaten der Bewohner! (147)

Nordfriesische Inseln

Hexen als Sturzwellen

Drei Männer von einer nordfriesischen Insel waren auf einem und demselben Schiffe zur See. In ihrer Abwesenheit ergaben sich ihre Frauen der Hexerei. Weil sie mißtrauisch gegen ihre Männer waren, folgten sie ihnen in allerlei Gestalt überallhin, und bald entdeckten sie die Untreue der Männer. Voll Zorn beschlossen sie, bei nächster Gelegenheit das Schiff zu versenken, und der Tag ward festgesetzt. Sie hatten aber den Plan eines Abends auf dem Schiff abgeredet, als sie meinten, daß alle ans Land gegangen wären; allein der Schiffsjunge hatte alles mitangehört. Eine der Hexen äußerte noch die Furcht, daß sie selbst dabei zu Schaden kommen möchten, eine andre aber antwortete: »Nur wenn ein Reiner mit reinen (ungebrauchten) Waffen uns abwehrt, haben wir [etwas] zu fürchten.« Der Schiffsjunge wußte sich eine neue Waffe zu verschaffen, und als bald darauf das Schiff den fremden Hafen verließ und das Wetter in einer Nacht stürmisch ward, ging er mit dem Degen unter dem Arm immer an der Luvseite auf und nieder und wartete. Bald kamen drei turmhohe, schneeweiße Sturzwellen auf das Schiff los, und es wäre gewiß verloren gewesen, wenn nicht der Junge ihnen den Degen entgegengehalten. Augenblicklich sanken sie zusammen, und an der Stelle, wo die Spitze sie berührte, färbten sie sich mit Blut. Als das Schiff nun glücklich in Hamburg ankam, erfuhren der Kapitän und die beiden Steuermänner, daß ihre Frauen plötzlich alle drei krank geworden seien, und als sie sich näher erkundigten, fanden sie, daß dies in derselben Nacht geschehen, als die drei Sturzwellen auf das Schiff losgekommen wären. Nun glaubten sie den Worten des Schiffsjungen. Weil sie aber sahen, daß ihre Frauen Hexen wären, beschlossen sie ihr Leben für die Zukunft zu ändern, wenn sie sich nicht neuen Gefahren aussetzen wollten. (148)

Hexen als Sturzseen. Zeichnung von Johann Holtz

Die keusche Sylterin

Auf der südlichen Halbinsel Sylts, die Hörnum heißt, erhebt sich eine gewaltige Düne von mehr als hundert Fuß Höhe und einer halben Stunde im Umfang. Sie heißt der Buder, weil ehemals da in einer Meeresbucht Fischerbuden standen, die die Fischer von Sylt im Frühjahr und Herbst benutzten, welche aber auch wohl Seeräubern zum Schlupfwinkel dienten.

Hier in dem versteckten Ankerplatz landeten einst schwedische Seeräuber. Zwei Jungfrauen waren eben in jenen Hütten mit dem Reinigen und Einsalzen gefangener Fische beschäftigt; die Männer

Sylter Braut aus dem Jahre 1650

waren alle draußen auf der See und fischten. Sobald sie darum die Ankunft der Schweden bemerkten, flohen sie, nichts Gutes ahnend, nordwärts längs dem Ufer dem nächsten Dorfe zu. Glücklich erreichte die eine das Dorf Nieblum, das weiland südwestlich von dem jetzigen Rantum lag; die andre aber, nicht so schnellfüßig, ermüdete bald auf dem anderthalb Meilen langen Wege und sah die lüsternen Räuber ihr immer näher kommen. Am Ende mußte sie erkennen, daß ihr nichts mehr übrigblieb, als entweder sich ins Meer zu stürzen oder ihre jungfräuliche Ehre hinzugeben. Eben glaubten die Räuber ihre Beute sicher in Händen zu haben, als das Mädchen der See zueilte und vor ihren Augen in der Tiefe verschwand. (149)

Der lange Peter

Der lange Peter war von der Insel Sylt gebürtig und ward ein Seeräuber. Seine Matrosen und Schiffsleute hatten zum Zeichen ihres Ordens auf ihren Kleidern an der einen Seite den Galgen und an der andern ein Rad. Er pflegte sich zu nennen:

Der Dänen Verheerer,
Der Bremer Verteerer,
Der Holländer Krüz und Beleger,
Der Hamborger Bedreger etc.

Von ihm ist noch eine Schanze in den Dünen auf Sylt zu sehen.

Sie plünderten einmal da zu einer Zeit, als die Männer von der Insel fast alle auf der See waren. Da vereinigten sich alle noch übrigen Einwohner, jung und alt, Weiber und Männer, besonders aus den Dörfern Westerland und Tinnum, und zogen ihnen entgegen, indem sie das Lied dazu sangen:

»Dat geit dar na to mit alle Mann
Mit Bössen, Stahl en Forken:
De hier nich fechten will en kann,
Dat sind woll rechte Schorken.«

Man schlug die Räuber und nahm ihrer acht in dem Hause des Strandvogts Erk Mannis gefangen. Sieben wurden nachher auf dem Galgenhügel zu Norden Keitum gehenkt; den achten ließ man laufen, weil er noch ein Knabe war. Er rächte aber nach einigen Jahren den Tod seiner Genossen, indem er in einer Nacht das Haus des Strandvogts anzündete und abbrennen ließ. (150)

Morsumkliff

Vater Finn

In ganz alten Zeiten haben die Zwerge oft und lange mit den Menschen und untereinander Krieg geführt; mitunter schlossen sie auch Frieden miteinander. Ihre Weiber sangen dann, wenn die Zwerge aus im Kriege waren, zu Hause bei der Wiege eine eigne Art Lieder. Nördlich von Braderup auf der Heide liegt der Reisehoog; da hat einer einmal gehört, wie drinnen eine Zwergin sang:

>»Heia, hei, dit Jungen es min.
>Mearen kumt din Vaader Finn
>Me di Mann sin Haud.«

Das ist:

>»Heia, hei, das Kind ist mein.
>Morgen kommt dein Vater Finn
>Mit dem Kopf eines Mannes.« (151)

Die Gongers

In Keitum auf Sylt starb einmal eine Frau vor ihrer Entbindung; da ist sie mehrere Male dem Knecht des Predigers erschienen und hat nicht eher Ruhe im Grabe gehabt, als bis man ihr Schere, Nadel und Zwirn ins Grab gelegt. So tut man bei Frauen in Nordfriesland gewöhnlich.

Es gibt da überhaupt manche Wiedergänger oder Gongers; denn wer unschuldig ermordet ist oder Grundsteine versetzt und Land abgepflügt hat, findet keine Ruhe im Grabe. Ebenso müssen auch die Gotteslästerer und wer sich selbst verflucht und die Selbstmörder wiedergehen. Einem solchen Gonger darf man nicht die Hand reichen; sie verbrennt, wird schwarz und fällt ab.

Wenn einer von der Verwandtschaft auf der See ertrunken ist, meldet er es nachher den Anverwandten. Wem ein solcher Gonger begegnet, der erschrickt nicht, sondern wird vielmehr betrübt. Der Gonger meldet sich aber nicht in der nächsten Blutsverwandtschaft, sondern im dritten oder vierten Gliede. In der Abenddämmerung oder bei Nacht läßt er sich sehen in eben der Kleidung, worin er ertrunken ist. Er sieht dann zur Haustür herein und lehnt sich mit den Armen darauf, geht auch sonst im Hause herum, verschwindet aber bald und kommt am folgenden Abend um dieselbe Zeit wieder. Nachts öffnet er, gewöhnlich in schweren aufgezogenen Stiefeln, die voll Wasser sind, die Stubentür, löscht mit der Hand das Licht aus und legt sich dem Schlafenden auf die Decke. Am Morgen findet man einen kleinen Strom salzigen Wassers, das dem Ertrunkenen von seinen Kleidern abgetröpfelt ist, in der Stube. Lassen die Verwandten durch dieses Zeichen sich noch nicht überreden, so erscheint der Gonger so lange wieder, bis sie es glauben. Der Gonger gibt auch andre Zeichen. Man erzählt:

Ein Schiffer mit zwei Söhnen segelte von Amrum aus mit Saat nach Holland. Der jüngste Sohn hatte gar keine Lust zu der Reise. Er flehte seine Mutter an: »O Mutter, laß mich doch zu Hause bleiben, ich mag nicht mit!« – »Ich kann ja nichts dazu tun«, sprach die Mutter, »dein Vater will es.« Der Sohn mußte also mit. Als sie auf dem Weg zum Hafen in Bosk über den Steindamm gingen, sagte er zu seiner Mutter und den andern, die ihn begleiteten:

»Denket an mich, wenn ihr über diese Steine geht.« Noch in derselben Nacht verunglückten sie. Des Schiffers Schwester wohnte bei ihm im Hause. Nachts hatte sie ihr weißes Brusttuch vor dem Bette liegen; am Morgen fand sie drei Tropfen Bluts darauf. Da fühlte sie, daß die Ihrigen umgekommen und sie in der Nacht bei ihr gewesen seien. (152)

Sark Hethk auf Amrum

Eine Frau aus Nebel auf der Insel Amrum hatte noch nicht ihren Kirchgang gehalten, da hörte sie, daß ihr Mann ein wenig östlich vom Orte an der Wasserkante erschlagen sei. Sogleich lief sie dahin über das Sark Hethk, wo jetzt die Häuser vom sogenannten Stoltenberg stehen; das Land war damals Priestergrund. Da ward der Boden überall unrein, wohin sie ihren Fuß setzte, und die Gebäude, die man da aufgeführt hat, verfallen darum immer so bald. (153)

Seeräuber

Einst zur Winterzeit, als die Watten mit fußdickem Eise belegt waren, kam eine Räuberbande von Pellworm nach Amrum. Die Räuber hatten weiße Hemden über ihre Kleider gezogen, um nicht bemerkt zu werden, und ein Sonntag war zu dem Überfall ausersehen, weil dann der größte Teil der damals noch geringen Bevölkerung dem Gottesdienst in der Kirche beiwohnte. Während nun eine Abteilung der Räuber die Häuser plünderte, bewachte die andere Hälfte die Kirche; damals waren die Kirchtüren so eingerichtet, daß sie nach außen aufgingen, so war es leicht, dieselben zu versperren, indem die Räuber Bauholz, Wagenräder usw. davor auftürmten. Die Kirchenfenster aber waren zu hoch, als daß die Männer durch dieselben hätten hinauskommen können.

Wahrscheinlich gehörte die Bande dem Seeräuber Cord Wittrich, der lange auf Pellworm hauste. (154)

Föhringerin

Ein watendes Mädchen

Einst war ein eitles Mädchen von Amrum nach Föhr gesandt worden, um drei Brote zu holen, hatte sich aber auch ein Paar neue Schuhe erbettelt. Als sie nun an das Tief kommt, mag sie ihre Schuhe nicht beschmutzen und nimmt die drei Brote, wirft sie ins Wasser, tritt darauf und kommt trockenen Fußes hindurch. Zu gleicher Zeit ging auch ein Priester diesen Weg, der darüber ungehalten wurde und sprach:

>»Mein liebes Kind, laß dich doch bewegen,
>Deine Eltern müssen betteln gehn,
>Und du tust mit den Füßen stehn,
>Auf Gottes Brot und Segen.«

Sowie der Priester dieses gesagt hatte, da versank das Mädchen in dem weichen Boden und kam elendiglich um. (155)

Die Teufelsspuren

Auf Föhr in der Marsch zeigt man ein paar ganz kahle, von jeder Pflanze entblößte Stellen, eine halbe Rute im Durchmesser groß. Man hat sie ausgegraben und mit anderer Erde ausgefüllt; aber weder Kraut noch Gras gedieh darauf, und kein Vogel läßt sich darauf nieder. Als nämlich der Teufel Helgoland von Norwegen herholte, kam er über Föhr und hat dabei seine Fußspuren eingedrückt; die Stellen heißen darum auch die Düwelssporen. (156)

Das Geisterschiff

Es war um die Zeit, da alle Schiffe auflegten und alle Schiffer heimkehrten; aber einer Dirne wollte der Bräutigam noch immer nicht kommen, und als alle andern schon daheim waren, da war er noch immer nicht da. Da weinte das Mädchen und wollte ihr Herz nimmer zufrieden geben, und nachts saß sie am Wasser und schrie nach ihrem Liebsten. Da kam eines Nachts das Schiff, das mit ihrem Bräutigam verunglückt war; das hat sie aufgenommen, und niemand hat sie wiedergesehen. (157)

Die verlorene Quelle auf der Hallig Nordmarsch

Auf den Halligen, wie in der Marsch überhaupt, gibt es selten Brunnen mit ganz frischem Wasser, und man fängt daher den Regen in Zisternen auf, die Regenbäche oder Fedinge heißen. Auf der Hallig Nordmarsch war eine Quelle mit süßem Wasser, aber bald ward sie ein Gegenstand des Neides und des Streites. Einer war zuletzt boshaft genug, einen großen Stein hineinzuwerfen und den Brunnen dadurch zu verstopfen. Seit der Zeit leiden nun die Bewohner der Hallig bei großer Dürre oder nach Überschwemmungen oft Mangel an frischem Wasser. Man hat vergebens nach dem verlorenen Brunnen gegraben; denn wenn man sich um Gottes Gabe streitet, weicht sein Segen allezeit. Darum sind auch die Fische aus den Strömen zwischen den Halligen gewichen, seit die

Obrigkeit sich den Fang aneignete, und seit sie den Gänsefang besteuerte, fliegen alle Gänse an Sylt vorüber, und keine Heringe kommen mehr an diese Küsten, seit man mit den Helgoländern um den Fang Krieg führte. (158)

Das Licht der treuen Schwester

An dem Ufer einer Hallig wohnte einsam in einer Hütte eine Jungfrau. Vater und Mutter waren gestorben, und der Bruder war fern auf See. Mit Sehnsucht im Herzen gedachte sie der Toten und des Abwesenden und harrte seiner Wiederkehr. Als der Bruder Abschied nahm, hatte sie ihm versprochen, allnächtlich ihre Lampe ans Fenster zu setzen, damit das Licht weithin über die See schimmernd, wenn er heimkehre, ihm sage, daß seine Schwester Elke noch lebe und seiner warte. Was sie versprochen, das hielt sie. An jedem Abend stellte sie die Lampe ans Fenster und schaute Tag und Nacht auf die See hinaus, ob nicht der Bruder käme. Es vergingen Monde, es vergingen Jahre, und noch immer kam der Bruder nicht. Elke ward zur Greisin. Und immer saß sie noch am Fenster und schaute hinaus, und an jedem Abend stellte sie die Lampe aus und wartete. Endlich war es einmal bei ihr dunkel und das gewohnte Licht erloschen. Da riefen die Nachbarn einander zu: »Der Bruder ist gekommen«, und eilten ins Haus der Schwester. Da saß sie da, tot und starr ans Fenster gelehnt, als wenn sie noch hinausblickte, und neben ihr stand die erloschene Lampe. (159)

Rungholt

In Rungholt auf Nordstrand wohnten weiland reiche Leute; sie bauten große Deiche, und wenn sie einmal darauf standen, sprachen sie: »Trotz nu, blanke Hans!« –

Ihr Reichtum verleitete sie zu allerlei Übermut. Am Weihnachtsabend des Jahres 1300 machten in einem Wirtshause die Bauern eine Sau betrunken, setzten ihr eine Schlafmütze auf und legten sie ins Bett. Darauf ließen sie den Prediger ersuchen, er

Hallig Oland

möchte ihrem Kranken das Abendmahl reichen, und verschwuren sich dabei, daß wenn er ihren Willen nicht würde erfüllen, sie ihn in den Graben stoßen wollten. Wie aber der Prediger das heilige Sakrament nicht so greulich wollte mißbrauchen, besprachen sie sich untereinander, ob man nicht halten sollte, was man geschworen. Als der Prediger daraus leichtlich merkte, daß sie nichts Gutes mit ihm im Sinne hätten, machte er sich stillschweigend davon. Indem er aber wieder heimgehen wollte und ihn zwei gottlose Buben, die im Kruge gesessen, sahen, beredeten sie sich, daß, wenn er nicht zu ihnen hereingehen würde, sie ihm die Haut vollschlagen wollten. Sind darauf zu ihm hinausgegangen, haben ihn mit Gewalt ins Haus gezogen und gefragt, wo er gewesen. Und wie er's ihnen geklagt, wie man mit Gott und ihm geschimpft habe, haben sie ihn gefragt, ob er das heilige Sakrament bei sich hätte, und ihn gebeten, daß er ihnen dasselbige zeigen möchte. Darauf hat er ihnen die Büchse gegeben, darin das Sakrament gewesen, welche sie voll Bier gegossen und gotteslästerlich gesprochen, daß wenn Gott darinnen sei, so müsse er auch mit ihnen saufen. Wie der Prediger auf sein freundliches Anhalten die Büchse wiederbekommen, ist er damit zur Kirche gegangen und hat Gott angerufen, daß er diese gottlosen Leute strafe. In der folgenden Nacht ward er gewarnt, daß er aus dem Lande, das Gott verderben wollte, gehen sollte; er stand auf und ging davon. Und sogleich erhob sich ein ungestümer Wind und ein solches Wasser, daß es vier Ellen hoch über die Deiche stieg und das ganze Land Rungholt, der Flecken und sieben andre Kirchspiele dazu, unterging, und niemand ist davongekommen als der Prediger und zwei, oder wie andre setzen, seine Magd und drei Jungfrauen, die den Abend zuvor von Rungholt aus nach Bupslut zur Kirchmeß gegangen waren, von welchen Bake Boisens Geschlecht auf Bupslut entsprossen sein soll, dessen Nachkommen noch heute leben. Die Uelvesbüller Kirche hat noch eine alte Kirchentür von Rungholt.

Nun gibt es eine alte Prophezeiung, daß Rungholt vor dem jüngsten Tage wieder aufstehen und zum vorigen Stande kommen wird. Denn der Ort und das Land steht mit allen Häusern ganz am Grunde des Wassers, und seine Türme und Mühlen tun sich oft bei hellem Wetter hervor und sind klar zu sehen. Von Vorüberfahrenden wird Glockenklang und dergleichen gehört. – Ebenso wird bei Süderoog am Hamburger Sand ein Ort gezeigt, welcher Süntkalf geheißen, und es ist ein Sprichwort:

> Wenn upstaan wert Süntkalf,
> So werd Strand sinken half. (160)

Helgoland

Die elftausend Jungfrauen landeten einst auf Helgoland, das damals ein schönes grünes Land war. Die Leute aber waren so gottlos und trieben Schande mit den heiligen Jungfrauen. Darauf ist das Land versunken und abgerissen und alles zu Stein verwünscht. Der, der dieses erzählt, hat noch ein Endchen Wachslicht in Verwahrung, das ganz zu Stein geworden war.

Andere aber melden:

Verfolgt, sprangen einmal heilige Jungfrauen in der Gegend, wo jetzt Helgoland ist, aus dem Schiff und tanzten so lange auf dem

Die Insel Helgoland. Kupferstich 1714

Wasser, bis der Fels herausgetanzt war. Die Jungfrauen haben dann ihre Fußstapfen dergestalt in die Erde gedrückt, daß solche niemals in vielen Jahren mit Gras überwuchsen. Die Fußstapfen waren zu sehen so lange, bis das Stück Land vom Wasser ist weggespült. Man nannte diesen Platz auch den Jungfernstuhl.

Hier bei Helgoland ist auch einmal mit einem Ostwinde ein Kruzifix angetrieben, und eine kleine Glocke ohne Knebel hat auf seiner Brust gestanden. Man hob diese in der Kirche auf, und wenn einmal lange Zeit schlechter Wind gewesen ist und man guten Ostwind wünschte, gingen die Helgoländer paarweise zur Kirche, beteten vor dem Altar und tranken einander aus der Glocke zu auf eine glückliche Zeit. Am dritten Tage wenigstens stellte sich dann der Ostwind ein. (161)

Der Mönch auf Helgoland

Im Jahre 1530 schickte unser König einen Mann nach Helgoland, der früher Mönch gewesen war, um dort die neue Lehre Luthers zu verkündigen. Aber die Helgoländer hielten an ihrem alten Glauben fest, verspotteten den frommen Mann und wollten ihn zwingen, wieder katholisch zu werden. Als er sich aber dessen hartnäckig weigerte, stürzte man ihn endlich vom Felsen hinunter, an der Stelle, wo vor einigen Jahren noch eine Klippe aus dem Wasser hervorragte, die ganz deutlich wie ein Mönch aussah und auch so genannt wird.

Doch gleich in der ersten Nacht nach seinem traurigen Ende zeigte sich der Geist des Bekehrers auf dieser Klippe und predigte von neuem mit einer Donnerstimme die neue Lehre, daß viele sich gleich vom Papsttum abwandten und bald auch die übrigen, da der Geist nicht eher zur Ruhe kam, als bis alle bekehrt waren. Man hat auch später noch oft seine drohende Stimme gehört, besonders wenn ein böser Mensch auf der Insel eine böse Tat auszuführen im Begriffe war. (162)

Die Heringe auf Helgoland

Die Heringe waren einst so häufig, daß die Helgoländer oft nicht Tonnen und Salz genug hatten. Die Fische liefen sogar auf den Strand hinauf. Da nahm eine alte Helgoländerin ärgerlich einmal einen Besen und fegte sie hinunter. Seit der Zeit sind sie ausgeblieben. (163)

Holstein, das Herzogtum Lauenburg und die Hansestadt Lübeck

Dithmarschen

Das Schloß mit kupfernen Pforten

Bei der Propstenwehle in Lehe sieht man bald einen Pudel mit großen glühenden Augen, bald einen gespenstischen Schimmel; hier soll einst ein Schloß gestanden haben mit kupfernen Pforten, deren Getöse beim Schließen man über eine Meile weit hören konnte. (164)

Peter Swyn

In dem Kriege des Jahres 1500 machten die Dithmarscher große Beute. Zu keiner Zeit waren die Holsten mit so viel Kleinoden und Edelsteinen geschmückt und in so prächtigen Kleidern und kostbaren Rüstungen in den Krieg gezogen. So kriegten die Dithmarscher so viel Geld und Gut, als sie nie zuvor begehrt noch gewünscht hatten, also daß sie nicht groß darauf achteten noch es ordentlich probieren ließen. Güldene Ketten, dieweil sie schwarz geworden waren, hielt man für Eisen und legte die Hunde daran, bis man sie erst beim Abschließen erkannte.

Aus der Beute hatte Peter Swyn in Lunden, einer der achtundvierzig Regenten des Landes, ein kostbares sammetnes Wams gewonnen. Damit erschien er auf einem Fürstentage in Itzehoe und trug dabei ein paar weiße Webbeshosen. Ihn begleitete Junge Johanns Delfs; beide waren ein paar beredte, scharfsinnige Männer von geschwindem Wort. Als die holsteinischen Herren den wunderlichen Anzug sahen, lachten sie darüber; aber Junge Johanns Delfs sprach alsobald: »Lachet doch nicht; denn wo das Wams geholt ward, hätte man auch wohl die Hosen kriegen können, hätte

Ehre und Zucht das nicht gehindert.« Auch erzählt man, man habe Peter Swyn selbst um seine Kleidung gefragt, worauf er geantwortet: »Das sammetne Wams trage ich, dieweil ich ein Landsherr bin; die Webbeshosen aber, dieweil ich ein Hausmann.« (165)

✳

Peter Swyn, der vornehmste Achtundvierziger zu seiner Zeit, ein Mann fein im Rat und frech in der Tat, brachte es dahin, daß auf den Morgen Land ein Sechsling Schatzung mehr gelegt ward, die vorher nur ein Schilling gewesen. Deswegen wurden alle Leute auf ihn erbittert, und ein ganzes Jahr hat er sich zu Großlehe verborgen gehalten. Eines Tages aber wagte er sich zu seinen Kleiern aufs Feld, setzte sich aber aus Vorsicht zu Pferde. Doch kaum kam er auf den Acker, so sprangen die Kerle aus dem Graben und ermordeten ihn. Der Acker ist der, der zwei Wreden östlich von Lehe an dem Quer- und Gooswege rechter Hand liegt und wo noch bis auf diesen Tag der große Stein steht, da ist die Stätte. (166)

Der verteufelte Stock

Auf einem Hofe in Süderdeich, Kirchspiel Wesselburen, diente ein Knecht, der mit einer Magd in einem benachbarten Dorfe eine Liebschaft hatte. Einmal an einem Sonntagabend, als er sie besucht hatte, war das Wetter so schlimm geworden und die Nacht so dunkel, daß er seine Braut um einen Stock bat, darauf er sich beim Zuhausegehen stützen könne. Das Mädchen gab ihm einen alten Stock, den sie neulich beim Fegen unter einem Schrank gefunden und in die Uhrverkleidung gestellt hatte. Damit geht der Knecht fort; das Wetter wird immer ärger und die Nacht immer dunkler. »Ach, wärst du doch nur zu Hause!« sagte er bei sich, und er war mit einem Male da, ehe er sich's versah. Er achtete anfangs nicht weiter darauf, aber es ward ihm doch angst, wenn er später oft bei einer Arbeit war und nur dachte, ich wollte, daß ich damit fertig wäre, daß es dann mit einem Male alles getan war. Da erinnerte er sich des Stocks und dachte sich diesen vom Halse zu schaffen. Er

124

zerbrach ihn und warf ihn ins Wasser; allein kam er in seine Kammer, stand der Stock wieder da; ebenso ging's, wenn er ihn verbrannte. Der Knecht ging endlich zum Prediger und klagte ihm sein Unglück. Der Prediger ließ ihn ungetröstet gehen und sagte, dabei wäre nichts zu machen. Aber der Knecht ging zum zweiten Male zu ihm und bat aufs flehentlichste, ihm zu helfen; denn im Hause könne er es so nicht länger aushalten. Da führte der Prediger ihn in der Nacht um zwölf Uhr in die Kirche; aber was er da gehört und gesehen, wollte der Knecht nachher nicht erzählen; nur ein Dritter sei noch dagewesen. Als sie da fertig waren, befahl der Prediger dem Knecht, den Stock zu nehmen und nach Hause zu gehen; wenn auch noch soviel Ungeziefer ihm auf der Hofstelle entgegenkomme, solle er sich doch durcharbeiten und dann irgendein Loch suchen und den Stock hineinstoßen; zweimal würde er zurückkommen, aber wenn er zum dritten Male ihn hineinstoße und dabei sage: »In Gottes Namen«, werde der Stock wegbleiben. So ist es auch wirklich alles nachher geschehen. Der Knecht steckte den Stock ins Hundeloch, und erst beim dritten Male blieb er weg. (167)

Die Meerweiber

Bleffers Sulf Klauwes Sone, Reimer Sulf Reimer Solaken und Hans Dehne zu Warwen haben am hellen Mittage ein Meerweib am Strande gesehen. Sie hätte sich gekämmt, hätte lange gelbe Haare gehabt und zwei weiße Brüste wie Schnee. Sie hatten ihr Lebtag keine schönere Frau gesehen und hätten sie lange betrachtet. Als sie aber gemerkt, daß Leute da gewesen, sei sie wieder nach dem Wasser gegangen, hätte sich aber noch wieder umgesehen, wenn sie gerufen, wohl zu fünf oder sechs Malen. Unten wäre sie wie ein Fisch gewesen, auf welche Weise die Meerweiber gemalt werden.

Ehemals ist auf dem alten Kirchhof im Süden von Büsum auch eine Meerfrau gesehen und gefangen worden. Als man sie wegbrachte, hat sie gesagt: »Ich gelobe es euch, so weit, als ihr mich schleppt, soll euer Land wegreißen.« (168)

Der Teufel in Flehde

Vor wenigen Jahren stand in Flehde in Norderdithmarschen ein Haus (jetzt steht ein neues an der Stelle), worin der Teufel sein Wesen trieb, und zwar so arg, daß die Einwohner ausziehen mußten. Da beriefen sie den Prediger von Lunden und den von Hemme, um den Teufel zu bannen. Der von Lunden aber fürchtete sich und kam nicht. Da trieb der von Hemme allein ihn durch Absingen geistlicher Lieder und durch Bibellesen aus dem Hause, immer vor sich her bis in den Mötjensee, der in der Nähe des Dorfes sich befindet. Jedes Jahr kommt aber der Teufel seiner Wohnung einen Hahnentritt näher, bis er endlich wieder davon Besitz nehmen und es dann ärger treiben wird als vorher. (169)

Wildes Feuer

Am 28. Januar im Jahre 1598 in der Nachmitternacht zwischen Freitag und Sonnabend ward ein großes Feuer, ungleich größer als ein Haus, gesehen, daß es aus Heide herauswandelte und darauf nach Norden zu den Weg nach Lunden vor sich hinfuhr. Dreien Leuten, einem in Heide, darnach gegen Stelle, endlich bei den Bergen, ist es begegnet, die alle glaubwürdige, auch glaubwürdig erzählen, daß sie nicht allein in solchem Feuer gewesen, sondern auch seine Wärme empfanden. (170)

Der Wunderbaum in Dithmarschen

Neben der Aubrücke bei Süderheistedt, Kirchspiel Hennstedt, wo in alten Zeiten ein Hauptverteidigungswerk des Landes und feste Schanzen angelegt waren, stand zu den Zeiten der Freiheit auf einem schönen, runden, mit einem Graben umgebenen Platze eine Linde, die im ganzen Lande nur der Wunderbaum genannt ward. Sie war höher als alle andern Bäume weit und breit umher, und ihre Zweige standen alle kreuzweis, also daß niemand ihresgleichen gewußt; bis zur Einnahme des Landes hat sie jedesmal gegrünt.

Aber es war eine alte Verkündigung, sobald die Freiheit verloren wäre, würde auch der Baum verdorren. Und solches ist eingetroffen. Einst aber wird eine Elster darauf nisten und fünf weiße Junge ausbringen; dann wird der Baum wieder ausschlagen und von neuem grün werden, und das Land wird wieder zu seiner alten Freiheit kommen. (171)

Der Ecksee und der Kattsee in Dithmarschen

Rechts am Wege von Schalkholz nach dem jetzigen Tellingstedt, nicht weit vom Schalkholzer Tepel, lag das alte Tellingstedt. Die Leute waren so gottlos und übermütig, daß sie einen Prediger zwangen, einer Sau das Abendmahl zu geben. Schon als er ins Haus kam, drang ihm ein Schwefelgeruch entgegen, und als er nachher wieder auf die Diele trat, wimmelte sie von Aalen mit großen Augen und zischend wie Schlangen, und gräßliche Kröten und anderes Ungeziefer liefen umher, und ein furchtbarer Sturm erhob sich, und die Hunde heulten. Da rief der Prediger schnell die

Burg in Dithmarschen

frommen Leute des Ortes zu sich, und sie flohen und erbauten nachher das jetzige Tellingstedt. Gleich hinter ihnen war mit Krachen das alte Dorf in die Erde gesunken, und ein trüber, bodenloser See, der Ecksee oder Nekssee, steht jetzt da, in dem kein Fisch lebt.

Ein paar Meilen weiter südlich bei Burg in Süderdithmarschen lag in der Dorfschaft Kuden auch einst ein reiches übermütiges Dorf Hardendorf. Da begingen sie denselben Frevel an dem Sakramente. Am andern Morgen lagen Wege und Häuser ganz voll von Fischen, und der Prediger erhielt von Gott den Befehl, den Ort zu verlassen. Kaum war er fort, so trat Wasser über das Dorf, und der Kattsee liegt da jetzt, anmutig von Hügeln umgeben. Anfangs hat man noch mit einem Windelbaum die Turmspitze fühlen können, aber jetzt ist der See längst ganz grundlos geworden. (172)

Brunsbüttel

Brunsbüttel ist zweimal von den Fluten der Elbe verschlungen worden, und beim letzten Untergang der Stadt blieben nur zwei alte Häuser stehen. Das war aber die gerechte Strafe für die Bosheit seiner Bewohner. Daher geht noch heute der Reim um:

> Brunsbüttel is dat hochfarrigs Ort,
> Daer geit Ebb un Flot mit fort.

Auf dem Marktplatze der Stadt hatte sich mehrmals ein graues Männlein gezeigt, warnend seine Stimme erhoben und gerufen: »Ihr Leute! Bekehret euch, noch ist es Zeit. Brunsbüttel wird untergehen!« Aber seine Warnung wurde verlacht; da brach das Strafgericht Gottes über die Stadt herein. Seit jener Zeit hangen die Brunsbüttler Glocken drüben im Kehdingschen in Balje und rufen beim Läuten noch immer: »Hal roever! Hal roever!« Nach einer alten Prophezeiung soll die Stadt zum dritten Male durch Feuer untergehen. Als nun Brunsbüttel vor langer Zeit durch eine Feuersbrunst heimgesucht wurde, die drei Straßen in Asche legte, glaubte man schon, daß die Prophezeiung sich erfülle. (173)

Das gerettete Kind

In der großen Flut des Jahres 1717, die den ganzen Süderstrand von Dithmarschen überschwemmte, wichen ein paar Eltern vom Marnerdeich glücklich hinauf auf die Geest, vergaßen aber in der Eile ihr jüngstes Kind, das noch in der Wiege lag. Als sich das Wasser verlaufen hatte und man sich endlich wieder nach der Marsch hinunterwagte, fanden sie die Wiege in Marne oben in einer hohen Pappel hängend, und schlafend lag wohlbehalten ihr Kind darin. Man zeigt den Baum noch heute. In derselben Flut sind auch die reichen Darenwurther Bauern ertrunken, die da wohnten, wo jetzt bei der Helser Mühle die große Wehle ist. (174)

Der Donn. Zeichnung von C. Schröder

Der Geldsot

Zwischen dem Dorfe Hopen und dem St. Michaelisdonn (bei Marne in Süderdithmarschen) findet man an dem dürren Abhange der Geest, dem Kleve, eben über der Marsch eine immer hellfließende Quelle, die der Geldsot genannt wird. Vor vielen Jahren lag in der Nähe ein reiches Dorf; das starb aus oder ward im Moskowiter Kriege verödet, so daß nur ein Hirte nachblieb, dem Geld und Gut nun zufiel. Ehe er aber starb, versenkte er alles in den Brunnen, weil er keine Erben hatte; und dieser erhielt davon seinen Namen. Stößt man mit einem Stocke hinein, so klingt es ganz hohl, und oft hat man auf dem Grunde des klaren Wassers einen grauen (kleinen schwarzen) Mann mit einem dreieckigen Hute gesehen, der ein brennendes Licht in der Hand trug und es immer hin und her leitete. Kam einer herzu und griff darnach, verschwand alles.

Winterlandschaft bei Meldorf

Oft hat man versucht, den Schatz zu heben. Einmal machten sich mehrere in einer Nacht auf und gruben stillschweigend die Quelle auf, bis sie auf einen großen Braukessel trafen. Da legten sie einen Windelbaum quer über das Loch und befestigten Seile an dem Kessel, um ihn heraufzuziehen, als zu ihrem Schrecken ein ungeheures Fuder Heu, mit sechs weißen Mäusen davor, den Kleve spornstreichs hinauf an ihnen vorübersauste. Noch behielten sie so viel Besinnung, daß keiner einen Laut von sich gab, und der Kessel war schon so hoch heraufgezogen, daß sie ihn mit der Hand erreichen konnten, als der graue Mann mit seinem dreieckigen Hut auf einem dreibeinigen Schimmel heraufgeritten kam und den Leuten guten Abend bot. Aber sie antworteten nicht. Als er nun aber fragte, ob sie nicht meinten, daß er noch das Fuder Heu einholen könnte, rief einer: »Du Schroekel (hinkender Krüppel), mags den Deuwel!« Da versank augenblicklich der Kessel wieder, der Windelbaum brach, und der graue Mann verschwand. Viele haben es nachher noch wieder versucht, aber alle sind sie durch ähnlichen Spuk gestört und zum Sprechen gebracht [worden].
(175)

Die drei Weiber

In Windbergen, so erzählte ein Mädchen in Meldorf, hätte früher ihre Meddersch (Mutterschwester) gedient, und die hätte es gesehen oder von andern gehört, daß einmal an einem Morgen früh, als die Mägde zum Melken gegangen, drei alte Weiber auf einem dreibeinigen Pferde quer übers Feld an ihnen vorbeigeritten seien, und das Pferd habe so geschwitzt, daß das Wasser nur so zur Erde gestrichen sei. Als sie vom Melken zurückgekommen seien, hätte eines Bauern brauner Hengst vor der Stalltür angebunden gestanden; der sei auch ganz naß und voller Schaum gewesen, und Mähne und Schweif wären ihm geflochten gewesen. (176)

Der Teufel holt den Letzten

Maeß Anneken Herken war ein wohlhabender, aber gottloser Bauer zu Epenwöhrden bei Meldorf. Nicht anders war sein Bruder Maeß Anneken Hans gewesen und ihr Vater. Aber dieser und darauf auch jener ertranken an der Mielbrücke nacheinander, als sie einmal von Meldorf nach Hause wollten. Eines Tages war Maeß Anneken Herken auch nach Meldorf geritten, um allerlei einzukaufen. Er brachte aber den ganzen Tag zu in Schwelgen und Saufen, ließ sich in jeder elenden Schenke sehen und führte gotteslästerliche Reden. Als er darauf bei Nacht nach Hause wollte, gab man ihm einen Knaben zum Geleit mit und setzte ihn ihm hinten aufs Pferd. Eben draußen vor Meldorf befahl ihm aber Maeß Anneken Herken abzusteigen und umzukehren, ritt allein weiter und rief: »Der Teufel hole den Letzten.«

Am andern Morgen, da man ihn im Dorfe vermißte und an die Mielbrücke kam, sah man weiter südwärts den Strom hinunter sein Pferd ledig stehen. Man untersuchte den Ort und fand bald den Toten, der noch einen kleinen Korb über dem Arm hatte. Was da in der Nacht geschehen, weiß zwar niemand zu sagen, aber viele wußten, daß am Tage zuvor bei hellem Mittag ein schwarzer Reiter mit seinem Pferde da hineingeritten sei; und wo dieser geblieben, hatte niemand gesehen. (177)

Kämpfe in der Luft

Im Jahre vor dem, da der König Johann und der Herzog von Holstein hereinkamen, um Dithmarschen einzunehmen, geschahen wunderbare Zeichen. Denn in dem Sommer, als die Arbeitsleute die Gräben neben dem Wege am Dusenddüwelswarf kleieten, erhub sich jeden Abend, sobald die Sonne sich geneigt hatte und es dunkel werden wollte, ja auch bei hellem Tage, jedesmal ein gräßliches Getöse und Geprassel, allerlei Erscheinungen ließen sich sehen und hören, daß sich die Arbeiter nie verspäten oder bei Nachtzeit dahin wagen durften. Sie mußten oft ihre Arbeit stehenlassen und nach Hause gehen. Nie war der Ort recht geheuer gewesen; aber niemals war der Spuk so furchtbar gewesen als zu dieser Zeit. Es war der Ort, an dem im folgenden Jahre der König mit all seinem Volke erliegen mußte.

Desgleichen sah man in einer Nacht des Jahres 1560 nach der Eroberung des Landes den ganzen Himmel von Feuer brennen, und zwei Heere rannten gegeneinander und kämpften. Da sind die Leute erschrocken, und einer hat den andern geweckt und meinten nicht anders, als sei der Jüngste Tag gekommen und alles werde vergehen. Sie warfen sich alle auf die Knie und flehten Gott an. – Heutzutage sagen die Leute, weil sie klüger geworden sind: »It is dat Norderflüß oder en Nordbleus!« und soll eine Veränderung des Wetters bedeuten. (178)

Der gestohlene Becher

Ein Mann aus Tensbüttel namens Klaus Fink ist einmal mit seinem Pferde in einen der Berge hineingeritten, die zwischen dem genannten Dorfe und Albersdorf sich hinziehen und die die Mannigfalligen oder Mannigfulen Bargen heißen. Da hielten die Unterirdischen eine lustigen Schmaus, und sie ließen den Bauern teilnehmen; dieser aber stahl einen silbernen Becher und ritt damit eilig fort. Als der Neujahrsabend kam, langte man den Becher aus der Kiste hervor, um daraus zu trinken. Da fing plötzlich das Vieh im Hause schrecklich an zu schreien. Als nun alle hinausliefen und

Bauernhaus in Dithmarschen

nachsahen, aber nichts fanden, da hatten die Unterirdischen ihr Eigentum wiedergeholt, als die Leute wieder in die Stube kamen. (179)

Riesenstein

Als die Albersdorfer Kirche gebaut ward, erzürnte ein im Norden wohnender Riese sich so sehr darüber, daß er einen Stein bei Tellingstedt aufnahm und gegen das Dorf warf; aber seine Augen wurden verschielt, und der Stein fiel, ohne Turm und Kirche zu treffen, auf dem Brutkamp nieder. Bei Albersdorf müssen überhaupt viele Riesen gewesen sein; man zeigte da vor wenigen Jahren noch vier oder fünf Resenbetten, wo die Riesen begraben liegen; ein Gehölz in der Nähe heißt Resenreem und ein Hügel Resenbarg. (180)

Steinwurf des Riesen. Von L. Barth

Der Ziegenbock

Als der Pastor Moldenhauer in Albersdorf gestorben war, entstand im Pastorate ein entsetzliches Gepolter in jeder Nacht, und der unruhige Geist plagte besonders die Dienstboten sehr, so daß zuletzt niemand mehr im Hause dienen wollte. Ein vertriebener Student kam endlich dahin und überwand den Geist, band ihn in ein Schnupftuch und brachte ihn nach dem Hademarscher Gehege. Seit der Zeit sah man das Gespenst lange da in Gestalt eines Ziegenbocks, und oft hat es Reisende, die den Weg durch das Gehölz bei Nacht kamen, irregeführt und geprellt. (181)

Rendsburg und Umgebung

Die weiße Frau in Hanerau

Zwischen Hademarschen und Hanerau zeigte sich vor wenigen Jahren, zwischen Himmel und Erde schwebend, wieder die weiße Frau und ist von vielen gesehen worden. Sie war vor einigen hundert Jahren Besitzerin des Gutes Hanerau. Einer ihrer Vorweser hatte der Hademarscher Kirche einen großen Teil des Geheges, das Rehas genannt wird, geschenkt und darüber auch ein Dokument ausgestellt. Da ging eines Tages nun die Frau zum Prediger und bat ihn, ihr einmal das Dokument zu zeigen. Der Prediger, nichts Arges denkend, tut ihr den Gefallen. Aber kaum hatte sie das Papier in Händen, so vernichtete sie es und nahm darauf wieder den Teil des Geheges in ihren Besitz. Natürlich führte die Kirche Klage, aber das Dokument fehlte, und die Frau tat einen Eid. So

Auf den Wällen von Rendsburg. Von Edmund Schleich

gewann sie ihren Prozeß. Aber seit ihrem Tode muß sie nun zwischen der Kirche und dem Gehege wandeln, und alle sieben Jahre läßt sie sich auf dem Wege sehen. (182)

Der Vogel weiset den Schatz

In einem Hause zu Embühren bei Rendsburg stand eines Tages ein junges Mädchen, die Tochter des Hauses, auf der Hausdiele. Da kam ein wunderlieblicher Vogel und setzte sich auf die halbgeöffnete Haustür. Es schien dem Mädchen, daß der schöne Vogel nicht recht fliegen könnte; da wollte sie ihn haschen. Aber der Vogel flatterte immer vor ihr her und kroch zuletzt unter die Wurzeln eines hohlen Baumes. Nun dachte das Mädchen den Vogel zu haben, griff hinein, aber statt des Vogels bekam sie eine Schachtel in die Hand mit einer zwei Ellen langen silberen Kette. Dies ist vor ungefähr zweihundert Jahren geschehen, und man bewahrt in dem Hause noch bis auf den heutigen Tag die Kette als Familienerbstück sorgsam auf. (183)

Springhirsch

Bei Brinjahe im Amt Rendsburg war früher alles dichter Wald. Als nun einmal Zimmerleute kamen und mit andern Hand anlegten und den Wald eines Morgens frühe niederzuhauen anfingen, ward ein Hirsch aufgescheucht und sprang in wilder Flucht über das schon gefällte Holz und den Platz, den man für den Bau eines Hauses ausersehen hatte. Man nannte das Haus darum Springhirsch, und es ist jetzt ein gutes Wirtshaus. (184)

Der Mann im Mond

In der Jevenstedter Gegend ist der Mann im Mond ein Holzdieb. Ein Mann hatte einst Holz gestohlen – so wird nämlich von den Alten erzählt. Der Diebstahl wurde aber bekannt, doch der Dieb

Nobiskroog. Zeichnung von Bernhard Winter

leugnete hartnäckig und sprach: »Habe ich dies Holz gestohlen, so will ich bis zum ewigen Tage in dem Mond sitzen.« Seit der Zeit sitz er da im Mond mit seinem Holzbündel. (185)

Die Prinzessin im Nobiskruger Holze

Jedermann, der einmal von Kiel nach Rendsburg gefahren ist, kennt den Nobiskrug, das letzte Wirtshaus vor der Festung. Da liegen zwei Gehölze dicht beieinander, eine Wiese trennt sie. Hier stand vor alten Zeiten ein großes Schloß, man will noch Spuren finden. Es versank endlich und sitzt jetzt unten im Grunde. In gewissen Nächten aber steigt daraus die Prinzessin hervor, angetan mit einem grünen Jagdkleide, ein großes Bund Schlüssel an der Seite. Sie wandelt dann über die Koppeln bis zu dem wilden Apfelbaum, der neben der Landstraße steht: In den setzt sie sich und klagt, weint und jammert. Manche haben sie da gesehen, aber niemand weiß, was ihr fehlt. Der Apfelbaum ist oft umgehauen, doch immer schlägt die Wurzel schnell wieder aus, und jeden Sommer steht er voll Blüte, aber niemals trug er noch Früchte.

Man meint, die Prinzessin habe schon mehrere Male Leute mit in ihr Schloß genommen; sie sind niemals wiedergekommen; daher warnt man in Rendsburg gerne jeden, der zum Nobiskrug hinausspaziert, er möge auf seiner Hut sei, die Prinzessin möchte ihn einschließen. (186)

Der Klabatermann

Der Schiffer C. von Friedrichsholm bei Rendsburg lag mit seinem Schiffe bei Rendsburg. Schon ist alles zur Abfahrt nach dem Norden bereit und alle Mannschaft an Bord, als sich unten im Schiffsraum ein starkes Poltern vernehmen läßt. Das war eine schlimme Vorbedeutung und rührte vom Klabatermann her. Sämtliche Matrosen bis auf den Koch gingen daher ab, und als der Schiffer nun wieder die volle Mannschaft hatte, segelte das Schiff ab, aber im Skagerrak ging es mit Mann und Maus unter. (187)

Der Klabotermann. Zeichnung von Johann Peter Lyser.

Siebdrehen

Auf Christiansholm bei Rendsburg ward einst am hellen Tage eine Männerjacke von der Diele gestohlen; und auch hier will man den Dieb mit Hilfe einer Erbbibel, eines Erbschlüssels und eines Siebs ausfindig gemacht haben. (188)

Der Schatz bei Christiansholm

Auf der Kolonie Christiansholm unweit Rendsburg war am 22. April 1864 (Jahreszahl und Datum habe ich ganz genau behalten und damals sofort notiert, weil ich nach Verlauf von sieben Jahren, wenn der Schatz wieder zum Vorschein käme, ihn heben wollte) ein Mann mit Kartoffelhacken beschäftigt. Da gewahrte er dicht bei sich einen Grapen voll Geld, das gerade »utwellert« ward. »Schade«, sagte der Mann zu einem andern – ich stand dabei –, »daß ich keinen Stahl bei mir hatte. Hätte ich mich indes recht bedacht, so hätte ich ja nur meine Hacke, die auch Stahl enthält, in den Grapen werfen können, und der Böse hätte sofort seine Macht über das Geld verloren.« (189)

Abbuttern

Im Amte Rendsburg lebte vor Jahren ein Bauer, der immer viel Unglück mit seinen Kühen hatte, namentlich wollte auch immer das Abbuttern nicht gelingen. Da ließ der Bauer einen »klugen Mann« kommen. Der gab ihm ein Mittel und sagte: »Wollt ihr wissen, wer dem Vieh solches antut, so müßt ihr in der Nacht zwischen zwölf und ein Uhr aufstehen und eine Kuh melken in einen neuen Topf, in dem noch nichts gewesen ist. Dann laßt ihr die Milch tüchtig kochen, je stärker, desto besser. Dann wird die Hexe kommen und Einlaß begehren.« Der Bauer und seine Frau befolgten den Rat, vernahmen auch das Rütteln an der Haustür, hatten aber nicht das Herz, hinzugehen und nachzusehen. (190)

Gott einmal verschworen, bleibt ewig verloren

Als auf dem Dengelsberg bei Ehlersdorf (am Kanal) einmal drei Hexen verbrannt wurden, flogen zwei Raben über sie hin und riefen auch jene Worte. (191)

Glocke im Wasser

Im Flemhuder See liegt eine Glocke, die vor vielen Jahren von Feindes Hand aus der Kirche geraubt [worden] ist. Es war im Winter und der See fest zugefroren. Da wollten sie die Glocke übers Eis ziehen; aber es brach in der Mitte des Sees, und die Glocke versank mit den Räubern. Der Fischer hakt oft noch fest mit seinem Netz in dem Knebel, und an einem bestimmten Tage im Jahre läutet's im See um Mitternacht. Das haben manche gehört, die noch am Leben sind. (192)

Hans Heesch

Am Fuß des hohen Heeschenberges bei Schierensee ist eine noch wohlerhaltene, aus Granitblöcken erbaute Grotte. Daneben ist eine jetzt sumpfige Vertiefung. Hier saß nämlich früher ein Felsblock, den am Ende des vorigen Jahrhunderts der Herr von Saldern herausnehmen und zerhauen ließ und zur Grundmauer des Herrenhauses verwandte. Der Block war so groß, daß er völlig ausreichte; er soll siebzig Fuß im Geviert gemessen haben; wohl zehn Fuß ragte er aus der Erde hervor. Er hat in alten Zeiten einem Riesen namens Hans Heesch zum Sitze gedient, der in der Höhle wohnte und der dem waldigen Berge den Namen gegeben hat. (193)

141

Das Gespenst am Brunnen

In einem Walde nicht weit von Westensee liegen zwei einsame
Häuser, die einst ihr Trinkwasser aus einer jetzt versiegten Quelle
holten. Längst war es bekannt, daß es da nicht geheuer sei. Einige
behaupteten, es ginge um Mitternacht seufzend und händeringend
da ein Weib umher, andre wollten sie butternd an einer Karne
gesehen haben. Die meisten verlachten aber alles wie ein Märchen.

Einst diente nun in einem der Häuser eine Magd, die sich durch
einen mehr als gewöhnlichen Mut auszeichnete. Sie hatte einmal
bei dem Brunnen ein Stück Zeug vergessen, und da die Hausfrau
überaus strenge war, so ging sie, als es ihr um Mitternacht einfiel,
sogleich dahin. Hell schien der Mond durch die Bäume, und ohne
Furcht näherte sie sich. In der Ferne sah sie schon ihr Stück Zeug,
aber als sie es auflangen wollte, wie erschrak sie, da sie eine weiße
Gestalt mit gefalteten Händen vor sich stehen sah und diese starr
auf das Zeug hinblickte! Das Mädchen wollte entfliehen, aber die
Gestalt winkte ihr, und wie sie sich zitternd wieder näherte, wies
das Gespenst mit jammervollen, unverständlichen Gebärden immer auf den Brunnen; das Mädchen wagte vor Furcht nicht zu
reden und eilte bald, so schnell sie konnte, wieder davon nach
Hause und verbarg sich in ihr Bett. Am andern Morgen sah sie
bleich und elend aus, und die Hausfrau fragte, was ihr fehle. Nach
einigem Weigern gestand sie, was ihr in der Nacht begegnet sei.
Die verständige Frau antwortete, daß das Gespenst keinen anreden
dürfe, sondern sie hätte fragen sollen. Aber das Mädchen gelobte,
daß sie sich ferner hüten wolle, um Mitternacht zum Brunnen zu
gehen.

Aber in jeder Nacht war es ihr doch, als zöge eine unbegreifliche
Macht sie dahin; lange widerstand sie. Endlich aber kam es ihr
einmal nachts vor, als wenn es schon spät am Morgen wäre und sie
Wasser holen müsse. Obgleich ihr eine innere Stimme sagte, du
irrst dich, das Gespenst ruft dich, so ergriff sie doch Tracht und
Eimer und ging. Da stand die händeringende Gestalt wieder und
machte allerlei Gebärden. Das Mädchen faßte Mut und fragte:
»Was willst du?« Da erheiterte sich schnell ihr trauriges Gesicht,
und das Weib sprach: »Nun hoffe ich auf Erlösung.« Sie erzählte

dem Mädchen, daß ihre Eltern brave, aber strenge Leute gewesen wären, die vor hundert Jahren in demselben Hause gewohnt hätten. Sie sei zu Fall gekommen und vom Verführer verlassen worden; aber es sei ihr gelungen, ihren Zustand vor der Mutter zu verbergen. Hier am. Brunnen hätte sie geboren, aber das Kind sogleich im Wasser ertränkt und die Leiche darauf unter der Schwelle der Stalltür vergraben. Seit der Zeit hätte sie jede Nacht ein Irrlichtchen gesehen, weil das Kind ungetauft gestorben sei und weder in den Himmel noch in die Hölle kommen konnte; darüber hätte sie keine Ruhe gehabt, weil sie ihre Sünde nicht bekannt und mit ins Grab genommen habe. »Nun mußte ich so lange an dem Ort der Übeltat wandern, bis jemand mich anredet und mein Bekenntnis anhört und verspricht, die Reste meines armen Kindes auf dem Kirchhofe zu begraben. Willst du mich nun erlösen?« fragte sie die Magd, »so gib mir die Hand.« Die Magd reichte ihr das eine Ende der Tracht und eilte nach Hause. Am andern Morgen meinte sie erst, einen schweren Traum gehabt zu haben. Als sie aber Wasser holen wollte, fand sie an der Tracht die fünf Finger des Gespenstes tief eingebrannt. Nun sagte sie der Hausfrau alles, und es ward unter der Schwelle nachgegraben. Man fand da bald die kleinen Knöchlein, legte sie sorgfältig in einen Sarg und brachte ihn auf den Kirchhof von Westensee. In der andern Nacht stand das Gespenst am Bette des Mädchens, beugte sich über sie und sagte: »Jetzt bin ich erlöst; ich danke dir!« und damit verschwand es. Die merkwürdig gezeichnete Tracht ward nach Kopenhagen in die Kunstkammer geschickt, wo sie noch zu sehen ist. (194)

Vom Goldberg bei Blocksdorf im Kirchspiel Westensee

Ein Flämmchen hatte den Schatz gezeigt; eine Frau fängt an zu sprechen, als sie sieht, daß ganz Blocksdorf brennt; das war aber nur Spuk gewesen. (195)

Knaben in Stein verwandelt

Auf der Feldmark von Holmfeld, im Kirchspiel Nortorf, stehen dicht nebeneinander zwei große hohe Steine. Das sind einst zwei Knaben gewesen. Die hatten nämlich Brot geholt; als sie aber an diese Stelle kamen, entzweiten sie sich und warfen mit der Gottesgabe nacheinander. Sogleich wurden sie zu Stein verwandelt und stehen noch bis auf den heutigen Tag unverrückt an ihrer Stelle. Man hat vor Jahren einmal die Steine auseinandergebracht und versetzen wollen, aber sie wanderten gleich wieder an ihren vorigen Platz. So sagen alte Leute in der Dorfschaft und der Umgegend; die Geschichte ist im Munde aller, die da zu Hause sind. (196)

Riesenstein

Bei Jevenstedt lag vor Zeiten ein so großer Stein, daß ein Fuhrmann mit vier Pferden vor dem Wagen bequem darauf hätte umwenden können. Als nun in Nortorf die Kirche erbaut ward, nahm ein Riese den Stein auf und legte ihn in seine Schleuder; aber der eine Strick riß, und der Stein blieb in den hohen Heinkenborstler Bäumen hängen. Da hat er lange im Holze gelegen. Ein Bauer hat sich jetzt Tränketroge von achtzehn Fuß daraus machen lassen, der größte Teil aber ward bei dem letzten Bau der Nortorfer Kirche verwandt, so daß der Stein, der der alten Kirche an den Kopf schlagen sollte, der neuen unter die Füße getan ward. Man sagt auch, daß die schwarze Greet diesen Stein von Hohenwestedt aus nach Nortorf habe schleudern wollen. (197)

Die Unterirdischen

Sie sind hier seit undenklichen Zeiten im Lande. Bei Heinkenborstel, im Amte Rendsburg, wohnten in dem großen Elsbarg einmal solche Leute. Diese erzählten, daß sie schon vor der Erfindung des Bierbrauens gelebt hätten. Das ist ein ganz alter Berg, ein platter, großer Stein liegt oben drauf und auf demselben steht eine Buche, deren Wurzeln erst über die Seiten des Steins in die Erde kommen.

Darunter soll viel Geld liegen, früher hat hier auch oft ein Licht gebrannt. (198)

✳

Ein Rendsburger erzählt, es sei in seiner Familie lange ein ganz eigner Stein aufbewahrt gewesen, den man einst bei einem im Freien spielenden Kinde gefunden habe. Das Kind habe gesagt, ein ganz kleines Männchen hätte den Stein ihm gegeben, und es habe noch mit dem Finger auf die Stelle hingezeigt, wo das geschehen. Das Männchen aber war nachher nicht mehr zu sehen. (199)

Der Teufel und die Kartenspieler

In einem Wirtshause in der Nähe von Hohenwestedt saßen einst mehrere Kartenspieler. Unter diesen befand sich auch ein Roßkamm, der ganz entsetzlich fluchte. Zu den Spielern gesellte sich auch noch ein Fremder. Nachdem man eine Zeitlang gespielt hatte, fiel dem einen Spieler eine Karte unter den Tisch, und als er sich bückte und die Karte wieder aufhob, wurde er gewahr, daß der Fremde einen Pferdefuß habe. Nun legte dieser seine Karte hin und erklärte, daß er nicht mehr mitspielen wolle. Da stieß der Roßkamm wieder einen kräftigen Fluch aus. In dem Augenblick packte ihn der Teufel beim Kragen und flog mit ihm durchs Fenster hindurch. In dem Fenster war ein Loch, nicht größer, als daß ein Mannesdaumen da hindurch konnte. Das Loch soll noch zu sehen sein. (200)

Der Wiedergänger

Mein Ururgroßvater, erzählte ein Mann aus Nindorf bei Hohenwestedt, war einst Notprediger, und immer, wenn er in seiner Stube saß, hörte er um Mitternacht jemanden längs der Steinbrücke hindurchgehen nach dem Pferdestall hin, und wenn man abends die Stalltür auch noch so fest verriegelte, so stand sie am andern Morgen doch offen. So war es schon jahrelang gewesen, und man wußte, daß es ein ruheloser Geist war, der da umging.

Warum derselbe aber umgehen mußte, wußte kein Mensch. Da ging mein Ururgroßvater zu einem Prediger eines benachbarten Dorfes und erzählte ihm die Geschichte. Sprach der Prediger zu ihm: »Passe nur in der nächsten Nacht auf, und wenn dann der Geist wieder erscheint, sprichst du: ›Alle guten Geister loben Gott den Herrn!‹ Sagt dann der Geist: ›Das tue ich auch!‹ so darfst du dich weiter mit ihm einlassen, sonst aber nicht. Hast du dann erfahren, warum der Geist umgeht, so mußt du, wenn möglich, versprechen, die Sache in Ordnung zu bringen und ihm darauf die Hand geben. Das darfst du aber nicht tun, sondern du mußt einen kleinen weißen Stock bereit haben und ihm den hinhalten.« Schon in der nächsten Nacht paßte mein Ururgroßvater auf, und als der Geist erschien, sprach er: »Alle guten Geister loben Gott den Herrn!« Sprach der Geist: »Das tue ich auch!« – »Was hast du denn aber hier zu tun?« sprach mein Ururgroßvater. Sprach der Geist: »Das will ich dir sagen. Ich habe einst von dem und dem ein Pferd gekauft und starb, bevor ich es bezahlen konnte. Meinen Erben hat man nun deshalb einen Prozeß anhängig gemacht. Kannst du die Sache in Ordnung bringen, so tue das; dann habe ich Ruhe in meinem Grabe.« Mein Ururgroßvater: »Ich will tun, was ich kann«, reichte dem Geist den Stock und ging hinein.

Der Stock war, soweit der Geist ihn angefaßt hatte, ganz schwarz. Es gelang meinem Ururgroßvater, die Sache in Ordnung zu bringen. Von dem Geist hat man nie wieder etwas gehört und gesehen. (201)

Die Zigeuner

In Homfeld, im Amte Rendsburg, traf einmal eine Taterbande eine Hausfrau allein zu Hause. Ein altes Weib gab vor, sie könne alles Unheil, Viehsterben, Krankheiten usw. abwenden. Der Hausfrau wollte oft die Aufzucht ihrer Kälber nicht glücken. Da ließ sie sich von der Alten bereden, in den Backofen zu kriechen und darin dreimal Umzug zu halten. Während nun die Frau das tat, plünderte die Bande fast das ganze Haus leer und zog davon, indem das alte Taterweib immer vor dem Backofen saß und der Frau zurief: »Kriech fein langsam, liebe Mutter!« (202)

Neumünster

Herr von Wittorf

Nicht weit von Neumünster sieht man die Spuren einer Burg, die einst von den Herren von Wittorf bewohnt war. Der Letzte aus diesem Geschlechte war ein arger Unhold, der die Menschen plagte und die Nonnen im Kloster zu Neumünster schändete. Seit seinem Tode wandelt er nun schon seit vielen hundert Jahren in jeder Nacht zwischen seiner Burg und dem Flecken Neumünster. Er geht am häufigsten auf einem Fußsteige, der zu einer Furt in der Schwale führt, einher und verwehrt allen, die ihm begegnen, den Weg, daß sie bis an die Hüften durchs Wasser waten müssen. In der heiligen Dreikönigszeit aber fährt er in einem vierspännigen Wagen unter lautem Hörnerschall zum Umschlag nach Kiel. Der Wärter am Schlagbaum im Westen von Neumünster kann diesen nicht so schnell öffnen, so ist der Zug schon hindurch, und er hört das Horn bei der Kieler Brücke im Osten des Fleckens. (203)

Das Fräulein in der Wittorfer Burg

Wo die Schwale und Stör zusammenfließen, nicht weit von Neumünster, steht jetzt ein kleines Gehölz, früher aber stand hier die Burg des Herrn von Wittorf. Ihr Wall ist noch sichtbar. An seiner innern Seite findet man eine Höhlung, die früher wie eine Laube von Bäumen überschattet war, darin ist ein Schatz vergraben, der von einer verwünschten Prinzessin bewacht wird. Sie kommt nachts zwischen zwölf und eins hervor und läßt sich sehen; es ist eine hohe Gestalt mit einem Bunde Schlüssel in der Hand. Der Schulmeister von Padenstedt wußte einst um den Schatz und daß er nur zwischen zwölf und eins zu bekommen sei. Darum stellte er sich zur rechten Zeit bei der Burg ein und traf die Prinzessin. Sie redete ihn an und sprach: »Wenn du mich erlösest, so kommt das

147

Schloß, das hier früher stand, mit dem Schatz wieder hervor. Du erhältst die Schlüssel, und alles ist dein. Ich kann aber nur erlöst werden, wenn du den Mut hast, erst einen Frosch, dann einen Wolf und dann eine Schlange zu küssen.« Der Schulmeister war dazu bereit. Die Prinzessin ging ihm aus den Augen, und gleich erschien ein großer, häßlicher Frosch; das war die Prinzessin selber, aber der Schulmeister wußte es nicht, doch küßte er den Frosch. Darauf ging ihm der Frosch wieder aus den Augen, und ein Wolf erschien, der ganz grimmig aussah; und das war wieder die Prinzessin. Der Schulmeister aber war sehr beherzt und küßte auch den Wolf. Sogleich ging ihm nun auch der Wolf aus den Augen, und da rasselte eine Schlange hervor; das war wieder die Prinzessin. Die Schlange aber war ein solches Ungeheuer und rappelte so schrecklich hin und her, daß dem Schulmeister ganz angst und bange ward und er sich ohne langes Besinnen schnell auf die Flucht begab. Darnach haben es nun viele versucht, den Schatz zu heben, ohne zu küssen. Es ist aber niemandem noch gelungen. Ein Weber aus Neumünster hatte ihn einmal schon beinahe heraus, da vergaß er sich und sprach vor sich hin. Augenblicklich versank der Schatz, und er behielt nur den Griff der Kastens in der Hand, der nachher in der alten Kirche zu Neumünster angeschlagen ward, wo ihn noch viele alte Leute gesehen haben. Man hat auch mehrmals versucht, einen Weg über den Burgplatz nach der daranstoßenden Wiese zu graben, aber man mußte bald davon ablassen; denn was man am Tage grub, ward in der Nacht alles wieder in seine frühere Ordnung gebracht. (204)

Die Schatzgräber in der Wittorfer Burg

Drei Schatzgräber haben einen vergeblichen Versuch in der Wittorfer Burg gemacht. Als sie aus dem Holze kamen, begegnete ihnen eine weiße Gestalt, hielt ihnen eine Tafel entgegen und fragte, ob sie sich schriftlich verpflichten wollten, die Hälfte des Schatzes einem Manne in London zu geben, dann sollten sie die andere Hälfte haben. Einer, über den mißglückten Versuch ärgerlich, sagte gleich nein. Da verschwand die Gestalt, und alle drei konnten sich nie wieder auf den Namen des Mannes in London besinnen. (205)

Schnaken in Gold verwandelt

Ein Bauer in Wittorf bei Neumünster namens Wittorf, der Ältervater des noch jetzt da lebenden Hufners, ging eines Mittags nach seiner hinter der Burg gelegenen Koppel, um sein Füllen einzufangen und nach Hause zu treiben. Als er nun durchs Holz ging und den sogenannten Schloßberg erreichte, bemerkte er einen seltsam gekleideten Mann, der mit einem großen Stock in einem Haufen Schnaken rührte. Der Bauer erschrak und wollte umkehren, aber der Mann redete ihm zu näherzukommen, doch sollte er sich ganz ruhig verhalten, dann werde ihm ein großes Glück widerfahren. Er füllte nun dem Bauern die großen Seitentaschen des Rocks mit seinen Schnaken und hieß ihn darauf ruhig nach Hause zu gehen. Der Bauer wagte nicht, sich zu widersetzen, obwohl ihm unheimlich ward, und er ging mit den Schnaken fort. Kaum aber war er eine Strecke gegangen, so bemerkte er, daß es ihm in den Taschen immer schwerer und schwerer ward, je näher er dem Dorfe kam; nur mit Mühe konnte er sich zuletzt fortschleppen. Keuchend erreichte er sein Haus; aber wie erstaunt war er, als er nun statt der Schnaken große Haufen des allerschönsten blanken Silbergeldes aus den Taschen schüttete! Dies Geld, versicherten die Nachkommen des Bauern, hat den Grund zu ihrem jetzigen Wohlstande gelegt. (206)

Der Bock mit der Leuchte

Zwischen Neumünster und Wittorf ist ein großes Feld, der Wittorfer Kamp. Da geht des Nachts um zwölf ein verwünschter Bock, der hat eine Leuchte zwischen den Hörnern hangen. Damit leuchtet er jedem, der hier zwischen zwölf und eins entlanggeht, besonders allen Schneidern. Nun war auch einmal ein Schneider im Winter auf der Jagd gewesen. Er verspätete sich, und es ward dunkel, daß er den rechten Weg verlor. Da kam er auf den Wittorfer Kamp und lief darauf hin und her und konnte nicht herunterfinden. So ward es zwölf Uhr und dabei starkes Frostwetter; da dachte der Schneider in der Verzweiflung daran, sich lieber totzuschießen, als hier jämmerlich erfrieren zu müssen. Doch besann er sich noch. Da kam aber auf einmal der große Bock mit der Leuchte zwischen den Hörnern auf ihn zu, stellte sich auf die Hinterbeine und mekkerte ihm zu mitzukommen. Aber der Schneider erschrak heftig, und in der Angst ging ihm die Flinte los. Nun wußten am andern Tage alle Schneider gleich, wer schuld an dem Tod ihres Kollegen sei, und aus Rache taten sie den Bock aus ihrem Wappen, worin er bisher gewesen war. (207)

Wir ziehen um

In Neumünster erzürnte man auch einmal einen Niß dadurch, daß man ihm keine Butter in seine Grütze gesteckt hatte. Nun trieb er's so arg im Hause, daß die Leute umziehen mußten. Als der Letzte aber mit dem Besen über die Schwelle trat, rief der Niß, der im Besen saß: »Ik bün ok da!« und zog mit ihm. (208)

Ein unbekannter Streich des Till Eulenspiegel

Als Till Eulenspiegel aus Hamburg entweichen mußte, wanderte er auf der großen Landstraße nach Norden und kam nach dem Tuchmacherflecken Neumünster. Er verdingte sich dort am Marktplatz bei einem geizigen Wullenweber, der seinen Gesellen geringe und wenige Kost gab, also daß sie vom Hunger große Augen hatten. Eulenspiegel, der alle Tage lieber mit den Zähnen als mit den Händen fleißig war, beschloß deshalb bald weiterzuwandern. Ihm juckte aber das Fell danach, einem oder mehreren in dem Flecken zuvor eine große Schalkheit anzutun, denn ohne ein Andenken zu hinterlassen ging er ungern aus einem Ort fort.

Nun mußte sein Meister einmal mit seiner Frau eine Reise tun. Als nun die Gesellen das Reich für sich hatten, ließen sie von der

150

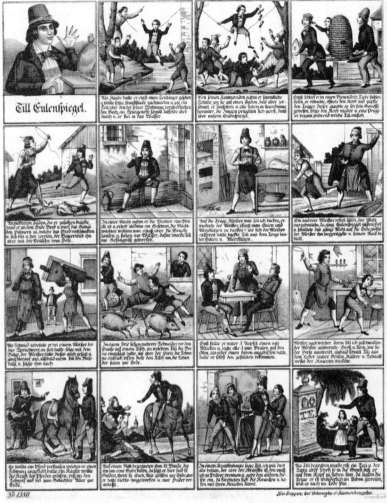

Till Eulenspiegel. Neuruppiner Bilderbogen Nr. 1580 von Oehmigke & Riemenschneider

Arbeit und stellten sich, die Hände unter den Schürzen, müßig vor die Tür. Es waren aber ihrer dreie: Till Eulenspiegel und zwei andere. Während sie nun gähnten und gafften, sahen sie den Schweinemetzger mit der Bütte auf dem Schubkarren nach dem Hof des Meisters Klaus fahren, der auch ein Tuchmacher war.

Bei dem Gedanken an Schweinespeck lief den Gesellen das Wasser im Munde zusammen, und der Hunger knurrte ihnen nur noch um so hohler und verdrießlicher durch das Gedärm. Eulenspiegel aber, der Schalk, sagte zu den zweien: »Ihr sollt heute noch Gepfeffertes, Gesalzenes und Geschmalzenes zu essen haben. Schwört mir deshalb bei dem heiligen Vicelin, daß ihr ohne Fragen und Murren tun werdet, was ich euch heiße.« Dazu waren die beiden gleich bereit, und Eulenspiegel bedachte sich, wie er sein Wort wahr machen konnte.

Als nun von dem Geschrei des gestochenen Schweins der ganze Markt widerhallte, fragte Eulenspiegel: »Wer ist der faulste Sänger?« Die Gesellen wußten nicht zu antworten. Eulenspiegel aber antwortete ihnen: »Das Schwein, denn es singt nur dann mit Ausdauer, wenn ihm das Messer an der Kehle sitzt.« Darauf nach einer Weile hub Eulenspiegel wieder an: »Was ist der fleißigste Teil am Menschen, die Arme, die Beine, der Kopf oder der Magen?« Die Gesellen wußten auch hierauf keinen Bescheid zu geben. Es antwortete ihnen deshalb Till Eulenspiegel: »Der Magen, denn er knurrt, wenn er keine Arbeit hat.«

Indes fuhr der Metzger mit seiner Bütte wieder von des Meisters Klaus Hof, aber nicht nach Hause, sondern nach dem andern Ende des Marktes, wo er auch des Meisters Gottlieb Schwein abtun sollte, denn Weihnachten stand vor der Tür.

Als nun wieder eine Weile vergangen war, sahen die Gesellen den Meister Klaus und seinen Anhang aus dem Hause kommen und über den Markt gehen. Klaus war der Vetter des Gottlieb. Ihn mochte die Neugierde treiben zu sehen, wie das Schwein dorten beschaffen war.

Da nun Eulenspiegel wußte, daß bei dem Meister Klaus das Haus leer war, sprach er zu den Gesellen: »Geht mit mir hinüber!« Sie standen alle drei auf dem Hof vor dem ausgenommenen Schwein, und Eulenspiegel gebot ihnen: »Nehmt es von der Leiter und tragt es dorthin, wohin ich euch führen werde!« Da bürdeten sich die zwei das Schwein auf, und Eulenspiegel ging voran, stracks in das Haus und in des Meisters Klaus Schlafkammer. »Legt das Schwein in das Ehebett«, sagte er. Auch das taten die Gesellen willig, denn sie waren ihrer schweren Bürde gerne ledig. Als sie aber sahen, daß Eulenspiegel das Schwein zurechtrückte und mit der Bettdecke zudeckte, als wäre es ein Mensch, wurden sie zornig und riefen: »Was machst du für Narrheiten! Du hast uns Gepfeffertes, Gesalzenes und Geschmalzenes versprochen! Her damit, oder wir werden dir den Buckel besehen!« Da entgegnete Eulenspiegel: »Ei, ihr sollt nicht lange zu warten haben. Kommt nur und setzt euch hier auf der Diele zum Schmause!« Eulenspiegel deckte bei diesen Worten einen Tisch, holte Teller und Messer aus der Küche und rückte die Bank heran. Die Gesellen setzten sich. Eulenspiegel aber sprang hurtig aus dem Hause und rief ihnen zu: »Geduldet euch, ich hole das Mahl!«

Er lief über den Markt und rührte dort, wo der Pfarrer seine Klause hatte, unmäßig den messingnen Klopfer. Der Geistliche kam selbst, um zu sehen, wer seiner begehrte. Als er nun einen armen Tuchmachergesellen erkannte, wurde er zornig und wollte ihn hinwegweisen. Eulenspiegel aber fuhr ihm in die Rede und sprach: »Des Meisters Klaus Frau liegt in den letzten Zügen. Versagt ihr den letzten Zuspruch nicht. Bedenkt, daß ihr selbst wohl dabei fahren werdet, denn der Meister hat schon geschlachtet.« Da besann sich der Pfarrer und ließ sich von Eulenspiegel das heilige Gewand antun. Auch den Ministranten holte der Schalk eiligst herbei, so daß sich der Pfarrer ob solchen Eifers verwunderte und beim Fortgehen sprach: »Ihr seid ein frommer Gesell. Laß euch von meiner Magd ein Maß Dünnbier reichen.«

Der Pfarrer wallte mit gesenktem Blick seine Straße, und der Ministrant läutete fromm das Glöcklein. Da kamen alle Bürger, die am Markt ihr Haus hatten, vor die Tür und zogen die Mütze. Auch Meister Klaus, der mit allen anderen noch auf des Meisters Gottlieb Hof war, wegen des Vetters Schweins, lugte über die Planke, und sein Weib sprach: »Es gilt des Christophers alte Mutter. Sie hat die Wassersucht, und ihre Seele möchte aus dem kranken Leibe hinausfahren.«

153

Wie erstaunte die Meisterin aber nach solchen Worten, als der Pfarrer in ihr eigenes Haus ging, denn es war doch niemand darin, auch kein Kranker. Da liefen beide, der Meister Klaus und sein Weib, heimwärts über den Markt, und die Kinder und der Vetter Gottlieb machten sich auch auf.

Indes war der Pfarrer bis auf die Diele gekommen, wo die Gesellen vor ihren leeren Tellern saßen und warteten. Der Geistliche sagte zu ihnen, indem er die Hände hob: »Führt mich zu dem Bette, meine Freunde!« Da zeigten die Gesellen ängstlich nach der Kammer und wären gern hinweggelaufen, doch die Beine waren ihnen vor Schreck schwer und wie bleiern. Der Pfarrer ging in die Kammer. Als er nun das tote Schwein statt der Meisterin im Bette fand, verfinsterte sich sein Gesicht über und über, und er begann auf die Unchristlichkeit seiner Gemeinde zu schelten. Da kam sehr zu ungelegener Zeit der Meister Klaus gelaufen und wollte fragen, weshalb ihm die Ehre geschehe. Der Pfarrer fuhr ihn zornig an, ergriff einen großen Prügel und schlug ihn sehr hart, denn er vermutete in dem unschuldigen Meister den Anstifter des Frevels. Als nun der Pfarrer in großer Wut hinwegging, nahm der Meister den Stock, mit dem er selbst gestrichen worden war, und verhobelte die beiden Tuchmachergesellen, und zwar so wacker, daß sie wie die Hasen hinwegstoben: »Das ist also das Gepfefferte, Gesalzene und Geschmalzene, was uns Eulenspiegel verhieß«, sprachen sie zu sich. »Warum mußten wir uns auch an einen Schalk halten und tun, was er gebot!«

Till Eulenspiegel saß indes an dem Tische des Pfarrers und ließ es sich schmecken. Er betörte die Magd durch schöne Reden so sehr, daß sie den besten Schinken aus dem Rauch nahm und ihm davon vorschnitt. Auch Gepfeffertes und Geschmalzenes brachte sie, soviel er haben mochte. Als sich Eulenspiegel nun gütlich getan, gedachte er bei sich, daß der Pfarrer zurückkommen und ihn übel behandeln könne. Deshalb ging er eiligst hinweg, obgleich es ihm leid war. Er entwich aus dem Lande Holstein und ließ die Tuchmacher in Neumünster fortan in Frieden. (209)

Segeberg und Umgebung

Der Klinkenberg

Zwischen den Dörfern Husberg und Rendswühren bei Neumünster liegt in einem Moore der Klinkenberg; den hat die schwarze Greet in ihrer Schürze dorthin getragen, um ihn als Schanze zu benutzen. An der Stelle, wo sie ihn wegnahm, steht seit der Zeit der Belauer See. (210)

Die Schlacht bei Bornhöved im Jahre 1227

Die Schlacht bei Bornhöved

Als Graf Alf mit seinen Holsten dem König Waldemar auf dem Felde bei Bornhöved gegenüberstand und schon lange gekämpft war, begannen seine Scharen zu weichen. Denn die Sonne schien ihnen ins Gesicht, und die Dänen wehrten sich tapfer. Da flehte der edle Herr mit inbrünstigem Gebete zu der heiligen Maria Magdalena, deren Tag gerade war, und verhieß ihr ein Kloster zu bauen, wenn sie ihm hülfe. Da erschien die Heilige in den Wolken, segnete das Heer und bedeckte mit ihrem Gewande die Sonne. Als die Holsten dieses Wunder sahen und Graf Alf sie zugleich mit Worten ermunterte, faßten sie neuen Mut, und nachdem die Dithmarschen ihre Schilde umgekehrt hatten und den Dänen in den Rücken gefallen waren, ward der vollständigste Sieg erfochten.

In dieser Schlacht hatte der König Waldemar seinen Stand auf dem Hügel, der nach ihm der Köhnsberg heißt. Es ward ihm sein Pferd unter dem Leibe erschossen. Als seine Leute geflohen waren und es schon dunkel werden wollte, irrte er noch hilflos auf dem Schlachtfelde umher. Da traf er einen schwarzen Ritter, der seinen Helm geschlossen hatte; den bat er für eine gute Belohnung, ihn nach Kiel in Sicherheit zu bringen. Der Ritter nahm ihn zu sich aufs Pferd und brachte ihn, ohne ein Wort zu sagen, zur Stelle. Als sie in den Schloßhof einritten und die Diener mit Fackeln erschienen, forderte ihn der König auf, seinen Helm zu öffnen und seinen Namen zu nennen, damit er seinen Lohn empfange. Da schlug der Ritter das Visier zurück, und alle erkannten erstaunt den Grafen Alf selbst. Er wandte darauf sein Roß und ritt eilends zu seinen Leuten ins Lager zurück. (211)

Wau, wau!

Vor hundert Jahren ging ein Mann aus Bornhöved mit einem andern nachts zwischen zwölf und eins über Feld. Da hörten sie erst in weiter Ferne, dann immer näher und näher viele Hunde bellen; der Wilde Jäger kam endlich auf sie zu. Da war der eine so übermütig und machte das Gebell der Hunde nach und rief beständig:

Graf Adolf IV. geleitet König Waldemar nach Kiel

»Wau, wau!« Der andere aber war so klug, zu schweigen und unter das Dach eines Hauses zu flüchten. Da ließ sich der Wilde Jäger augenblicklich aus der Luft hernieder und setzte dem andern einen Pferdeschinken vor, indem er ihm befahl, den Hunden diesen verzehren zu helfen, denn weil er mit den Hunden gebellt habe, müsse er auch mit ihnen speisen. (212)

Die Wiege im Taterbarg

Die Wiege im Taterbarg bei Schmalensee (Bornhöved) gehört der swarten Greet; man hatte sie fast ausgegraben, da kam eine alte Frau und hielt mit ihrem Gerede die Gräber auf; als sie endlich ging, sagte einer von ihnen: »Gaud, dat de oll Hex weg is«; sofort versackte die Wiege. (213)

Die Unterirdischen

Als sie noch ihr Wesen hier hatten, konnte man in einem Hause in Stocksee durchaus keine Kälber großziehen, sie starben immer in den ersten Tagen. Da kam einmal, als die Leute wieder eins zugesetzt hatten, eine ganz kleine Frau heraus und sagte: »Leute, Kälber könnt ihr hier nicht großziehen, ich habe mein Bett gerade unter dem Stall. Wenn der Addel (die Mistjauche) herunterläuft, muß das Kalb sterben.« Da verlegten die Leute den Stall, und das Unglück hörte auf. (214)

Hexe als Fuchs

Vor hundert Jahren lauerte in dem Redder, der von Segeberg nach Klein Rönnau führt, oft ein Fuchs Vorübergehenden auf, biß sie und nahm besonders Kindern die Sachen weg, die sie mit sich führten. Der Weg war zuletzt so verschrien, daß niemand ihn mehr zu passieren wagte; keine Kugel hatte den Fuchs noch erlegen können. Zwei Bauern luden endlich ihre Flinten mit einem ererbten silbernen Knopf; und als der Fuchs bellend auf sie zukam, schoß der eine seine Flinte auf ihn ab und verwundete ihm den einen Vorderfuß. Nun eilte der Fuchs so schnell davon, daß die Jäger nicht folgen konnten; doch sahen sie, daß er in einen runden Backofen in Klein Rönnau schlüpfte.

Als sie dahin kamen und die Tür öffneten, um ihm den Rest zu geben, kroch ein altes Weib, dessen Arm stark blutete, heraus und schrie: »Kommt, Hunde, freßt!« – Wenn eine Hexe nämlich verwundet wird, muß sie ihre wahre Gestalt wieder annehmen. (215)

Der Segeberger Kalkberg

Von dem Segeberger Kalkberg erzählen die Leute so viele Geschichten, daß ich nicht weiß, welche die richtige ist.

Der Herr Statthalter Heinrich Ranzau versichert, daß der Teufel den Berg aus dem kleinen See herausgetragen habe, der sich da in der Nähe befindet und der daher ebenso tief ist als der Berg hoch. Segeberg soll darum auch eigentlich Seeberg heißen. Man pflegt heute noch davon zu sagen:

> »Daß dich der tu plagen,
> Der Segeberg hat getragen.«

oder: »Ruhe, du bist gut«, sä de Düwel, »do harr he Segebarg dragen.«

Andere erzählen, daß der Teufel einst den Felsen von einem weit entfernten Gebirge hergeholt habe, um damit die erste christliche Kirche in unserm Lande zu zerschmettern. Er trug ihn auf seinem Nacken bis Segeberg, mußte ihn da aber fallenlassen und konnte ihn nicht wieder aufheben. – Man sagt auch, er habe den Großen Plöner See damit ausdeichen wollen, um die Plöner in Schaden zu bringen, deren Gottesfurcht und Wohlstand ihn ärgerte. Er hatte den Felsen von Lüneburg geholt und flog damit durch die Luft, als ein altes Weib ihn erblickte und schnell ihm ihren bloßen Hintern zukehrte. Darüber aber erschrak er so, daß er seine Bürde bei Segeberg fallen ließ.

Segeberg im 14. Jahrhundert

Die Gleschendorfer versichern, daß der Kalkberg früher bei ihrem Dorfe gestanden hätte, da wo jetzt der Kuhlsee liegt. Hier wohnte der Teufel. Als aber in Segeberg ein Kloster erbaut ward, so ward er darüber so erbittert, daß er den Berg herausriß und auf Segeberg zuwarf. Doch verfehlte er sein Ziel, der See aber steht seit der Zeit da. – Der Teufel soll auch den Berg, als er noch bei Gleschendorf stand, einmal an die Lübecker verkauft haben. Als er ihn in der Nacht nun in die Nähe der Stadt tragen wollte, machte er einen so großen Umweg, daß, als der Hahn krähte und er den Berg fallenlassen mußte, dieser bei Segeberg liegengeblieben ist.

Unzählig sind Variationen der Sage vom Kalkberg: Die Segeberger waren gottlose Leute; da hub der Teufel den Klumpen aus der Erde, wo jetzt der See steht, um die Stadt zu bedecken. Aber schnell taten die Leute Buße, und unser Herrgott gab dem Klumpen einen Schub, daß er nebenhin fiel. (216)

Der Brunnen am Segeberger Kalkberg

An der einen Seite des Segeberger Kalkbergs ist ein tiefer, tiefer Brunnen, aus dem die Bewohner und die Besatzung der ehemaligen Burg ihr Wasser schöpften. Der Brunnen steht mit dem nahegelegenen See in Verbindung. Einmal hat man eine Ente hinabgelassen, und die ist im See wieder zum Vorschein gekommen. Zwei gefangene Grafen, oder wie andre sagen, zwei Sklaven, oder noch andre, elftausend Sklaven haben den Brunnen um den Preis der Freilassung ausgehauen und sieben Jahre lang Tag und Nacht abwechselnd daran gearbeitet. (217)

Roßtrappe bei Segeberg

Wenn man von Lübeck nach Segeberg kam und den Anberg (Alberg) hinaufging, so sah man in einem großen platten Stein des altertümlichen Pflasters eine Vertiefung, die gerade wie die Spur eines Pferdes aussah; nur daß sie sehr groß war.

In alten Zeiten nämlich, als noch Grafen auf der Burg wohnten, zog einmal ein feindliches Heer davor. An jener Stelle angelangt, sprach der Führer: »So gewiß mein Rappe seine Trappe im Stein läßt, so gewiß nehmen wir noch heute die Burg.« Er gab seinem Pferde die Sporen und sprengte davon; da war der Huf im Stein abgedrückt, und die Burg ward an demselben Tage zerstört. (218)

Die Segeberger Magd

Es ist gar wol bekant / daß in dem Städlein Segeberg in dem Holsteinischen / der Satan mit einer Magd wunderliche Dinge vorgehabt. Bißweilen hat er dieselbe aufgehoben von der Erden / und auf das Königl. Schloß / so auf dem Kalckberg liegt / gesetzt zum Schrecken der Anschauenden / und etliche Steine von diesem verfallenen Gebäude herunter geworffen. Bißweilen ist sie aufgehoben worden / und auf die Feste des Kirchen-Dachs gesetzet / daß

sie darauf geritten wie auf einem Pferde. Und wenn die Zu-
schauenden ihretwegen Sorge gehabt / wie sie mögte herunter
kommen? so ist sie von einem Wirbel-Wind aufgehoben / und im
Niederfallen in der Lufft herum gedrehet / und auf die Erde herunter gekommen ohne Schaden. Als man zur Kirchen einmal leuten
wollen / ist sie in den Thurm hinein geführet / und hat den Klöppel
aus der grössesten Klocke loß gemachet mit grosser Geschwindig-
keit / und sich mit demselben zugleich fort / daß man nicht gewust
/ wo der Klöppel hingekommen. Bißweilen hat der Teuffel sie ins
Feuer geworffen / ohne Verletzung ihrer Kleider und des Leibes /
sie ist auch in die schrecklich tieffe Kalck-Grube hinab gestürtzet
worden / biß auf den Grund / und hat nicht den geringsten Schaden
empfangen / da doch wenn ein ander Mensch da hinabgefallen /
derselbe nicht allein Arm und Beine nothwendig brechen müssen /
sonder auch gar zerquetschet das Leben hätte eingebüsset. (219)

Mutter Grimmsch

Zahllose Mäuse hervorzuzaubern ist eine besondere Fähigkeit der
Hexen. »Mutter Grimmsch« in Mözen hatte es schon als Kind von
der Mutter gelernt; sie tat es einmal in der Schule, konnte die Tiere
dann aber nicht wieder wegbringen; dazu mußte die Mutter geholt
werden. Im Gehölz zwischen Wittenborn und Mözen sitzt »Mutter
Grimmsch« als Katze und begleitet die Hindurchkommenden bis
zum nächsten Ort. (220)

Der Becher der Buchwalds

In der Familie Buchwald haben sie einen sehr großen, mit wunder-
baren Charakteren bezeichneten goldenen Becher und erzählen
über den Erwerb desselben folgende Geschichte.

Eine Matrone dieses Geschlechts wurde einmal um Mitternacht
von einer Zwergin geweckt und gebeten zu folgen; es solle ihr
Schade nicht sein. Die heldenmütige Frau gehorchte; nachdem sie
schnell die Unterkleider übergeworfen, folgte sie der vorangetra-

genen Laterne in den Stall; dort spaltete sich die Erde, eine Treppe führte hinab in ein Gemach von wunderbarer Schönheit, und in der Pförtnerin dieser unterirdischen Wohnung erkannte die Herrin voll Verwunderung ihre vormalige Zofe. Diese sprach zu ihr: »Hüte dich, ein Wort zu sprechen oder von der Speise hier zu kosten; denn sonst wird dir die Rückkehr verschlossen sein; mich hält meine Gebrechlichkeit hier zurück.« Die Matrone nahm den Rat zu Herzen. Von der Unterirdischen wurde sie dann weitergeführt zu einer Gebärerin, welcher sie als Hebamme dienen mußte; dann ward sie an einen Tisch gesetzt, und man versuchte sie durch allerlei Lockungen zum Sprechen und zum Essen zu verleiten; am Ende jedoch trug ihr hartnäckiges Stillschweigen und ihre Enthaltsamkeit den Sieg davon. Sie wurde darauf mit jenem unschätzbaren Becher beschenkt und nach herzlicher Danksagung in ihr oberirdisches Haus zurückgeführt.

Einige erzählen, der Becher sei mit Hobelspänen gefüllt gewesen, als die Zwerginnen denselben überreichten, und die Herrin aus Unwissenheit und Geringschätzung habe diese ausgeschüttet. Da hätten die Späne sich sofort in Gold verwandelt; als jedoch die edle Frau dieselben nun wieder auflesen wollte, waren sie verschwunden. (221)

Die goldene Wiege

Bei Tönningstedt, im Kirchspiel Leezen bei Segeberg, steckt eine goldene Wiege in einem Hügel. Man hat sie schon einmal herausgegraben und versucht, sie ins Dorf zu bringen. Aber gleich standen die Pferde still, und der Wagen war nicht von der Stelle zu bringen. Als man aber darauf die Wiege wieder ablud, hat sie sich selbst sogleich an ihren alten Ort begeben und ihre alte Stätte wieder eingenommen. (222)

Das Messer

Bei dem Dorfe Seth, Kirchspiel Sülfeld, soll einst eine Untat begangen worden sein. Der Täter warf das Messer in einen kleinen See. Aber es kommt am Tage des Mordes wieder von selbst hervor, und der Mörder hat dann auch keine Ruhe mehr im Grabe, muß den Mordstahl suchen und ihn wieder in die Flut werfen, um eine Zeitlang Ruhe zu finden. (223)

Der gerettete Schimmel

Auf der Glashütte, der früheren Tangstedter Heide, wurde in den Kriegsjahren 1813/14 nur ein Pferd gerettet. Das war ein Schimmel, den man in einem Dorfdiemen auf dem Moor versteckt hatte. Den konnten die Russen nicht finden. (224)

Abbuttern

Bei einem Bauern in Henstedt, Kreis Segeberg, konnte man immer nicht abbuttern. Es wurde ihm gesagt, in Hemdingen sei ein kluger Mann, der ihm helfen könne. Er begab sich dahin. Dieser fragte ihn, ob er auch kürzlich in der Kirche gewesen sei. Er sagt: »Ja, zum Abendmahl.« – »Dann ist's gut«, sagt der Kluge: »Gehe nur wieder nach Hause, aber kehre nicht auf demselben Wege zurück, den du gekommen bist. Und wenn jemand bei dir kommt, etwas zu leihen, so weigere dich.«

Seitdem konnte man wieder abbuttern. (225)

Goldene Wiege in Ulzburg

In Ulzburg, Kreis Segeberg (Holstein), »up'n Slottbarg«, wo früher ein Schloß gestanden haben soll, ist eine goldene Wiege vergraben. (226)

Der Teufel und die Kartenspieler

Diese Geschichte wird auch von Kaltenkirchen berichtet und soll sich dort in der »Gläscherkat«, einem Wirtshause, zugetragen haben. Dort ließen die ratlosen Spieler heimlich den Pastor holen. Dieser machte mit einer Stecknadel ein kleines Loch in die Fensterscheibe und trieb den Teufel da hinaus. (227)

Der Roland

In Bramstedt und Wedel steht noch als Zeichen der alten Gerichtsbarkeit die Rolandssäule auf dem Marktplatze. In Bramstedt geht die Sage, daß sich der Roland bei dem Glockenschlage, der die Mitternacht verkündet, umdrehe. Noch jetzt hört man zuweilen in später Gesellschaft die scherzhafte Mahnung zum Aufbruch: »Nun ist es zwölf, jetzt dreht sich der Roland um!« (228)

Mutter Geesche räucherte

Der Glaube, daß die Wichte oder Elben durch Würze und würzigen Duft vertrieben werden, ist uralt. Ich entsinne mich aus meiner Kindheit, daß eine kluge Frau, die Mutter Geesche genannt, in meinem Geburtsorte, bevor sie ihre Kuren an Menschen und Vieh ausführte, den Raum, wo sich dieselben befanden, ausräucherte, und daß sie einstmals eine Patientin so eingeräuchert hatte, daß diese, dem Erstickungstode nahe, von meinem eiligst herbeigerufenen Vater wieder ins Leben gerufen werden mußte. (229)

Schloßberg bei Hitzhusen

Eine Sage erzählt, daß in gewissen Nächten Frau Holle auf diesem Schloßberge sitzt und an einem goldenen Spinnrade spinnt. (230)

De Zigeunerin

Da est mal ne Zigeunerin. De kommt na Hitzhusen bi Bramsted in dat Wirtshuus und geef sik foe'n Schatzgräberin ut. De Fro segg, dat bi Hitzhusen op den Bag en Schatz est, da geit immer en Lecht. No geit se an en Abend mal met dree Buurn dahen. Ünnerwegs ward se möd, und de ene Buur mott se no ganz hendregen, dafoe' schall he denn ok en golden Spennrad voerut hemm. As se dahen kaamt, hemm se aber de Kalen vergeten. De een leppt torügg, brengt aber Kool onn so geit de Geisterstunn voeroeber. No (nun) seit de Zeigeunerin Lien (Leinsamen) op den Bag und seggt to den Buurn, wenn dat Lien opkaam est, so well se weller kaam. Dat Lien und de Schatzgräberin sönt abers beid' utbleben. (231)

Steinburg

Die Schürze der Hexe

In Störkathen wohnte einst eine Frau, die ihre beiden Kälber auf einer Weide nahe bei der Stör grasen ließ. Oft aber schwammen sie durch den Fluß und gingen jenseits bei einem Bauern ins Heugras. Darüber schalt dieser immer gewaltig. Einmal kam die Frau gerade darüber hinzu, als die Kälber wieder hinübergeschwommen waren und der Bauer hinter ihnen herjagte, fluchte und schalt. Da nahm sie ihre Schürze ab, breitete sie auf der Stör auseinander, setzte sich darauf und segelte hinüber. An der andern Seite angekommen, rief sie: »Kaamt her, mien olen Schäkers, kaamt her; de Lüd schöllt oewer ju ni meer schelln.« Darauf liefen die Kälber schreiend zu ihr; sie aber nahm sie mit auf ihre Schürze und fuhr wieder über die Stör. (232)

Die Spinnerin

An dem Orte, wo der Kirche gegenüber früher das Stellauer Schloß gestanden hat, sieht man zu gewissen Zeiten in stillen Nächten eine schöne Frau in strahlendem Gewande mit langem goldgelbem Haar, die mit dem größten Fleiße stets auf einer goldenen Spindel spinnt. Viele Leute haben sie da gesehen und beobachtet, und zugleich versichern manche, daß früher und auch in den letzten Jahren an demselben Orte oft die prachtvollsten Häuser, Gebäude und Anlagen zu sehen waren und daß zu gleicher Zeit ein Summen und Brausen sich vernehmen ließ, ähnlich wie in einer großen Handelsstadt; was das aber alles zu bedeuten hat, weiß noch niemand zu sagen. Die Eisenbahn von Altona nach Kiel geht jetzt nicht ganz weit davon vorbei. (233)

Der Teufel und die Kartenspieler. Von L. Barth

Der Teufel und die Kartenspieler

In Stellau lebten drei Brüder in einem Hause; die hatten weder Eltern noch Großeltern noch Frau, Kind, Magd oder Knecht bei sich, sie lebten ganz allein. Sie ackerten, melkten, kochten und taten alles ohne fremde Hilfe. Einst an einem Weihnachtsabend saßen sie so beieinander; sie hatten nicht viel zu sprechen und kamen auf den Einfall, durch ein Spiel Karten die Zeit zu vertreiben. Ein alter Knecht aus der Nähe, einer ihrer wenigen Freunde, kam zu ihnen, und sie fingen an. Gewinn und Verlust machte die vier bald immer hitziger; sie vergaßen den Weihnachtsabend, sie spielten die Nacht hindurch, dann den ersten Weihnachtstag, die folgende Nacht, dann auch den zweiten Weihnachtstag, die Augen fielen ihnen vor Müdigkeit zu, aber an ein Aufhören war nicht zu denken. Da am Abend des dritten Tages bekamen sie unversehens einen fünften Mitspieler, ohne daß sie wußten wie. Nun begann das Spiel erst recht zu rasen; der Einsatz ward verdoppelt, verdreifacht, Hab und Gut standen darauf, so ging's wieder bis an den lichten Morgen. Da verlor einer der Brüder seine Karte, nahm das Licht und suchte unter dem Tische. Aber entsetzt fuhr er zurück und schrie: »Hilf Himmel, der leibhaftige Satan!« Da verschwand der fünfte Mitspieler, der an seinem Pferdefuß erkannt war, mit entsetzlichem Geräusche und ließ einen Gestank zurück, der noch lange nachher nicht aus dem Hause weichen wollte. Die vier Spieler aber gaben alles wieder zurück, was sie aneinander verloren hatten, vergruben das Geld des Teufels und haben seit dem Tage keine Karte wieder angerührt. Die Geschichte wäre nie ruchbar geworden, wenn nicht der alte Knecht sie endlich verraten hätte. (234)

Die Hexen

Die alte Wiebke Thams in Lägerdorf, Herrschaft Breitenburg, erzählte: Vorzeiten wären da bei dem Dorfe die Hexen in der Johannisnacht auf freiem Felde verbrannt. Das wäre nun freilich nicht eigentlich geschehen, sondern auf diese Weise: Auf einer Koppel machte man ein großes Feuer an; darüber hängte man an einem Querbaum zwischen zwei großen Seitenpfählen einen Braukessel mit Bier auf. Daraus schöpfte man mit Bierkannen und trank das warme Bier. Alt und jung, das ganze Dorf nahm an diesem Feste teil. Dann und wann ging eine gewisse Frau etwas vom Feuer weg und rief: »Kummt her jü ole Hexen 'rint Füer!« Und das hätte man das Verbrennen der Hexen genannt. (235)

Weißes Pferd

Einmal hatte ein Bauer in Lägerdorf ein wunderbares weißes Pferd. Es war sonst ein zahmes, ruhiges Tier, ein tüchtiger Arbeiter, und der Bauer hielt viel darauf. Aber im Anfang konnte er doch gar nicht klug daraus werden. Jedesmal mittags um zwölf Uhr ließ es sich auf keine Weise vor dem Pfluge, dem Wagen oder im Stalle halten; es zerriß Stränge und Stricke und rumorte so lange, bis es freikam, und sprengte dann wiehernd davon, und zwar jedesmal der Lägerdorfer Tannenkoppel zu. Hier rannte es immer auf einer Stelle im Holze mit unglaublicher Schnelligkeit eine Stunde lang im Kreise rundherum, bis es endlich atemlos und schweißtriefend stille stand. Dann verschnaufte es sich und ging darnach ruhig wieder nach Hause, als wenn nichts vorgefallen. Man ließ das Tier gewähren, aber niemand wußte seine sonderbare Eigenschaft zu erklären. Ein Junge war endlich tollkühn genug, sich auf das Pferd zu setzen und den Ritt in der Tannenkoppel mitzumachen, wobei ihm Hören und Sehen verging. Er behauptete aber, daß sich ein altes, häßliches Weib vor ihm auf den Hals des Pferdes gesetzt und immer Hopp! Hopp! gerufen und dadurch das Pferd angetrieben hätte. Das alte Weib sei auch die ganze Zeit in der Tannenkoppel auf dem Pferde gewesen. Die meisten Leute leugneten das, aber einige andre wollen das Weib auch dort gesehen haben. (236)

Der Itzehoer Briefträger

Zu einer Zeit war in Itzehoe ein Briefträger plötzlich verschwunden, und keiner wußte, wo er geblieben. Erst nach drei Tagen fand er sich zur Verwunderung der Leute ebenso unversehens wieder ein und wußte folgende Geschichte zu erzählen:

»Ich ging«, erzählte er, »hinter dem Klosterkirchhof; und ich ging und ging und konnte gar nicht ans Ziel meines Ganges kommen. Endlich sah ich eine große Stadt vor mir liegen und kam auf dieselbe zu. Da stand über dem Tore mit großen goldenen Buchstaben geschrieben: GERMANICA. Ich ging hinein und sah wohl Leute; aber alle hatten ein seltsames Ansehen. Ich fing an, mit ihnen zu sprechen, aber sie sahen mich erstaunt an, und ich verstand sie so wenig wie sie mich. Endlich kam ich zu einem Schlosse. Daher kam ein Mann mit einem großen Buche, der sah aus wie ein Kandidat. Ich redete ihn an, und er sah mich erstaunt an, wie wenn ich aus dem Monde käme. Doch er verstand die Sprache, und ich klagte ihm meine Not. Er sagte mir, er begreife nicht, wie ich dahin käme, zeigte mir aber den Weg zurück. Diesem folgte ich und fand mich am Ende im Hundegange wieder.«

So hat der Mann oft erzählt. Sagte man ihm: »Du lügst«, so war seine Antwort: »Seid ihr denn Lügen von mir gewohnt?« Und sagte einer: »Du bist betrunken gewesen«, so antwortete er: »Hat mich je einer von euch betrunken gesehen?« Und er genoß nach wie vor den Ruf eines redlichen und wahrhaften Mannes. (237)

Vom Teufel

In Itzehoe hat der Teufel auch eine Zeitlang in einem Wirtshause am Kartenspiel teilgenommen. Da ist er eines Abends, als einer eine Karte im hitzigen Spiel mit den Worten »Gott verdammi« auf den Tisch warf, durch das Fenster hinausgeflogen. Das Loch ist so klein, daß nur eine Nähnadel hindurchgeht. (238)

Das versunkene Schloß

Bei der Nordoer Mühle, bei Itzehoe, zeigt man eine Grube, die Knickenkuhle, wo ein Schloß stand und versank, weil man einer Sau das Abendmahl reichen ließ. (239)

Das vergrabene Kind

Bei Heiligenstedten war am Stördeich ein großes Loch, das man auf keine Weise ausfüllen konnte, soviel Erde und Steine man auch hineinwarf. Weil aber der ganze Deich sonst weggerissen und viel Land überschwemmt [worden] wäre, mußte das Loch doch auf jeden Fall ausgefüllt werden. Da fragte man in der Not eine alte kluge Frau: Die sagte, es gäbe keinen andern Rat, als ein lebendiges Kind da zu vergraben, es müsse aber freiwillig hineingehen. Da war da nun eine Zigeunermutter, der man tausend Taler für ihr Kind bot und die es dafür austat. Nun legte man ein Weißbrot auf das eine Ende eines Brettes und schob dieses so über das Loch, daß es bis in die Mitte reichte. Da nun das Kind hungrig darauf entlanglief und nach dem Brote griff, schlug das Brett über, und das Kind sank unter. Doch tauchte es noch ein paarmal wieder auf und rief beim ersten Mal: »Ist nichts so süß als Mutters Lieb?« und zuletzt: »Ist nichts so fest als Mutters Treu?« Da aber waren die Leute herbeigeeilt und schütteten viel Erde auf, daß das Loch bald voll ward und die Gefahr für immer abgewandt ist. Doch sieht man bis auf den heutigen Tag noch eine Vertiefung, die immer mit Seegras bewachsen ist. (240)

Die weiße Frau

In den Blocksbergen bei Vaale geht um Mitternacht eine Frau in schlohweißem Kleide umher. Leute, die sie sehen, können den Weg nicht mehr finden. Sie irren die ganze Nacht hindurch in den Bergen umher und sind am Morgen an derselben Stelle, wo sie am Abend waren. Die weiße Frau zeigt sich auch an dem Wege nach Wacken und auf der Scheide zwischen Agethorst und Nienbüttel. (241)

Totenfetisch

Kommt da neulich ein Bäuerlein – so berichten die Zeitungen – aus Wilster mit der Eisenbahn nach Altona und fragt einen Polizisten, ob er ihm nicht sagen könne, wo der Scharfrichter wohne. Der Polizist sieht den Mann an und fragt: »Was wollen Sie denn da?« Spricht das Bäuerlein: »Ich will mir Menschenfett holen. Meine Frau hat nämlich ihre Liebe meinem Knechte zugewandt, und nun will ich sie mit Menschenfett einreiben, damit sie ihre Liebe wieder mir zuwendet.« (242)

Aus der Wilstermarsch. Federzeichnung von Bruno Wolf

Teufel über Teufel

In einem Hause in Wilster war ein Kind krank. Eine kluge Frau sagte, es wären Schelmstücke dabei, man müsse es ausräuchern, nachts um zwölf Uhr, bei verschlossenen Türen. Dann würde der kommen, der's ihm angetan, und sich irgendein Gewerbe machen, man müsse aber Blut von ihm auf ein Tuch zu bekommen suchen und das verbrennen. Zur richtigen Zeit verschloß man die Tür, verhing auch die Fenster bis fast oben hinauf mit Laken, dann räucherte man das Kind, alles, wie es die kluge Frau befohlen hatte. Das Haus hatte aber noch nach alter Art Fensterladen, die heraufgeklappt wurden; unter jedem Fenster also hing eine große Klappe, darauf man stehen und ins Fenster sehen konnte, wenn sie nicht aufgeschlagen waren. So war es gerade hier. Als sie das Kind räucherten und die Uhr war noch nicht zwölf, da plötzlich schaute die Hexe oben übers Laken weg in die Stube, der Mann springt hinaus, schlägt der Hexe ins Gesicht und fing mit einem Tuch das Blut auf. Als man das verbrannt hatte, war das Kind gesund. (243)

Der Flöter im Eulengiebel

De olle Sag gait noch an vele Steden: en Hahn, de söven Jahr in een Huus levt hett, de legt en Ei, un ut dat Ei kümt en markwürdig Deert rut, dat ward ünnerscheden nömt: en Drak, Krokodil etc.

In't Kaspel Wewelsfleth wahn en Mann mit Namen Swatkop, de hett en Hahn hatt, de is söven Jar in sien Huus wesen, da hett he en Ei in de Peerdkrüf legt. Ut dat Ei is en wunnerlich Deert krapen, dat is bi Dag ümmer in Peerdkrüf west, un as et dunkel worden, denn is't na den Ulengevel in dat Huus rup flagen, da hett et floit't. Swatkop hett nu gern sien Huus verköpen wullt, he hett et averst nich los warden kunnt; da hett he dat Huus ümreten un up en anner Sted wedder henbuet. Dat Deert is nu wegtrocken to sienen Naber Kasten Tumann un abends in den sien Schorsteen gaen as en Klumpen Füer. Wenn Tumann to Huus wesen is, denn hett de Floiter ünner in dat Fensterschapp keken un em Schreck un Angst injagt. Toletzt hett Kasten Tumann sick dat to Harten namen, is to Water gaen un weg bleven; – dat Deert is da ok weg, un se heft et nich wedder sehn.

In Kunensee (vertell Kasten sien Grotmoder) is ok so'n Deert wesen, dat heft se den Michel-Floiter nömt; dat hett en Preester tom Glück noch wegdreven. (244)

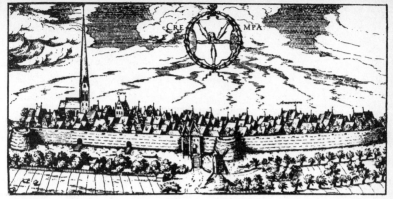

Krempe

Voß sien Fleuter

Auch in Kudensee erzählt man die Geschichte von »Voß sien Fleuter«; ein nach Amerika ausgewanderter Kudenseer soll ihn dort getroffen haben; auf einem einsamen Wege stand plötzlich ein Unbekannter vor ihm und fragte: »Kennst du mi?« – »Nä.« – »Heß all mal vun Voß sien Fleuter hört?« – »Ja, dat heff ik.« – »Dat bün ik.« Damit war er fort. (245)

Die Glocke in Krempe

Ehe noch die schöne Kremper Kirche im Russenkriege von den Schweden in die Luft gesprengt ward, hing in ihrem noch heute berühmten Turme eine Glocke, die sich vor allen andern durch ihren Klang auszeichnete.

Als sie nämlich gegossen ward und die Speise schon zum Gusse fertig war, ging der Meister noch einmal davon und befahl dem Lehrjungen unterdes, des Ofens wahrzunehmen. Der benutzte nun die Zeit und goß einen ganzen Tiegel voll geschmolzenes Silber hinein, um's recht gut zu machen, oder weil er wohl meinte, es solle doch noch dazu. Als der Meister nun zurückkam und den leeren Tiegel sah, ergrimmte er so, daß er einen Stock ergriff und damit auf den Jungen losschlug, daß er tot niederfiel. Da man nun die Glocke auf ihren Stuhl brachte, gestanden alle, daß sie nimmer einen helleren Klang gehört hätten; aber solange man sie geläutet hat, war es, als sage sie immer mit traurigem Tone: »Schad' um den Jungen! Schad' um den Jungen!«

Die Glocke erregte bald den Neid der Hamburger; aber vergebens boten sie den Krempern große Summen. Endlich aber ward man handelseinig; die Hamburger wollten für die Glocke eine goldene Kette geben, so groß, daß sie um ganz Krempe herumreichte. Als man nun die Glocke auf einen Wagen brachte und man damit auf den hohen Weg ganz nahe bei Krempe kam, sank der Wagen ein, und soviel Pferde man auch davorspannte, er war nicht von der Stelle zu bringen. Als man aber umkehrte, ging er ganz leicht mit zwei Pferden wieder nach Krempe zurück, und die Glocke mußte dableiben und hat bis zu jenem unglücklichen Tage im Turm gehangen. Die Glocke hieß Maria. Man hat vergeblich nach der Sprengung der Kirche nach einem Bruchstück gesucht; einige meinen, die Schweden hätten sie vorher gestohlen, aber andre sagen, sie sei tief hinunter in die Erde gesunken. (246)

Die beiden Brüder in Borsfleth

Bei Borsfleth (in der Nähe von Glückstadt) lebten einmal zwei Brüder in beständiger bitterer Feindschaft miteinander. Endlich brachten die Verwandten und Freunde durch langes Zureden es dahin, daß sie versprachen, in Zukunft Eintracht und Frieden zu halten; zur Bestätigung sollten beide das heilige Abendmahl nehmen. Als sie das Sakrament empfangen hatten und nebeneinander um den Altar herumgingen, um an der andern Seite den Wein zu empfangen, entbrannte plötzlich wieder die alte Flamme des Hasses in ihnen, und da sie sich beide so nahe sahen, zogen sie zugleich ihre langen Messer, wie man sie damals in den Schlippen (den langen Hosentaschen) trug, heraus und durchbohrten einander gegenseitig.

Den großen Fleck des vergossenen Blutes hat man lange nicht von der Stelle wegwaschen können. Die Schädel der beiden Brüder wurden oben an der Ostseite der Kirche in die Mauer gesetzt, und viele Leute haben es beobachtet, wie das eine Jahr der nördliche, das andere Jahr aber der südliche eine dunklere Farbe hat.

Andere sagen, der eine Bruder habe dem andern seine Braut für die Zeit seiner Abwesenheit anvertraut. Als der Verlobte zurückkommt, findet er den Bruder mit ihr vor dem Altare, wie sie eben kopulieren. Da stürzt er mit dem Messer auf ihn ein, der andere zieht ebenfalls das seinige, und beide fallen durch Doppelmord. (247)

Die Schimmelköpfe

In Glückstadt wohnte vor Jahren ein vornehmer Mann. Dessen Frau ward krank und starb. Sie ward mit großem Gepränge beigesetzt. Aber der Totengräber hatte große Lust zu den Ringen an den Fingern der Leiche. Daher ging er in der Nacht hin und öffnete den Sarg, um die Ringe abzuziehen. Zu seinem Schrecken aber richtete die Frau sich auf, als er den Deckel abnahm. Er entfloh voller Angst, aber die Frau ging nach dem Hause ihres Mannes und klopfte an. Ein Diener öffnete, aber auch er erschrak, als er die verstorbene Frau in ihrem Leichengewande vor der Tür stehen sah; eilig lief er zu seinem Herrn, um ihm zu sagen, was geschehen. Der aber antwortete: »Ebensowenig als meine beiden Schimmel kommen und die Treppe hinaufgehen, ebensowenig wird auch meine Frau wiederkommen.« Kaum hatte er nun das gesagt, so kam's tripp trapp die Treppe herauf, und die beiden Schimmel waren auf dem Boden. Da ließ der Mann öffnen, und sieh! seine Frau war wirklich wieder da. Sie lebte von nun an noch einige Jahre, lachte aber niemals während der ganzen Zeit, denn sie sagte: »Lachen ist Sünde.« Der Mann aber ließ zum Andenken an das Geschehene oben neben der Treppe im Hause zwei Schimmelköpfe malen, die da noch lange zu sehen gewesen sind. (248)

Marienbild in Neuendorf

Auch in Neuendorf, vormals Langenbrook, bei Glückstadt erzählt man, daß man sich nicht einig über den Bauplatz der Kirche werden konnte. Man wollte die Muttergottes selber den Streit entscheiden lassen und stellte ihr Bild auf den Platz, den eine der Parteien gewählt hatte, und bat die Jungfrau inständig um Entscheidung. Am andern Morgen fand man das Bild ganz am östlichen Ende des Kirchspiels, wo jetzt die Kirche steht, so daß die westlichen Bewohner dahin einen Weg von zwei Stunden haben. (249)

Der Stein bei Hackelshörn

Bei Hackelshörn, wo jetzt die Eisenbahn vorübergeht, liegt ein ziemlich großer, platter, viereckiger Stein; der läßt sich nicht von seinem Platze bringen. Denn sooft man ihn auch fortgeführt hat, so lag er doch am nächsten Morgen jedesmal wieder an seiner Stelle. Auf dem Stein kann man die Spuren von vielen Tieren sehen, den Huf eines Pferdes, die Kralle eines Vogels, ja auch die Spuren eines Menschenfußes. Man weiß nicht, wie diese dahin gekommen; aber in der Mainacht haben die Hexen früher hier ihren Tanzplatz gehabt. (250)

Der Stein am Bödenteich

Zwischen Elmshorn und Horst auf der Horstheide liegt der sogenannte Bödenteich, wo ein Stein mit einer Fußspur eines Menschen und eines Schafes gezeigt wird. (251)

Der verwünschte Prinz

Unweit der Horstmühle auf dem Bödenteich zwischen Elmshorn und Horst geht ein verwünschter Prinz um, und zwar zur Zeit des Neumonds. Es ist eine große, lange, feurige Gestalt mit brennendem Kopfe und trägt ein Spinnrad unter dem Arm. Diese Strafe leidet er nun schon seit vielen hundert Jahren, weil er einst einen falschen Schwur getan hat. (252)

Pinneberg und Umgebung

Das Totenhemd

In der Marsch, so erzählt man in der Grafschaft Rantzau, wohnte vor Jahren ein Kätner, der auf Tagelohn ging. Seine Frau spann in seiner Abwesenheit vom frühen Morgen bis in die sinkende Nacht, ja, auch wenn er nach Hause gekommen war und sich schlafen gelegt hatte, spann sie noch emsig fort. Schon hatte sie sich viel Leinenzeug bereitet, da ward sie krank und starb. Der Mann aber war geizig und ließ der Leiche ein altes, schlechtes Hemd anziehen, dem ein Ärmel fehlte. So ward sie begraben.

Nach Verlauf einiger Zeit nahm sich der Mann wieder eine Frau, fleißig wie die erste. Die saß auch eines Abends noch spät und spann, als der Mann schon zu Bett gegangen war. Da hörte sie die Stimme der verstorbenen Frau hinter dem Fenster, die sprach:

> »Un de hele Nacht gesponnen,
> Wat hest du dar von?
> Hemd' med ener Mau (Ärmel)!
> Ga du hen un rau (ruhe).«

Der Frau am Spinnrade kam ein Grauen an, und sie ging zu Bette. Am andern Tage erzählte sie alles ihrem Manne. Der wollte es zuerst nicht glauben, zuletzt aber machten sie aus, die Frau sollte am Abend wieder aufbleiben beim Spinnen, und der Mann wollte im Bette wachbleiben. Da hörten sie nun zu derselben Zeit wie am vorigen Abend es hinter der Wand gehen, und dieselbe Stimme sprach:

> »Un de hele Nacht gesponnen,
> Wat hest du dar von?
> Hemd' mit ener Mau!
> Ga du hen un rau.«

Der Mann war nun überzeugt und ward sehr unruhig, weil er nicht wußte, was er tun sollte, bis man ihm riet, abends einen Bretterstuhl hinter die Wand neben das Fenster zu setzen und ein neues Totenhemd darauf zu legen. Das tat er, und in der folgenden Nacht ward die Stimme nicht wieder gehört. Aber am andern Morgen war das Hemd weggenommen, und auf dem Stuhle lag ein Häuflein Asche. (253)

Die Unterirdischen

Jedesmal fast, wenn im Pinnebergischen Hochzeit ist, so kann man merken, daß die Unterirdischen unsichtbar mit am Tische zwischen den Leuten sitzen; sie helfen ihnen essen, und es wird an der Seite, wo sie sich aufhalten, noch einmal so viel verzehrt als auf der andern. Die Speisen verschwinden nur so. (254)

Das Johannisblut

Im Klostersande bei Elmshorn lag früher zwischen dem Pilzer- und dem Kuppelberg die sogenannte Hexenkuhle. Man sieht hier oft an gewissen Tagen, besonders am Johannistage, mittags zwischen zwölf und ein Uhr, alte Frauen wandeln, die auf den Pilzerberg wollen, um in dieser Stunde ein Kraut zu pflücken, das allein da wächst. Dies Kraut hat in seiner Wurzel Körner mit einem purpurroten Saft, der das Johannisblut heißt. Die alten Frauen sammeln dies in blecherne Büchsen und bewahren es sorgsam auf; aber nur, wenn es in der Mittagsstunde gepflückt wird, kann es Wunder tun. Mit dem Schlage eins ist seine Kraft vorbei. (255)

Schwarzer Hund

Von Elmshorn nach seinem kombinierten Anteil Vormstegen hin führt ein langer hölzerner Steg über die Wiesen. Es war gefährlich, abends hinüberzugehen. Denn ein wegen einer großen Übeltat verwünschter Ritter mußte in der Gestalt eines ungeheuren Hundes nach einem Hügel bei Vormstegen, dem Krögersberg, wo einst sein Schloß gestanden, jeden Abend zwischen zehn und elf Uhr wandern, und zwischen elf und zwölf mußte er von dort wieder zurückkommen, weil eine jede Stunde längeren Verweilens ihm ein Jahr mehr Strafe gebracht hätte; zugleich durfte er nicht trockenen Fußes gehen. Wenn daher die Wiesen nicht feucht genug waren, so ging er in dem Graben entlang, der die alte Aue heißt. Weil nun aber sein Kopf so groß war wie der eines Ochsen, sein Schwanz wie ein Windelbaum, seine Haare länger als das längste Gras, so mußte sich der Steg auseinandertun, wenn er herzukam, daß er frei durchgehen konnte. Kamen dann gerade Leute, so fielen sie hinab in die feuchte Wiese oder ins Wasser. Aber noch schlimmer war's, wenn einer auf den Hund zu reiten kam. Dann ging's her und hin die ganze Nacht hindurch bis zum ersten Hahnenkrat; sobald der gehört ward, fiel der Ritter ab und fand sich weit unten hinunter an der Krückau bei den Pfahlbuchten. Jetzt geht die Eisenbahn über die Wiesen, und der Hund soll verschwunden sein. (256)

Kälber behext

Ein Marschbauer konnte kein Kalb aufziehen; sooft er's versuchte, ward das Tier krank und konnte nicht leben, aber auch nicht sterben, so daß man es töten mußte. In der Not wandte er sich an einen klugen Mann um Rat. Der sprach: »Wenn es noch einmal wieder so geht, so zieh' das kranke Tier hinaus auf deine Hofstelle und schieße nur darnach. Totschießen wirst du es nicht können, aber lade nur immer von neuem und schieß, so wird schon jemand kommen, und die Sache wird sich finden.« Nach einiger Zeit kalbte wieder eine Kuh. Der Bauer behielt das Kalb zum Aufziehen, aber es ging damit wie vorher. Da tat er, wie ihm der Mann gesagt hatte, führte das Kalb auf die Hofstelle und schoß fortwährend darnach. Nachdem er nun mehrere Schüsse getan und das Kalb starb nicht, kam eine Nachbarin in großer Eile gelaufen und rief: »Hör doch auf zu schießen, du schießt mir ja alle meine

Ochsen auf der Weide tot.« Da hatte jeder Schuß einen Ochsen getötet. Der Mann aber stellte das Schießen ein und konnte nachher seine Kälber aufziehen. (257)

Der vergrabene Schatz

Nicht weit von Uetersen liegt das Dorf Heist. Hier lebte vor Jahren ein alter Mann, der viel zur See gereist war und sich viele Reichtümer erworben hatte. Denn so mußte man im Dorfe glauben, obwohl er nur zur Miete wohnte, weil er den Armen immer reichlich gab und immer Geld vollauf hatte. Doch nach seinem Tode fand man zur Verwunderung der Leute nichts in seiner Wohnung. Aber seit der Zeit zeigte sich auf der Loge, der Meente des Dorfes, ein großes, helles Licht in dunklen Nächten, viel größer als ein gewöhnliches Irrlicht, und auch flackerte es nicht umher wie diese, sondern stand unbeweglich auf einer Stelle. Ein paar junge Bauern beschlossen endlich, es einmal näher zu untersuchen. An einem Abend, als das Licht sich wieder zeigte, gingen sie hinaus auf die Loge, und als sie in seine Nähe kamen, stießen beide nach Verabredung einen tüchtigen Fluch aus, weil sie wußten, daß ein gewöhnliches Irrlicht davor wegliefe; aber das Licht blieb stehen. Sie fluchten zum zweiten Male und zum dritten Male; da fuhr das Licht zischend empor und floh nicht, sondern kam gerade auf sie los. Voll Schreck ergriffen sie die Flucht und erreichten eben noch das Wirtshaus, als es ihnen ganz nahe auf den Fersen war; und da sie eben die Tür zugeschottet hatten, fiel ein so furchtbarer Schlag dagegen, daß sie vor Schreck niederfielen. Am andern Morgen fand man ein großes Hufeisen darauf eingebrannt, und sooft der Tischler das Brett auch herausnahm, immer war es am andern Morgen wieder zu sehen. Nach längerer Zeit wollte der eine Bauer auf der Loge einen Feldstein mit Pulver sprengen. Als man nun eine Grube aufwarf, um den Stein da hineinzulegen, traf man auf etwas Hartes und fand bald einen eisernen Kasten, der, als man ihn mit vieler Mühe öffnete, eine große Menge der allerblankesten Geldstücke enthielt. Nun erkannte man, daß sie zufällig die Stelle getroffen hätten, wo sich immer das Licht zeigte, und auf dem Deckel des Kastens war ein ebensolches Hufeisen zu sehen wie an der Wirtstür. Der Bauer war so klug, das Geld nicht allein für sich zu behalten, sondern teilte es mit dem ganzen Dorfe, weil es auf der Gemeindewiese gefunden war. Seit der Zeit ist das Licht verschwunden, und auch das Hufeisen an der Wirtstür blieb weg, als man ein neues Stück einsetzte. Die Loge ist jetzt seit Jahren auch aufgeteilt. (258)

Diebszauber

Den Dieb kann man zur Rückgabe des Gestohlenen zwingen; weigert er sich, so muß er sterben. Einem alten Mann in Heist bei Uetersen war eine Jacke gestohlen. »Der Dieb soll sie wiederbringen«, sagte er, nahm ein Stück des Stoffes, aus dem die Jacke gemacht war, und vergrub es unter der Dachtraufe. Nach einiger Zeit stellte sich ein Mann aus dem benachbarten Hetlingen ein und gestand, er habe in Heist eine Jacke gestohlen, die müsse er wiederbringen. Und es war die höchste Zeit; denn als man das vergrabene Stück Tuch ausgrub, war es schon stark vermodert. Wäre es vergangen, so hätte der Dieb auch vergehen müssen.

Einem Bauern in Heist wurde wiederholt Brot aus dem Backofen gestohlen; man riet ihm, die Fußspur des Diebes aus dem Sand aufzunehmen, in einen Beutel zu tun und in den Rauchfang über dem Schwibbogen zu hängen. Als die Fußspur antrocknete, begann der Dieb zu kränkeln; er kam und bat, der Bauer möchte die Fußspur aus dem Rauch nehmen, er könne nicht leben und nicht sterben. (259)

Was man vom »Hellsehen« erzählt

Ich habe mehrmals vom alten L. aus Heist von einem besonderen Fall des Hellsehens erzählen hören. Er war nach dem Wedeler Markt gewesen und fand abends bei der Heimkehr drei Reisegefährten, unter ihnen war auch der Schuhmacher B. aus Uetersen. Während nun die drei Reisegefährten an der Seite des Weges mar-

Der Markt in Wedel mit der Rolandsäule. Zeichnung und Lithographie von Peter Suhr

schierten, ging L. mitten auf dem Wege. Nach einer Weile sagte B. [zu] ihm: »L., du solltest lieber hinter uns gehen.« – »Warum?« – »Ich sage dir, es ist besser.« L. kehrte sich jedoch nicht daran. Doch kaum war er noch einige Schritte gegangen, so stolperte er und fiel zur Erde. »Weißt du auch«, sagt nun B., »wie das gekommen ist? Du bist über Pferde und Wagen hinweggekommen, denn uns ist ein Leichenzug begegnet.« (260)

※

Die alte B. in Holm war eine Hellseherin. Sie fing eines Abends jämmerlich an zu klagen, daß die Mägde erschrocken hinzusprangen und fragten, was denn los sei. »Ach«, sagte sie, »sie haben eben unsern kleinen Sohn zu Grabe getragen.« Der Knabe lag gesund in seinem Bette, aber binnen drei Tagen war er eine Leiche. (261)

※

Eine Frau in der Haseldorfer Marsch, deren Söhne zur See fuhren, fing eines Abends im Bette laut an zu jammern: »Ach Gott, min

Sähn is verdrunken.« Später stellte sich heraus, daß der Sohn zur selben Zeit seinen Tod in den Wellen gefunden hatte. (262)

Das schwarze Schwein

In der Haseldorfer Marsch hörte ein Mann seine beiden Schweine im Stalle entsetzlich schreien und eilte mit einem großen Messer hin. Als er in den Stall kam, sah er drei Schweine statt der zwei, das dritte war aber ganz schwarz. Er stach mehrmals vergeblich nach dem Tier und schrie nun, daß seine Frau mit Licht kommen möge. Sofort war das schwarze Schwein verschwunden. Der Teufel war's gewesen. (263)

Der Teufel und die Kartenspieler

In der Haseldorfer Marsch spielten drei Männer eifrig Karten und merkten gar nicht, daß es schon Mitternacht war. Da trat ein Fremder ein und bat, mitspielen zu dürfen. Man ließ ihn auch am Spiel teilnehmen. Nach einer Weile ließ ein Spieler eine Karte unter den Tisch fallen. Er bückte sich, um sie aufzunehmen, und sah nun zu seinem Schrecken, daß der Fremde einen Pferdefuß hatte. Mit bedeutungsvollem Blick sagte er nun: »Laßt uns lieber erst einmal beten.« Plötzlich verschwand der fremde Spieler und hinterließ einen abscheulichen Gestank. (264)

Die Butterhexe

Auch in Hetlingen kannte man eine Butterhexe. Es war allgemein bekannt, daß diese Frau immer sehr viel Butter hatte und immer ein Stück rotes Tuch unter dem Butterfaß liegen hatte.

Man erfuhr aber auch, daß sie diesen Segen dem Teufel verdankte, der es ihr durchs Eulenloch zubrachte. Sie stellte dann das Butterfaß unter die Bodenluke und ließ es füllen. Als es einst wieder gefüllt war, rief sie noch: »Noch 'n Klacks vör min Lüd up 't Botterfatt (= Teller) to morgen fröh.« (265)

Marschenhof mit Wassermühle. Federzeichnung von Bruno Wolf

Hexe als Hase

Ein Junge schießt mit Erbsilber, das er seiner Großmutter gestohlen hat, auf einen Hasen; am andern Morgen findet er die Großmutter mit einem »legen Been« im Bett; sie fährt ihn an: »Verdammte Aas, wo kann's mi wull int Been scheten, wenn ik mi 's nachs 'n beten verpedden do.« (266)

Entweihte Stelle

Auch bei der Ratzberger Mühle bei Pinneberg ist eine Stelle ohne Grasnarbe; hier ist eine Frau ermordet; in der Blutlache wächst nichts. (267)

Ein verzauberter Hund

Das Teufelspferd

Nicht weit von Pinneberg geht ein Weg durch ein Moor, der heißt der schwarze Weg. Da sieht man um Mitternacht oft ein schneeweißes Pferd in wildem Laufe hin und her rennen. In einem Busch nicht weit davon fährt eine Häcksellade bei Nacht immer auf und nieder, und man hört deutlich, wie sie schneidet. (268)

Der Prophetensee

Vom Prophetensee bei Quickborn wird noch erzählt, daß das Wasser darin besonders hoch stieg, wenn ein großes Sterben, Pest oder Kriegsnot kommen sollte. (269)

Der Hund von Halstenbek

Im Frühling 1842 sollte Ramcke, der Bauer von Halstenbek, unweit Pinneberg, wegen Mord und Brandstiftung hingerichtet werden, wurde jedoch auf dem Richtplatz noch begnadigt, da er für wahnsinnig erklärt war. Von frühmorgens an hatte man um die Richtstätte einen weißen Pudel streifen sehen, welcher nicht zu vertreiben war, sondern nach kurzen Pausen immer wiederkehrte,

Auf der Landstraße. Zeichnung von C. Schröder

und sobald der Block aufgestellt war, diesen mit leisem Winseln beschnüffelte. Als mit dem Delinquenten auf der Richtstätte fast gleichzeitig die Depesche des Königs eintraf und der Wahnsinnige wieder ins Gefängnis abgeführt wurde, war auch der Hund verschwunden.

Einige meinen, der Pöbel, wütend darüber, um das grausige Schauspiel einer Hinrichtung betrogen zu sein, habe das Tier unter den Füßen zerstampft; andere behaupten, man habe ihn mit dem Delinquenten in gleicher Höhe über die Felder streichen sehen; noch andere aber wollen ihn später hinter dem Wagen gesehen haben, welcher den zum Zuchthaus verurteilten Mörder nach Glückstadt brachte. (270)

Der Teufel als Kutscher

Dor is mol en Fro west, de wull to Fot vun Pinnbarg na Barmstedt gahn. Dat güng man wat langsam mit er, de Weg wull garnich all warn. As se nu bi 't Ranzler Holt weer, twischen Kummerfeld un Thiensen, do müch se nich mehr un seggt: »Na Barmstedt is noch so wied, wenn ik blots erst hin weer! Wenn blots mal 'n Wagen köm, dat ik een Stück mitföhrn kunn, un wenn dat de Dübel ok sölber weer!« Se sett sik en beten dal un verpuß sik, un do köm dar richti en Wagen an mit twee lütte Peer vör.

»Kann ik ni beten mitföhrn?« seggt se. De Wag'n hölt still; seggn de de Kutscher gornix. Se fahrn nu to, un dat güng dull, ümmer düller, un se fahrn un fahrn. De Fro dach bi sik: Nu mutt doch bald Barmstedt kamen. Toletz seggt se: »O, wie scheint der Mond so helle!« De Kutscher brummt bi sik: »O, wie fährt der Teufel schnelle!« Dat full de Fro bannig up, un se dach för sik hin: Wat seggt de Kerl dor? un keek em vun de Sied an. Un as se an em dalseeg, do keek dor 'n Peerfot unner sin Mantel rut. Se worr nu heel grulig, dat müß ja de Dübel wen. Dor hol he grad still, un se steeg gau vun Wagen. As se sik ümseeg, weer se ganz verbiestert, toletz kreeg se dat klook, dat se noch up desülbige Stell weer, wo se upstegn weer. So harr de Dübel se an'n Band hadd. (271)

Weiße Frau

Bei dem Hofe Rantzau bei Barmstedt, besonders in dem Gehölz, das die Hofkoppel heißt, geht eine weiße Frau umher. Das soll eine Gräfin von Orlamünde sein, Verwandte eines früheren Grafen von Rantzau. Ebenfalls bei dem Dorfe Aspern bei Barmstedt geht in einer Twiete (einem Feldwege zwischen Hecken) eine weiße Frau; man meidet nachts diesen Weg. (272)

Der Spielmann in der Wolfsgrube

In der »Wendloh« bei Lutzhorn ist einmal ein Spielmann in eine Wolfsgrube gefallen, in der ein Wolf saß. Er hat die ganze Nacht gespielt, und am Morgen saß er in einer Ecke, der Wolf in der andern. (273)

Bösartigkeit

Als einst ein Fuhrmann mit einem schweren Wagen voll Ziegelsteinen von Hagen nach Bokel fuhr, wurde er im Popodellengrund bei Hasselbusch von einer Schar kleiner Männer aufgehalten, die in die Zügel faßten, auf den Wagen kletterten und allerhand Schabernack trieben. Er hieb mit der Peitsche dazwischen und reizte die Kleinen dadurch noch mehr. Wegen der schweren Last kamen die Pferde nur langsam vorwärts, und der Fuhrmann war froh, als er aus der bösen Gegend herauskam. (274)

Stormarn

Raubburgen

Die Alster, einst oft befahren, als sie noch durch einen Kanal und [eine] lebhafte Heerstraße mit der Trave verbunden war, hatte an mehreren Stellen Burgen und Raubschlösser, z. B. Stegen (1346 oder 47 von den Hamburgern zerstört), Wohldorf (desgleichen) und die Mellenburg bei Poppenbüttel. Von der letzteren sind noch die Wälle zu erkennen. An diesen Stätten hausen noch jetzt die übelberüchtigten Schnapphähne und halten tolle Feste und Beratungen. Ungesehen kommen und gehen sie auf der Alster. (275)

Die weiße Katze

Vor nicht gar vielen Jahren kam ein Erbpächter zu dem Herrn des Guts Jersbek und suchte Rat wider eine weiße Katze, die täglich in sein Haus schlich, sich auf die Hilgen über den Kühen setzte und dann miaute und dem Vieh allen Segen nahm. Der Herr wollte seinen Jäger schicken, um die Katze totschießen zu lassen, der Bauer bat aber flehentlich, davon abzustehen, lieber wollte er sich dann an einen klugen Mann wenden; sein Nachbar habe einen ähnlichen Fall erlebt, die Katze in einem Sack gefangen und tüchtig mit einem Dreschflegel drauf losgeschlagen; zu seinem Schrecken hätte er nachher ein totes altes Weib herausgeschüttet.

Der Hexenbanner ward geholt und wandte seine Kunst an. Als er nach Hause kam, sagte er zu seiner Frau: »Die Hexe ist gebannt, sie rauschte aber, als ich durch den Garten des Erbpächters ging, wie ein böser Gänserich hinter mir her. Wecke mich ja morgen früh vor Sonnenaufgang; sonst behält sie Gewalt über mich, und ich verlasse das Bett nicht wieder.« Zur bestimmten Stunde schlief der Mann ruhig, und die Frau weckte ihn nicht. Als er erwachte und die Sonne hoch am Himmel sah, erklärte er sich gleich für verloren.

Kein Zureden und Wehklagen der verzweifelnden Frau konnte den Mann zum Aufstehen bewegen. Schon vor Mittag hatte er, der kräftig und gesund gewesen war, in schwerem Todeskampfe geendet. Dies ist eine wahre Geschichte, die vor etwa sechzig Jahren sich wirklich ereignet hat. (276)

Werwolf

Auf einer kleinen Stelle im Dorfe Elmenhorst, Gut Jersbek, an der alten Landstraße von Hamburg nach Oldesloe, wohnte ein Mann, der hatte von Geburt an die Gabe, sich in einen Wolf verwandeln zu können. Die Nachbarn hatten ihn längst in Verdacht; aber erst durch Zufall kam man zur Gewißheit darüber. Denn vor Tagesanbruch, an einem Sommermorgen, kamen einmal zwei Hamburger Schlachter des Weges und bemerkten einen Wolf in der Nähe des Dorfes. Sie verfolgten ihn mit ihren großen Peitschen, konnten ihn aber nicht einholen. Als er endlich in das Haus schlüpfte und die Schlachter ihm nach in die Stube gingen, fanden sie zwar Mann und Frau im Bette liegen, doch war der Mann noch nicht ganz wieder verwandelt, sondern der Wolfsschwanz hing noch unter der Decke hervor. Wenn man eine solchen Wolf mit einer Ladung Erbsilber verwundet, muß er augenblicklich seine menschliche Gestalt annehmen. (277)

Mönkenbrook

Von dem gottlosen Treiben der Mönche weiß der Volksmund im Anschluß an bestimmte Namen auch sonst noch zu erzählen. So soll zwischen Bargteheide und Fischbek, wo jetzt das Gut Mönkenbrook liegt, früher ein Kloster gestanden haben, dessen Mönche die vorüberziehenden Reisenden ausplünderten und richtige Straßenräuber waren. (278)

Der weiße Schimmel

Zwischen den Ortschaften Tremsbüttel und Fischbek kann man in dunklen, rauhen Nächten einen »weißen Schimmel« rennend und schnaubend gewahren. Derselbe sucht seinen Herrn, einen Offizier, der dort in einer Kriegszeit den Tod fand. (279)

Das Schloß an Ketten

In dem Schlosse Nütschau im östlichen Holstein hängt ein großes Schloß an starken Ketten im Schornstein. Herunternehmen darf man es nicht; sonst entsteht ein furchtbares Gerappel und Gepolter in allen Zimmern, daß man [es] nirgends aushalten kann. (280)

Die Tänzerin

Ein Mädchen war zum Abendmahl gewesen. Nachmittags war Tanz im Dorf; sie sagt, sie wolle sich mal recht satt tanzen, tanzt immerfort, bis ein Mann in schwarzem Kleide sie auffordert und mit ihr zur Tür hinaustanzt, wo er sie auf dem Mist stehen läßt. Ihre Freundinnen versuchen es umsonst, sie herauszuziehen, dann auch die jungen Burschen, dann endlich auch der Priester, der aber nicht den rechten Glauben hatte. Erst einem zweiten, rechtgläubigen Priester gelingt's, sie zu befreien. (281)

Die große Glocke in Zarpen

Das heutige Kirchdorf Zarpen war, wie auch aus alten Akten ersichtlich ist, eine Stadt. Da die Bürger derselben sehr wohlhabend waren, beschlossen sie, für ihre Kirche eine schöne, große Glocke gießen zu lassen. Ein Lübecker Meister wurde mit dem Werke betraut. Als derselbe zum Gusse schreiten wollte, ließ er seinen Gesellen, einen kaum erwachsenen Knaben, allein bei dem Kessel. Der Junge konnte seine Begierde nicht bemeistern und ließ

Oldesloe, Partie an der Trave. Federzeichnung von Bruno Wolf

die Speise in die Form rinnen. Der Meister kam, sah das vermeintliche Unheil und erschlug in blindem Wahn seinen Gesellen. Die Glocke aber war ohne Tadel und von wundervollem Klange, so daß späterhin, als Zarpen im Niedergang begriffen war, die Lübekker sie kauften. Allein man vermochte sie nicht mit noch so vielen Pferden von der Zarpener Feldmark zu bringen, während die Zarpener sie mit leichter Mühe zurückbrachten. Oftmals hört man in dem Geläute einen wehmutsvollen Ton, den sich der Volksmund so deutet:

»Ick bün de grote Klock to Zarben;
De Gesell müß üm mi starben.« (282)

Der Teufel in Klein Wesenberg

Sieben Koppeln der Klein Wesenberger Feldmark haben noch jetzt den Namen Teufelsgrube. Hier hat in alten Zeiten der Teufel gehaust. Zuletzt ist er weggezogen nach Barnitz und bei einer Altenteilerin eingekehrt, bei der oft junge Leute zusammenkamen und Karten spielten. Er spielte mit, gewann bedeutend, als aber

einer eine Karte fallen ließ und sie aufnehmen wollte, entdeckten
sie, wer er sei, und als sie davonliefen, ging er mit dem Gelde zum
Fenster hinaus. Jeden Abend aber stellte er sich wieder ein. Da ließ
die Frau ihn endlich nach der Lübeckischen Scheide hinbringen.
Er versuchte es nun, wieder hinzugehen, konnte aber nicht über
die Scheide kommen, als er einen Fuhrmann erblickte und den
bat, ihn für einen Taler noch heute abend mit nach Barnitz zu
nehmen. Der Fuhrmann war bereit. Als aber der Teufel aufstieg,
ward der Wagen so schwer, daß die Pferde ihn kaum von der
Stelle ziehen konnten. Der Fuhrmann schalt, er solle absteigen,
aber es half nichts bis Barnitz; da sprang der Teufel vom Wagen,
ohne zu bezahlen. Der Fuhrmann lief ihm nach und forderte sein
Geld; der Teufel aber hatte nichts. Er sagte zu der Altenteilerin,
sie sollte es nur für ihn auslegen, und sie tat es in der Angst. Nun
aber mußte sie ihn wieder bannen lassen, und diesmal ließ sie ihn
nach dem Klein Wesenberger Holze hinbringen, wo er noch jetzt
sich aufhält. (283)

Die weiße Frau am Mühlenteich

Auf den Koppeln, die an dem obern Mühlenteich des Klein Wesenberger Müllers liegen, sieht man oft eine Frau herumwandeln,
die trägt ein weißes Kleid und hat es stets so aufgenommen, daß ihr
blaugrauer Unterrock und ihre Schuhe mit hohen Absätzen zu
sehen sind. Abends trägt sie eine Laterne in der Hand, sie geht
immer nach dem Mühlenteiche zu und verschwindet da. Man weiß
gar nicht, aus welcher Ursache sie da umherwandelt, aber wohl
fünfzig Leute haben sie gesehen. Eines Morgens um halb vier ging
ein junger Mensch von Klein Wesenberg nach Klein Schenkenberg
auf dem Fußsteige, der neben dem Mühlenteich über jene Koppeln
führt. Da erblickte er eine Koppel weit vor ihm die herumwan-
delnde Frau. Der junge Mensch faßte sie fest ins Auge, verdoppelte
seine Schritte und dachte sie einzuholen. Plötzlich aber kam es ihm
vor, als wenn er in eine Pfütze getreten sei. Darüber stand er einen
Augenblick still und wollte das Wasser abwischen; aber zu seiner
großen Verwunderung konnte er nirgends Wasser gewahr wer-

den, und wie er nun wieder der Frau nacheilen wollte, war sie verschwunden. (284)

Der Burenklaas

In alten Zeiten hat das Dorf Westerau einem reichen Grafen gehört. Da hatte einmal eine Gräfin eine Magd, die sich vor allen andern durch Treue auszeichnete und viele Jahre bei ihr diente. Die Gräfin hatte ein solches Zutrauen zu ihr, daß sie nichts vor ihr verschloß. Einmal, als die Herrschaften nach Lübeck fuhren, blieb eine schöne goldne Kette auf dem Tische liegen. Bei ihrer Zurückkunft war sie verschwunden, und das arme Mädchen sollte sagen, wo sie geblieben sei. Vergeblich beteuerte sie ihre Unschuld; aber weil niemand sonst in die Zimmer der Gräfin kam, ward sie für schuldig gehalten, ihr der Prozeß gemacht und sie hingerichtet. – Viele Jahre waren seitdem verflossen, als einmal der Graf das Holzwerk in der Stube wegbrechen ließ und dahinter die lange vermißte Kette fand. Nun klärte sich leicht alles auf; denn Klaas, die zahme Elster, hatte sie gewiß gestohlen und in eine Ritze versteckt. Da gereute den Grafen sein rasches Verfahren, und zur Erinnerung an den Tod der treuen Magd stiftete er eine Summe Geld, von deren Zinsen jährlich achtzig Mark der Dorfschaft Westerau sollten ausgezahlt werden, damit die Eingesessenen davon am zweiten Donnerstage vor Weihnachten eine Festmahlzeit halten könnten. Diese Zusammenkunft wird noch heute alljährlich gefeiert und heißt der Burenklaas. (285)

Die goldene Wiege bei Rethwisch

Auf der Flur von Rethwisch in der Nähe des ehemaligen Schlosses liegt eine goldene Wiege im Schoß der Erde verborgen. Nur zu bestimmten Zeiten kommt sie an die Oberfläche und wird nur von bevorzugten Menschen gesehen und bringt ihnen Glück. (286)

Lasbek

In alten Zeiten soll Lasbek-Dorf eine Kirche gehabt haben, noch jetzt führt die Koppel, wo der Sage nach die Kirche gestanden hat, den Namen »Kirchhof«. Wie die Sage erzählt, ist diese Kirche niedergebrannt, die Lasbeker haben nicht gleich Material zum Ankauf gehabt, da sind die Einwohner von Eichede gekommen, haben Glocken und kirchliche Geräte weggeholt und in Eichede die Kirche aufgebaut. (287)

Der friedlose Zigeuner

In der bewaldeten Gegend von Todendorf soll vor langen Jahren eine Zigeunerfamilie überfallen und das Oberhaupt umgebracht worden sein. Der friedlose Zigeuner irrt jetzt dort suchend und ruft nach Weib und Kind, nach Rossen und Wagen. (288)

De dulle Margreth

Die tolle Margaretha, auch wohl die schwarze genannt, ließ an einem Sonntagmorgen eins ihrer Mädchen, welches durch ein kleines Versehen ihre Unzufriedenheit erregt hatte, an einen heißen Ofen binden und so lange nachheizen, bis derselbe glühend wurde. Während das Mädchen jämmerlich verbrennen mußte, ging die Herrin zur Kirche. Als sie zurückkehrte, ging sie hin, um nachzusehen, ob ihr Befehl ausgeführt sei.

Sie fand den verkohlten Körper des Mädchens am Ofen stehen, das verzerrte Gesicht der Leiche zeigte grinsend die Zähne. »Wat, du A...«, rief Margaretha, »wiest mi noch de Tähn«, und gab der Leiche einen Backenstreich, daß der Kopf derselben abflog und auf den Fußboden rollte.

Mädchen, welche nicht fein genug oder überhaupt nicht genug gesponnen hatten, bestrafte sie dadurch, daß sie denselben Garn und Flachs um die Finger wickeln ließ und dasselbe dann anzündete, so daß die Finger mit dem Garn zusammen abbrannten.

197

In den Fesseln einer bösen Herrin

Die außerordentlich Strenge der tollen Margaretha hatte bei ihren Zeitgenossen eine solche Furcht vor ihr hervorgebracht, daß man es für nötig hielt, sie auch noch nach ihrem Tode unschädlich zu machen. Deshalb wurde ihr Sarg mit sieben Schlössern wohlverwahrt, um ihr das Wiederkommen unmöglich zu machen. (Als das alte Gewölbe unter dem Altar in der Kirche vor mehreren Jahren geöffnet wurde, fand man auch die Schlösser an dem Sarge noch ziemlich wohlerhalten vor. Trotz eiserner Bänder und Schlösser war der Deckel des Sarges jedoch aufgesprungen, die tolle Margaretha ist aber nicht wiedergekehrt.) (289)

Der verzauberte Graf

Im Innern des Schübergs zwischen Ahrensburg und Hoisbüttel hauste einst ein unterirdischer verzauberter Graf. Jahrelang bemerkte der Müller der Hoisbütteler Mühle, daß ihm fortwährend Mehl abhanden komme, ohne daß er den Täter ermitteln konnte. Endlich gewahrte er einen nächtlichen Spuk und entdeckte nun, daß um Mitternacht einige Schweine in die Mühle schlichen und sich an dem Mehl gütlich taten. Als sie fort waren, verschloß der Müller ein Loch im Fundament der Mühle, damit hörte der Diebstahl auf. Warum der Graf zum Schwein verzaubert worden war und wie des beherzten Müllers einfache Tat den Bann gelöst, berichtet die Sage nicht. (290)

Der Drache

In Siek is mal de Drak in en Huus trocken; dat heft en Paar Twillingsbröder sehen, de sünd up de Landstrat west un heft na Hamborg wullt. De treckt dat Rad af von 'n Wagen und stekt et verkehrt up de Ax. Da hett de Drak nich wedder rut kamen kunnt, und dat Huus is afbrennt.

De Drak hett ok Geld bi sick, und wenn man em den Bloten wies't, den smitt he dat Geld dal; se möt sick aver wahren, dat se geswind wedder in't Huus kamt, denn sünst smitt he dat up 't Lief und dat Krüz af. (291)

Das Wasserloch

Am Wege von Lütjensee nach Dwerkaten liegt rechter Hand eine Weide oder ein Acker. Hier befindet sich ein grundloses Wasserloch.

Vor vielen Jahren soll dort ein Wagen mit Gespann und seinen Insassen den Untergang gefunden haben, als ein heftiges Schneegestöber die Wege unkenntlich gemacht hatte. (292)

Der ewige Durst

Geht man den Weg von Lütjensee nach dem Dorfe Großensee, so passiert man linker Hand eine Höhe, den siebzig Meter über dem Ostseespiegel liegenden Kuckucksberg. Von seinem Gipfel hat der Wanderer eine prachtvolle Übersicht weit ins stormarnsche Land und ins Lauenburgische hinein, auf die prachtvollen Wälder und Seen.

An seinem Fuße sprudelt von alters her eine Quelle, mit der es eine eigene Bewandtnis hat.

Zu dieser Quelle wandelte, so heißt es, noch bis vor wenigen Jahren um die Mittagszeit eine weißgekleidete Frau; mühte sich, mit der Hand Wasser zu schöpfen, was ihr aber nicht gelang, worauf sie unter Jammern und Klagen sich wieder entfernte, wohin, wußte niemand.

Alte Leute erzählen, daß diese Erscheinung mit einer jungen Frau in Zusammenhang stehe, die einst im Orte auf dem Krankenbett unter der Qual ungestillten Durstes verstorben sei. Sie habe von dem Wasser getrunken, und da dieses Quellwasser die Eigentümlichkeit gehabt habe, immer mehr Durst zu erwecken, so sei ihr nicht zu helfen gewesen.

Es hätten jedoch gar viele in Lütjensee und Umgegend aus dieser Quelle getrunken, und es sei daher erklärlich, daß dieser »ewige Durst« sich auf deren Nachkommen vererbt habe.

Die Quelle soll jetzt abgeleitet sein, der »ewige Durst«, die weißgekleidete Frau, aber nun dort nicht mehr erscheinen. Sonntagskinder aber, die immer mehr sehen können als andere Menschen, wollen den ewigen Durst dort an manchen Orten gewahrt haben. (293)

Der Schäfer in Grande

Auf der Feldmark von Grande und in der Umgegend lebte einst ein Schäfer, der so groß war, daß er beim Hüten stets auf den Knien lag und dann noch die Höhe eines großen Mannes hatte. Er fürchtete, von den »Werbern und Griepern« unter die langen Kerle Friedrich Wilhelms I. von Preußen gezwungen zu werden. (294)

Südostholsteinischer Wald. Federzeichnung von Bruno Wolf

Der Ziegenbock

Ein gespenstischer Ziegenbock spukt in dem Holz bei Rausdorf. Man hört zuerst sein Meckern, das, während man flieht, immer näher kommt. Zuletzt empfängt man einen Stoß in den Rücken und wird zu Boden gedrückt; dann kann man sich durch ein leichtes Wort befreien, aber es muß einem im rechten Augenblick einfallen; erzählen läßt es sich nicht. (295)

Die graue Katze

Eine graue Katze narrte vor einigen Jahren zwei Bauern, die nächtlicherweile von Witzhave nach Hamburg fuhren. Jeder sah sie und empfand ein heftiges Mißbehagen. Jeder schlug mit der Peitsche nach ihr und sah, wie er traf; aber A schlug vom Vorderende des Wagens nach vorne, B vom Hinterende zurück, A fühlte die Schläge Bs am eigenen Leibe und umgekehrt. Eine Prügelei war die natürliche Folge. (296)

Oststeinbek

Auf der an der Landstraße gelegenen Koppel »Deeven« sollte eine Kirche erbaut werden. Was aber des Tages an Holz und Steinen herbeigefahren wurde, schleppten die Riesen des Nachts nach Steinbek, so daß nicht hier, sondern dort die Kirche erbaut wurde. (297)

Herzogtum Lauenburg

Der Wildschütz Eidi

Nun will ich von einem merkwürdigen Manne berichten, von dem in der Lüneburger Heide, im Kreis Stormarn und im Lauenburgischen, ja auch in den Vierlanden, besonders aber im Sachsenwald wunderbare Geschichten erzählt werden. Es ist der Wildschütz Eidig oder Eidi. Er hat wirklich gelebt. Aber wegen seiner erstaunlichen Treffsicherheit und wegen seiner unglaublichen Gewandtheit, mit der er sich den Nachstellungen der Jäger und Gendarmen zu entziehen wußte, sind viele Sagen um ihn entstanden.[...]

Einmal wird Eidi im Sachsenwald vom reitenden Landgendarmen getroffen. Der fordert ihn auf, ihm nach Schwarzenbek in das Gefängnis zu folgen. Eidi geht scheinbar darauf ein und begleitet den Gendarmen wirklich – bis zu einer Wegeteilung. Da wendet er sich ruhig seitwärts mit den Worten: »Nu adjüs, min Weg geit hir in't Holt rin!« – »Ne, Eidig«, ruft der Landjäger, »so hewt wi nich wedd't! Du mußt mit!« Bei diesen Worten zieht er blank. Aber Eidi hat auch schon seine Flinte angelegt und sagt ganz ruhig: »Du rittst to!« Der Landjäger hält es selbst für geraten fortzureiten. Als er aber hundert Schritt entfernt ist, fällt hinter ihm ein Schuß, und er fühlt einen heftigen Ruck am linken Fuße, so daß er sich getroffen glaubt. »Verschreck di nich«, ruft Eidi, »ik heww di blot mal den linken Stebelabsatz unner rut schaten, um to wisen, dat ik drapen kann.«

Einem ihn verfolgenden Gendarmen hat er zur Warnung eine Kugel durch den Helm geschossen, ohne ihn zu verletzen. Einem andern schoß er einen Knopf von der Uniform.

Es war auch kein Wunder, daß er nie fehltraf; denn er hatte ein Bündnis mit dem Teufel und gehörte zu den Jägern, die sich in der Johannisnacht die nie ihr Ziel verfehlenden Kugeln aus dem Fensterblei der Kirchen gossen. (298)

Sachsenwald. Zeichnung von C. Schröder.

Schmied Meland oder Ammeland

Am Bache Aue, eine halbe Stunde oberhalb der Kupfermühle, einige hundert Schritte von dem neuen Jägerhause der Hamburger Gesellschaft, die dem Fürsten Bismarck die Jagd in diesem Revier abgepachtet hat, lag vor vierzig Jahren die Stangenmühle, deren Mühlendamm noch heute steht. Dort hauste in alter Zeit der Schmied Meland oder Ammeland. Er schmiedete die besten aller Waffen: Gewährsmann – Holzvogt Brant – hat noch ein dreikantiges, armdickes, 10″ langes, an beiden Enden zugespitztes Schmiedeeisen in der Erde gefunden, das er auf Meland zurückführt. Einst wollte Meland das Land verlassen; aber der König, der ihn nicht entbehren wollte, ließ ihm die Augen ausstechen. So schmiedete er mit Zwang weiter. (299)

Von Riesen und Riesensteinen

So wollte einst der Bergedorfer Riese die Kirche in Schwarzenbek vernichten. Er warf einen Stein nach dem andern hin, traf aber immer zu kurz, und die Steine fielen im Saupark bei Friedrichsruh zur Erde. Dort liegen sie noch heute. Einige sagen aber, hier hätten die Riesen ihren König begraben, und die Steine wären die Reste von seinem Denkmal. (300)

Goldene Wiege

Von dem »Berg« in der früher dem Gemeindevorsteher Groder in Grove bei Schwarzenbek gehörenden Hauswiese erzählt man die Sage, daß dort eine goldene Wiege ruht. Sie kann nur stillschweigend gehoben werden. Einst hatten die Besitzer die Wiege ausgegraben und sie auch schon glücklich bis vor die Haustür gebracht. Als sie hier ihre Last noch einmal niedersetzten, entfuhr dem einen der Ausruf: »Ach Gott!« Sofort war die Wiege verschwunden und ist bis auf den heutigen Tag nicht wiedergefunden worden. (301)

Die Windmühlen

Einer hatte einen Bund mit dem Teufel. Er besuchte den Schulmeister und lud ihn zu sich ein, er wolle ihm auch viel Geld geben, wenn er mitginge. Der Schullehrer ging mit. Sie kamen an einer Windmühle vorüber. »Was ist das?« fragte der Schulmeister. »Eine Windmühle«, sagte der andre. Darnach kam eine andre Windmühle. »Was ist das?« fragte der Schulmeister. »Eine Windmühle«, war die Antwort. Darnach kam eine dritte. »Was ist das?« fragte der Schulmeister. »Was sollte es wohl sein als eine Windmühle?«

Als sie nun in das Haus traten, sah der Schulmeister da viel Geld. Er erhielt eine ganze Handvoll. Allein als er das Haus wieder verließ, hörte er einen Knall, und alsbald kam der Teufel und brach jenem den Hals. Da warf der Schulmeister das Teufelsgeld von sich und entfloh in großer Eile. (302)

Der Deichgraf

Ein Deichgraf reitet den Deich an der Elbe entlang, um nachzusehen. Man zwingt ihn, in die Fluten hineinzureiten. Seitdem sieht man ihn allnächtlich auf seinem weißen Pferde. (303)

Das Teufelspferd

Der Küster in Siebeneichen in Lauenburg erzählt jedermann, der es hören will, daß in der Franzosenzeit einst der Pächter in Lanken ihm ein Pferd zuschickte, auf dem er zum Hochzeitsschmause reiten sollte. Er machte sich auf den Weg. Bald kam er an einen Ort, wo der böse Geist sein Wesen hatte; das Pferd bäumte [sich auf] und warf ihn ab. Nachdem er es lange gejagt und mit Gras gelockt hatte, gelang es ihm endlich, sich wieder in den Sattel zu schwingen. Nun begann das Tier seinen Lauf hoch über Wiesen und Büsche, über Wälder, Häuser und Höhen hin und brachte ihn im Nu vor die Tür des Hochzeitshauses. (304)

Ein Bauer in Siebeneichen wollte des Nachts ein junges Pferd von der Weide holen. Er rief: »Pagen, Pagen!« Das Pferd kam auf ihn zu, erhob sich aber plötzlich von der Erde und nahm seinen Lauf durch die Luft auf einen Eichbaum zu, der in einem kleinen Eichwald stand, wo es überhaupt nicht geheuer war. Da blieb es in den Zweigen hangen. Der Bauer sagte ruhig zu seinem Knechte: »Nun wollen wir nach Hause gehn, da oben ist es gut aufgehoben.« Als er nun aber in das Dorf kam, rannte der Pagen auf ihn zu und ließ sich geduldig einspannen. (305)

Auch auf der Schmilauer Heide bei Ratzeburg, wo einst eine große Schlacht gegen die Wenden ist geliefert worden, läuft ein weißes Pferd immer hin und her. (306)

Eulenspiegel

Im Dorfe Groß Pampau stand bis zum vorigen Jahrhundert ein altes Bauernhaus, das von den Lauenburgern für Eulenspiegels Geburtsstätte gehalten wurde. Es wird erzählt, daß nach der Sitte des Landes am Tage der Taufe des kleinen Till Eltern und Paten im Kirchspielkruge einen kräftigen Trunk taten und auf dem Heimwege den Täufling in den Teich fallen ließen. Als man ihn nachher suchte und wiederfand, schwamm er in seinen Windeln auf dem Wasser und lachte seine Eltern aus. Das soll der erste lustige Streich des Volksnarren gewesen sein.

Nach langer Wanderung kehrte er in seine lauenburgische Heimat zurück und verbrachte den Rest seines Lebens in Mölln. Die Möllner behielten ihn, weil sie ihm ihren großen städtischen Grundbesitz verdankten. Der Landesherr hatte ihnen so viel Land zugestanden, als sie an einem Tage umpflügen könnten, und Eulenspiegel wollte diese Arbeit übernehmen. Er zog in weitem Bogen eine Furche rund um die Stadt herum, und alles Land innerhalb dieser Furche wurde den Möllnern zugesprochen.

Als man nach seinem Tode den Sarg in die Gruft hinabließ, riß der Strick, und die Leiche kam auf den Füßen zu stehen. »Wunderlich war er im Leben«, sagten die Möllner, »so mag er es auch im Tode sein.« Sie ließen den Sarg stehen und schütteten die Gruft zu. Nach dem Wunsche Eulenspiegels wurde sein Wanderstock auf das Grab gesteckt. Würde er wachsen, so hatte er gesagt, so sei das ein Zeichen, daß er in den Himmel gekommen sei. Der Stock wuchs und wurde eine kräftige Linde.

Durchreisende Handwerksburschen besuchten später die Linde auf Eulenspiegels Grab, und jeder schlug einen Nagel in den Stamm als unfehlbares Mittel gegen allerlei Gebrechen, besonders gegen Zahnschmerzen. Auch Pfennige (Pinn) wurden mit der schmalen Kante als Opfer in den Stamm geschlagen. Davon wurde der Baum bald morsch, und als während der Franzosenzeit im Jahre 1810 holländische Soldaten in seine Zweige hineinklettern wollten, brach er ab. Nun wurde Eulenspiegels Grabstein in eine Mauer des Möllner Doms hineingemauert. Wenn aber die Kirchenglocken läuten, so singen die Möllner Knaben noch heute,

Eulenspiegels Geburtshaus in Groß Pampau. Kupferstich um 1840

indem sie den Klang der Glocken mit ihren Worten begleiten: »Ulnspeegel liggt hier begraben ünner de grote Linn, Linn, Linn; de is mit Nageln beslagen un mit vel Pinn, Pinn, Pinn!« oder »Ulnspeegel liggt hier begraben op den Möllnschen Kirchhoff baben, ünner de Linn, de is beslagen mit Pinn!« (307)

Der Wanderjude

Seit vielen, vielen Jahren kommt der Wanderjude in die Städte. Er wird nicht hungrig, er wird auch nicht durstig, er wird nicht alt. Er soll seine Ruhe immer draußen nehmen und darf unter keinem Dache schlafen. Vor einigen Jahren soll er noch in Lüneburg gewesen sein; da hat er auf einem Stein geschlafen, der vor der Stadt liegt. (308)

Die Kapelle in Klein Zecher

Im Dorf Klein Zecher stand ehemals eine Kapelle aus alter Vorzeit, neben welcher eine heilige Quelle floß, wohin zahlreiche Wallfahrer wanderten; von diesen Wallfahrten rührt noch jetzt der kurz nach Michaelis stattfindende Markt daselbst her. Die Quelle fand sich, der Sage nach, zuerst in einer Pferdespur; der gemeine Mann glaubte, daß das heilige Wasser ganz besonders gichtische Lähmungen und Augenkrankheiten heile. Die Kapelle stand da, wo jetzt das Schulhaus steht, ist auch erst vor circa siebzig Jahren ganz abgebrochen; [...]

Eine alte Frau in Groß Zecher erzählte gehört zu haben, daß die Ehrfurcht der Arbeiter vor diesem alten Heiligtum so groß gewesen ist, daß keiner zuerst die zerstörende Hand anzulegen wagte, bis ein Kornschreiber vom Hofe Seedorf den ersten Axthieb mit derbem Fluche getan hatte; dafür soll ihm aber die frevelnde Hand später unverwest aus dem Grabe herausgewachsen sein. Dennoch ward alles demoliert; zwei Wagen voll hölzerner Krücken, welche gichtbrüchige Leute vormals dort als Weihgeschenk zurückgelassen hatten, wurden auf dem Felde verbrannt. Die Quelle ward verschüttet und soll dann auch ganz versiegt sein, weil man das Wasser, welches göttlich und heilig war, zur Kur blinder Pferde und Ochsen entweihte. Die kleine Glocke der Kapelle sollte nach dem Hof Groß Zecher geführt werden, um sie an einer Scheune zu befestigen und künftig damit zum Essen zu läuten; allein sechs Pferde konnten sie nicht von der Stelle bringen; als man dann aber beschloß, sie nach der Seedorfer Kirche zu schicken, zogen zwei Ochsen sie leicht dahin. (309)

Der geträumte Schatz

Einem Bäckerknechte in Lübeck träumte einmal, er werde einen Schatz auf der Brücke finden. Als er nun darauf immer hin und her ging, redete ihn ein Bettler an und fragte nach der Ursache, und hernach sagte er ihm, ihm habe auch geträumt, daß auf dem Kirchhofe zu Mölln unter einer Linde ein Schatz liege, aber er wolle

Mölln um 1840. Zeichnung von W. Heuer

den Weg nicht daran wenden. Der Bäckerknecht antwortete: »Ja, es träumt einem oft närrisch Ding, ich will mich meines Traumes begeben und euch meinen Brückenschatz vermachen«; ging aber hin und hob den Schatz unter der Linde. (310)

Der grundlose Kolk bei Mölln

Da weer mal en Prinzessin, de heft se in en Kloster bringen wullt, se hett sick aver vör Gewalt nich dwingen laten. Am End' föhrt se mit ehr in en güldene Kutsch un veer slowitte Peerd af. As se bi dat Kloster kamt, wat da up den Barg achter Mölln vör ganz olen Tieden staen hebben sall, un de Prinzessin sick noch ümmer över alle Maten wedderspenstig hett un veel Bewehr un Geschricht makt – da mit en Mal gait en Larm un Rumoren los, de Eerd sackt weg, dat Kloster un de güldene Kutsch mit Mann un Muus sus't in de Grund!

Noch düssen Dag süht man de grundlose Kolk, worin bi stille deepslapende Nacht de Klocken gaet un en Jammern sick hören lett. (311)

Die goldene Wiege

Als man die goldene Wiege im Koberger Moor in Lauenburg heben wollte, ritt ein Ritter auf einem dreibeinigen Pferde immer um die Arbeiter herum; einer rief endlich: »Gott help!« Da verschwand alles. (312)

Der Bischof Blücher

Der Ratzeburger Kirche stand im dreizehnten Jahrhundert als Bischof einer aus dem Geschlechte von Blücher vor. Der war ein frommer Mann und überaus mildtätig und freigebig. Einmal bei einer großen Hungersnot und Teuerung hatte er nach und nach seinen ganzen Speicher, der voll von Mehl und Korn gewesen war, ausgeleert und den Armen gegeben, so daß ihm selber und seinem Gesinde nichts nachblieb. Als nun wieder Arme kamen und flehentlich um Speise baten, ließ er seinen Schaffner kommen und hieß ihn den Armen geben, was noch da wäre. Aber der Schaffner wußte, daß der Speicher rein ausgekehrt sei; antwortete also, es sei nichts mehr da, was den Armen könne gegeben werden. »So geh doch, geh«, sagte der Bischof, »und sieh nach, ob nicht noch ein bißchen da ist, damit diese nicht leer davongehen. Geh nur in Gottes Namen und gib es ihnen.« Er glaubte wohl, daß der Schaffner allzusehr für die Zukunft sorgte und vielleicht etwas aufgehoben hätte, da doch in Wahrheit nichts mehr da war. Als der Schaffner aber den Speicher öffnete, fand er ihn dennoch wieder ganz voll von Korn und Mehl und gab nun den Armen reichlich; und der fromme Bischof vergoß Tränen, als ihm das Wunder kund ward, und dankte Gott für seine Gnade. (313)

Das Kegelspiel im Ratzeburger Dom

An der Ratzeburger Domkirche sind zahlreiche Kanonenkugeln eingemauert, die bei der Belagerung von 1693 durch die Dänen hineingeschossen [worden] sein sollen.

Die Hannoverschen hatten damals den Vertrag mit den Dänen gemacht: Wenn ein berühmter Schütze, der sich bei den Dänen vor der Stadt befand, ein Kegelspiel in die Mauer der Kirche hinein-schießen könnte, so sollte die Stadt kapitulieren; könnte er es nicht, so sollte das Heer abziehen. Der Kanonier stand auf der Schanze bei der Vogelstange und schoß wirklich ein ganzes Kegelspiel hinein. Als er aber zuletzt den Kegelkönig hineinschießen wollte und alle in der größten Besorgnis waren, lud ein hannoverscher Kanonier seine Kanone und schoß dem Dänen den Kopf vom Rumpfe. Darum sieht man noch heute das Kegelspiel an der Domkirche eingemauert, aber der König fehlt. (314)

Unheimliche Orte

Die Buchholzer Fischer sehen auf dem Ratzeburger See oft bei Nachtzeit Fischerboote und Netze, die sie nicht kennen. Es ist gefährlich, sich heranzuwagen. Denn plötzlich schweben sie her-bei, und die Vorwitzigen empfangen Stöße und Schläge.

Auf dem Plötschensee, eine Stunde von Ratzeburg, erscheint zuzeiten die Gestalt eines Mönches, der dort ertrunken ist, und die eines Mädchens, das auf einer Blume schwebt. – In dem Verlies der alten Lauenburg wandelt nachts ein Eremit. (315)

Pape Döne

Im Ratzeburger Holz lebte vor Zeiten ein Bettler namens Pape Döne. Der hatte sich dem Teufel verschrieben und war zum Lohne dafür mit einer unglaublichen Körperkraft begabt worden. Aber wenn er nur einmal besiegt werde, so lautete der Vertrag, sollte er augenblicklich dem Teufel verfallen sein.

Pape Döne hatte sich im Walde eine Hütte erbaut. Dicht neben ihr hatte er zwischen zwei benachbarten Bäumen ein Seil gespannt, und daran hing er die Schädel all derer auf, die von ihm beraubt und getötet worden waren. Denn er lebte jetzt vom Raube, was er bequemer und einträglicher fand als die Bettelei. Wenn er lustig gestimmt war und gerade nichts Besseres zu tun hatte, besah er sich die im Winde hangenden Schädel und sang dazu:

Ratzeburg. Federzeichnung von Bruno Wolf

»Tanzet, tanzet im Winde fein,
Ihr meine lustigen Töchterlein!
Tanzet, meine lieben Töchter und Söhne,
Das heißt euch Pape Döne!«

Das nannte er sein »Tanzgelag«.

Als er einst seinen Vers sang, kam ein junger Soldat dahergegangen. Pape Döne sprang auf und bat ihn, wie er aus List immer tat, um ein Almosen, und während jener eine Münze hervorholte, warf er ihm von hinten ein Netz über den Kopf und wollte ihn mit einer großen Keule angreifen. Wie erstaunte er aber, als der vermeintliche Soldat das Netz zerriß und die Keule zerbrach: Es war der Teufel, der Pape Döne überlistet hatte und ihn nun holen wollte. Nur mit großer Mühe gelang es dem Räuber, das Verhängnis noch einmal aufzuschieben, indem er dem Bösen in kurzer Zeit neun Seelen versprach. So wurde denn ein neuer Vertrag geschlossen, und der Satan hub sich von dannen.

Sofort begab sich Pape Döne nach Lübeck und zu einem Priester, beichtete alle seine Sünden und bat um Befreiung von der Gewalt des Teufels. Der Priester versprach, ihm auch behilflich zu sein, sofern er wahre Reue zeige, und so zeigte sich denn Pape Döne selbst der Obrigkeit an und wurde zum Tode verurteilt. Ehe er ins Gefängnis geführt wurde, gab ihm der Priester noch ein silbernes Kruzifix mit und bedeutete ihm, er solle es nicht von sich lassen. Richtig erschien auch der Böse in der Nacht, um Pape Döne wegen der versprochenen neun Seelen zur Rechenschaft zu ziehen, aber der hielt ihm das Kreuz vor, und niesend entfloh der Satan.

Als Pape Döne am Galgen hing, holten die Engel die Seele des reuigen Sünders in den Himmel. Der betrogene Teufel riß in seiner Wut dem Gehenkten den Kopf ab und warf ihn in den Ratzeburger Wald, und der Zufall fügte es, daß er gerade an den Strick mit den andern Schädeln zu hängen kam. (316)

Die Tänzerin und der Teufel in Klempau

Twee Mäkens ut Klempau sünd na Krummess to Abendmahl, un as se achter'n Altar tosamen 'rüm gaet, segt de een: »Wist du hüt abend mit to Danz?« – »O Himmel, Deern«, segt de anner, »wie kannst du hüt to Danz gaen, üm Gotteswillen nich.« – »Ick will dahen«, antword se noch, »un wenn ick ok mit den Düvel danzen schall.« Se gait ok richtig to Danz, un da kümt son schermererten Kerl, de jümmer mit ehr 'rümfegen deit. De annern Mäkens segt: »Deern! Dien Kerl, mit den du so gräsig danzen deist, de hett ja en Klumpfoot, wo magst mit dem enmal danzen?« Se segt aver: »Wat scheert mi dat! De danzt all ganz good!«

Un de Kerl danzt mit ehr in enen to un danzt un tas't se na de grot Dör rut un dat up de Messfat 'rup; da hett he se sitten laten. Se hett nu gar nich von de Messfat wedder 'raf kamen kunnt; se heft se 'rafrieten wullt, se heft Peerd vörspannt, – hett all nich hulpen. Toletzt ward de Prester halt, de hett den Düvelsspook mit hillige Wörd von ehr namen. (317)

Hansestadt Lübeck

Rebundus im Dom zu Lübeck

Wenn in alten Zeiten ein Domherr zu Lübeck bald sterben sollte, so fand sich morgens unter seinem Stuhlkissen im Chor eine weiße Rose, daher es Sitte war, daß jeder, wie er anlangte, sein Kissen gleich umwendete, zu schauen, ob diese Grabesverkündigung darunterliege. Es geschah, daß einer von den Domherren namens Rebundus eines Morgens diese Rose unter seinem Kissen fand, und weil sie seinen Augen mehr ein schmerzlicher Dornstachel als eine Rose war, nahm er sie behend weg und steckte sie unter das Stuhlkissen seines nächsten Beisitzers, obgleich dieser schon dar-

Lübeck, Stadtansicht. Kupferstich von 1819

unter nachgesehen und nichts gefunden hatte. Rebundus fragte darauf, ob er nicht sein Kissen umkehren wollte. Der andere entgegnete, daß er es schon getan habe; aber Rebundus sagte weiter: Er habe wohl nicht recht zugeschaut und solle noch einmal nachsehen, denn ihm bedünke, es habe etwas Weißes darunter geschimmert, als er dahin geblickt. Hierauf wendete der Domherr sein Kissen um und fand die Grabblume; doch sprach er zornig: Das sei Betrug, denn er habe gleich anfangs fleißig genug zugeschaut und unter seinem Sitz keine Rose gefunden. Damit schob und stieß er sie dem Rebundus wieder unter sein Kissen, dieser aber wollte sie nicht wieder sich aufdrängen lassen, also daß sie einer dem andern zuwarf und ein Streit und heftiges Gezänk zwischen ihnen entstand. Als sich das Kapitel ins Mittel schlug und sie auseinanderbringen, Rebundus aber durchaus nicht eingestehen wollte, daß er die Rose zuerst gehabt, sondern auf seinem unwahrhaftigen Vorgeben beharrte, hub endlich der andere, aus verbitterter Ungeduld, an zu wünschen: »Gott wolle geben, daß der von uns beiden, welcher unrecht hat, statt der Rosen in Zukunft zum Zeichen werde, und wann ein Domherr sterben soll, in seinem Grabe klopfen möge, bis an den Jüngsten Tag!« Rebundus, der diese Verwünschung wie einen leeren Wind achtete, sprach frevelig dazu: »Amen! Es sei also!«

Da nun Rebundus nicht lange darnach starb, hat es von dem an unter seinem Grabsteine, sooft eines Domherrn Ende sich nahte, entsetzlich geklopft, und es ist das Sprichwort entstanden: »Rebundus hat sich gerührt, es wird ein Domherr sterben!« Eigentlich ist es kein bloßes Klopfen, sondern es geschehen unter seinem sehr großen, langen und breiten Grabstein drei Schläge, die nicht viel gelinder krachen, als ob das Wetter einschlüge oder dreimal ein Kartaunenschuß geschähe. Beim dritten Schlag dringt über dem Gewölbe der Schall der Länge nach durch die ganze Kirche mit so starkem Krachen, daß man denken sollte, das Gewölbe würde ein- und die Kirche übern Haufen fallen. Es wird dann nicht bloß in der Kirche, sondern auch in den umstehenden Häusern vernehmlich gehört.

Einmal hat sich Rebundus an einem Sonntage zwischen neun und zehn Uhr mitten unter der Predigt geregt und so gewaltig angeschlagen, daß etliche Handwerksgesellen, welche eben auf dem Grabstein gestanden und die Predigt angehört, teils durch starke Erhebung des Steins, teils aus Schrecken nicht anders herabgeprellt wurden, als ob sie der Donner weggeschlagen hätte. Beim dritten entsetzlichen Schlag wollte jedermann zur Kirche hinausfliehen, in der Meinung, sie würde einstürzen; der Prediger aber ermunterte sich und rief der Gemeinde zu, dazubleiben und sich nicht zu fürchten; es wäre nur ein Teufelsgespenst, das den Gottesdienst stören wolle, das müsse man verachten und ihm im Glauben Trotz bieten. Nach etlichen Wochen ist des Dechants Sohn verblichen, denn Rebundus tobte auch, wenn eines Domherrn naher Verwandter bald zu Grabe kommen wird. (318)

Christina von Hagen

Christina von Hagen, Otto Rantzaus Witwe, ging zu Lübeck vor dem Burgtor mit andern fürnehmen Frauen spazieren. Von welchen sie aber von einem Geiste aufgenommen und weggeführt ward, daß man sie nimmer hat wiederfinden können. Ihre Magd hat nachmals berichtet, daß ihre Frau mit der schwarzen Kunst umgegangen [sei] und ein Zauberbuch bei sich gehabt hatte. (319)

Vom Mohr oder Nachtmahr

Einstmals fuhr mein Großvater mit seinem Knechte in der Nacht auf der Trave und legte sich im Kahne schlafen. Da kam der »Mohr« und drückte ihn. Da nahm der Knecht eine »Schüffel« voll Wasser und goß sie über ihn. Nun wurde er wach und frei, aber der Knecht von Stund' an krank und lag vier Wochen schwer danieder. Da sprach der Alte: »Nachtmahr, komm morgen früh zu mir, dann wollen wir Branntwein trinken.« Am andern Morgen kam eine alte Frau, die fragte ihn, ob er keinen Branntwein hätte. Er sagte nein. Es war aber die Hebamme aus dem nächsten Dorfe. (320)

Äußeres Burgtor in Lübeck um 1560. Holzschnitt nach Zeichnung von Erhart Altdorfer

Die schwarze Gestalt

Um das Jahr 1491 soll des Abends das Küstermädchen in der Lübecker Domkirche noch etwas zu schaffen gehabt haben. Ihr Bräutigam nahm, um sie zu necken, ein weißes Laken um und folgte ihr geräuschvoll in die Kirche. Hinter ihm aber sieht das Mädchen noch eine andere schwarze Gestalt. Auf ihren Angstruf jagen beide Gestalten einander in der Kirche. Das Mädchen eilt hinaus, hat aber von Stund an ihre roten Backen verloren und ist nach drei Tagen eine Leiche gewesen.

Als man sie abends um neun Uhr beerdigt, läutet mit einem Male die Glocke, ohne daß man die Ursache erfahren. Von dem Augenblick an hat sich im Munde des Volkes, wenn abends um neun Uhr die Glocke läutet, die Redensart erhalten: »Das bleiche Mädchen wird begraben.« (321)

Verstorbene helfen läuten

Als vor Jahren die Windmühle bei Schlutup abbrannte und der Küster mitten in der Nacht läutete, sah er, wie die Geister der Verstorbenen ihm ziehen halfen. Er kannte sie alle einzeln und geriet in solche Angst, daß er sich die Buxen voll machte und nicht imstande war, wieder herabzusteigen. Als sein Sohn ihm zurief, er möchte aufhören zu läuten und herunterkommen, rief er: »Ich kann nicht, komm herauf!« Da mußte der Junge ihn herunterholen. (322)

Der eingeladene Galgenvogel

Einmal haben sich zwei Arbeitsleute in Schwerin eine Tracht Holz gesammelt und sind nach der Stadt zu gegangen. Unterwegs setzen sie sich am Radeberg bei dem Gericht, blicken hinauf, sehen einen ihrer alten Gesellen liegen, rufen ihn an und sprechen: »Hörst du? Du hast uns auch manche unnützen Worte gegeben – kannst du, so komm herab«, und dergleichen mehr. Der arme Sünder aber fängt an, sich zu regen und richtet sich auf, als ob er vom Rade herunterwolle. Wie sie das sehen, werden sie ängstlich und laufen davon, aber während des Laufens ist der eine stumm und der andere taub geworden und sind sieben Jahre so verblieben. Sie haben nicht gern gemocht, wenn man davon gesprochen hat. Der eine ist Pflegmann bei einem Decker, der andere Wienker bei den Brettsägern gewesen. In der Rosenstraße haben sie gewohnt. (323)

Vom Wold und von den »gelen Wiwern«

Der Wold jagt, von Hunden begleitet, durch die Nacht. Sein Roß hat einen Krähenfuß. Die Leute sagen dann: »De Drak treckt!« Es ist nicht gut, ihm auf dem Lande zu begegnen.

Einstmals war mein Großvater mit seinem Jungen auf der Pötenitzer Wik. Er war in seinem Kahn, der Junge hatte den Anker ans

Land geworfen und war dabei, den Kahn am Seile ans Ufer zu ziehen. Da sah er plötzlich den Wold kommen. Schnell warf er den Anker ins Wasser und sprang in den Kahn. Der Alte rief: »Jung, wat schadt di?« (Was fehlt dir?) »Vader, sühst du den Düwel nich?« antwortete der Junge, da blekten (bellten) schon die Hunde, und der Wold hauchte ihm den feurigen Atem ins Gesicht. Aber tun durfte er ihm auf dem Wasser nichts.

Wenn der Wold an ein Haus kommt, so fährt er mitten hindurch. Man muß daher die Vorder- und die Hintertür offenstehen lassen, dann reitet er hindurch, ohne weiteren Schaden anzurichten. Was sein Roß verliert, ist oft Gold, oft auch Pech und Teer.

Der Wold lebt in Feindschaft mit den »gelen Wiwern« und macht Jagd auf sie. Einem Bauern sagte er einmal, wenn er nicht wäre, würden die gelben Weiber ihm das Brot aus dem Schapp stehlen.

Als er einstmals von seiner Jagd zurückkehrte, hatte er ein gelbes Weib vor sich auf dem Rosse und ritt damit quer durch das Haus eines Bauern. Der Knecht rief: »Ho, ho!« – Da schnitt der Wold das Weib mitten entzwei, warf dem Knecht die eine Hälfte herunter und rief: »Hast du mitgejagt, sollst du auch mitfressen!«

Die »gelen Wiwer« suchen den Menschen überall zu schaden. Oft stehlen sie Kinder und legen dafür Wechselbälge hin.

Einer Frau in Gothmund wurde so ihr Kind vertauscht. Auf den Rat einer weisen Frau ließ sie den Wechselbalg hungern und schreien. Da wurde ihr endlich ihr Kind wiedergebracht, das war sehr gut genährt. (324)

Der Ohnekopf

Im Amtshause zu Travemünde soll zwischen zwölf und ein Uhr nachts ein Mann ohne Kopf auf einem Ziegenbock reiten. (325)

Drei Schwäne auf der Wakenitz

Die Schwäne auf der Wakenitz, an deren Ufer das Johanniskloster erbaut wurde, sind verwunschene Nonnen.

Einmal schauten drei junge Klosterfrauen über die Mauer sehnsüchtig in die blaue Ferne. Da erschien ein Graubart und erzählte ihnen, daß er für seine drei Söhne Frauen suche; ob sie ihm folgen wollten. Sie sagten ihm zu, und als er nun in dunkler Nacht wiederkam und sie ihm die Hand reichten zur Flucht über den Fluß, da wurden sie in Schwäne verwandelt. Alle Jahre aber, an dem Tage, an dem sie hinausgeflogen, schießen sie nackend aus dem Wasser empor und sehen auf die Schwäne, die in Scharen auf den Fluten dahinziehen. (326)

Brotschändung

Vor Zeiten ist ein Knabe zu Lübeck gewesen, der in St. Johannes-Straßen zur Schule gegangen. Der hat, weil er sein trocken Brot verachtet, es in den Rinnstein oder hinter die Kellerluken oder gar aufs Dach geworfen, als bedürfe er dessen nicht. Deshalb hat man ihn zwar ernstlich gewarnt und gestraft, aber er hat es nicht gelassen. Da er nun eines Morgens an der Ecke Königstraße hinuntergehend linker Hand steht und sein Brot aufs Dach wirft, fällt es herab und zerbricht mit Bluten. Darob erschrickt er und wird auf der Stelle zu Stein. So stand er noch vor wenigen Jahrzehnten, jämmerlich anzusehen. (327)

St. Jürgen vor Travemünde

In uralten Zeiten hauste in der sogenannten Siechenbucht vor Travemünde ein greulicher Wassermann, der hieß Roggenbuk. Er pflegte auf einer Harfe von Totenknochen zu spielen, und wer das hörte, konnte nicht widerstehen, sondern sprang ins Wasser und in seine Arme. Der Wassermann aber brach ihm die Gebeine auseinander und suchte sich die besten für sein Spiel heraus, denn er konnte es nicht vollkommen genug kriegen; den Leib gab er seinen

Ansicht von Travemünde bei Lübeck. Kupferstich von 1820

Fischen und Seeungeheuern. Nun wollte endlich keiner von dem Volk mehr dort vorüberziehen, und auch kein fremdes Schiff landete mehr, sondern alle gingen anderswohin, dem Lande zu großem Schaden. Endlich ward eine alte weise Frau mit dem Riesen einig, daß er zufrieden sein wolle, wenn man ihm alle Jahre zu Mittsommer eine reine Jungfrau opferte. So geschah es denn, daß das Opfer an den Ort gebracht ward, wo jetzt das Siechenhaus steht, mit Blumen geschmückt und mit Weiden gebunden. Dann kam der Wassermann und betörte durch Spiel ihre Sinne und verschwand mit ihr unter Wasser. Die Leute aber hatten in dem Jahre Ruhe, sofern sie ihn nicht neckten.

So war es schon manches teuere Jahr gewesen, als auch einmal das Opfer, ein schönes und frommes Mädchen, mit Klaggesang hinausgeführt ward. Da sprengte von der Höhe herab ein leuchtender Ritter, auf weißem Roß, das Banner des Kreuzes in seiner Hand. Und als er die Traurigkeit sah und erfuhr, was im Werke sei, erbot er sich, wofern man ihm ein Haus und Almosen verspreche, das Land von dem Ungetüm zu befreien. Mit Freuden willigte das Volk ein und vermaß sich des Höchsten; er aber hieß alle nach Hause gehen, auf daß sie nicht durch des Wassermanns Tücke betört würden. Nun sprach er dem Mädchen, das in Todesangst zitterte und bebte, guten Trost zu und lehrte sie den rechten Glauben und taufte sie in des Herrn Namen. Alsbald wogte das Meer auf, und der Wassermann kam als scheußlicher Lindwurm daher, beide zu verschlingen. Der Ritter aber schwang sich auf sein weißes Roß, sprang ihm entgegen und stieß ihm sein leuchtendes Banner tief in den Rachen. Da ließ das Ungetüm mit schrecklichem Stöhnen sein Leben. Dann band er die ohnmächtige Jungfrau los und befahl ihr, als sie sich wieder besonnen, daß die Leute dort ein Haus errichten und unterhalten sollten für die elenden Siechen, die sie bisher nach des Ortes Gebrauch totzuschlagen pflegten.

Als die Menge auf des Mädchens Zurufen herbeikam, war der Ritter verschwunden. In Eile baute man nun ein für die Zeit stattliches Haus und bildete darin ab, wie der Ritter das arme Opfer befreit. Den Drachen aber fuhr man hinaus ins Meer und senkte ihn in die Tiefe. Da ist er zu einem Stein geworden, den die Fischer noch Roggenbuk nennen. Er treibt langsam zurück, und kommt er endlich wieder an das Haus in der Siechenbucht, so soll es der Stiftung schlecht ergehen. Doch das wird der liebe Gott in Gnaden verhüten. (328)

Von den Unterirdischen

Die »Unnererdschen« wohnen im grünen Berge diesseits der Herrenfähre. Da führen sie ein lustiges Leben.

Einstmals ging mein Großvater mit seinem Bruder an dem grünen Berge. Da hörten sie drinnen singen: »Frisch auf, ihr Jäger…« – »Halt 's Maul, du Flegel!« rief eine andere Stimme, dann war alles still.

Dem »goden Mann« (so hieß früher der Ferge) saufen sie gern das Bier aus dem Keller. Einstmals hat er einem dabei den Hut abgeschlagen, da war er sichtbar. Da bat er, er möchte ihm den Hut wiedergeben, und versprach, er wolle nicht wiederkommen. Wie er den Hut wieder hatte, war er verschwunden. Das war in »Godemanns Hus«.

Einmal kamen zwei Männlein zum goden Mann und baten um die große Wagenfähre. Er gab sie ihnen. Da hörte er immer trab,

trab, sah aber nichts. Die Fähre wurde immer schwerer, beinahe wäre sie gesunken. Der Fährmann sah aber immer nur die zwei Männlein. Die fragten ihn, ob er wohl alle sehen möchte. Er sagte ja. Da hießen sie alle die Hüte abnehmen, da war alles voll. Beim Aussteigen sagte das eine Männlein, das Geld läge in der Ecke. Jetzt sah er nur Dreck, das war aber »idel Gold«. (329)

Der Priwall bei Travemünde

Der Priwall bei Travemünde ist jedem bekannt, der einmal den Leuchtturm bestiegen. Der Priwall bildet gleichsam eine Scheidewand, welche die Mündung der Trave deckt und beschützt, und die Sage will ihn durch das Geschlecht der Riesen, welches sich hier ehemals niedergelassen, entstanden wissen, freilich nicht in wohlberechneter Weise und zu gutem Zwecke. Sie ließen nämlich, um sich die Langeweile zu vertreiben, Steine über die Oberfläche des Wassers schießen, wie es die Knaben mit flachen Kieselsteinen zu tun pflegen. Zuletzt, als sie so viele Steine zusammengeworfen hatten, daß die Trave abgedämmt wurde, stellten sie den freien Abfluß des Wassers wieder her, indem sie die Steine auftürmten und ihr Werk »Priwall« nannten. Die Hanse hat sich dessen in ihren Kriegen mit gutem Erfolg bedient. (330)

Bestraffte Zungen-Sünde

M. Ernestus gedencket [...] daß einer seine Liebste / so er zu Lübeck hatte / besuchen wollen / aber erfahren / da er dahin gekommen / daß sie an einen andern verheuratet worden; wie nun demselbigen solches über alle Masse geschmertzet / sey er darüber gantz wühtend geworden / habe getobet / und dabey schrecklich gefluchet / und unter andern diese Worte gesagt: der Teuffel der mich hieher geführet / wird mich wiederum können weg führen. Was geschach? Der geladener Fuhrmann war bald dar zu Stelle / und führete ihn in die Lufft hinweg / und warff ihn neben einen Wasser auf die Erde mit solchem Ungestühm / daß er seiner selbst darüber vergessen. Als er nun zu sich selbst gekommen / kroch er auf allen vieren dem Wasser zu / wusch das Blut von sich / welches Hauffen weisse zum Halse auslieff / und ging nachmahls gar zitterlich seiner Herberge zu. Als er aber dahin kam / fiel er in solche Ohnmacht / daß man auch einen Prediger zu ihm müste holen lassen / weil man an seinem Leben zweiffelte. Und ob er gleich damahls nicht gestorben / so hat doch er ein gantzes Jahr durch also gezittert / daß er auch nicht mit der Hand ein Trinck-Geschirr halten können nur so lange biß er getruncken. (331)

Schatzgraben

In de achtiger Joren harr mal en Burenknecht im Pöppendörper Ring wat blänkern sehn; he graw nah, un dat würr wedder en fürchterlich Jagen un Spitakeln üm den Ring rüm. Dor röp de Knecht: »Sta Hans! Sta Hans!« un dor füll en Peerkopp in den Wall un en Stimm röp: »Heste mit räten, so müßtu ok mit fräten.« De Peerkopp liggt noch dor. (332)

Die Lübecker Ratsglocke

Wenn in Lübeck eine Ratsperson sterben sollte, so wollte und wollte die Ratsglocke nicht klingen. Man mußte beim Seilziehen alle Kraft anwenden, um sie überhaupt in Gang zu bringen, aber auch dann hatte sie einen schlechten, mißtönenden Klang. Da wußte man denn gleich, daß nun bald wieder ein Ratsherr sterben mußte. (333)

Ewig lewen

Tau de Tied, as dat Wünschen noch helpen dä, do wier do en Fru, de wier frisch un munter, gesund un stark, müch giern eten un drinken un harr alt, wat ehr Hart begehr. Wiel dat nu so mit ehr stunn, so wünsch se sik, ewig tau lewen. Bet hundert Jahr güng dat uk heel gaud; as se awer de hunnert tau faten harr, dar füng se an tausaam tau krupen, un dat neem mit de Tied so tau, dat se ne mier gaan un staan, eten un drinken künn, un starwen künn se uk nich. De Minschen müssen ehr kanten un kieren un wat tau eten gewen, as wenn se 'n lütt Kind wier. Dat wier awer nonne (noch nicht) noog; se kröup all na gra' ümmer mier un mier tausaam, un se eet niks mier, un se drünk niks mier. 't köum tauletz so wied, dat se sik man dann mier bewegen dä. Dar dachen de Lüer, dat wier am bessen, wenn se ünnern Föuten ut kaam dä; wiel awer noch Lewen in ehr wier, so kregen se ehr innen Glas un hängen ehr op inne Kirch. Se hengt nu inne Lübecker Marienkirch, un se iß nu so lütt as en Muus un beweg sik man all Jahr eenmal mier. (334)

Eutin und Umgebung

Störtebeker

Im Fürstentum Lübeck hatte Störtebeker einen steinernen Turm bei Häven, dem ehemaligen adligen Gute Wydole. Dort ließ er nachts eine Leuchte brennen, damit die Schiffer sie für den Travemünder Leuchtturm halten und auf den Strand laufen sollten. (335)

Über die Grenze gebracht

Im Jahre 1820 hörten in Ahrensbök die allsonntäglichen Kinderlehren plötzlich auf. Als nämlich eines Sonntags der Geistliche mit den Kindern die Kirche betrat, gewahrten sie auf der Orgelbank eine weiße Gestalt, und alles floh mit Entsetzen. Gegen Mitternacht befahl der Pfarrer seinem Knecht, das Fuhrwerk anzuspannen, und beide fuhren zur Kirche. Der Pfarrer ging hinein und kam mit einem Paket zurück, das er auf den Wagen legte. Dann fuhren sie auf Sarau zu. Je näher sie aber der Scheide kamen, desto schwerer wurde der Wagen; und die Pferde waren schon weiß vor Schaum. Auf der Grenze nahm der Pfarrer das Paket und legte es jenseits der Kirchspielscheide nieder. Dann fuhren sie heim, und die Gestalt war seitdem aus der Kirche verschwunden. (336)

Der Grenzpfahl

Als früher jedem Bauern sein Land zugemessen wurde, lebte bei Ahrensbök ein Mann, der sich benachteiligt fühlte und glaubte, daß seinem Nachbarn zuviel Land zugesprochen sei. Er konnte sich nicht darüber beruhigen, ging nachts hinaus aufs Feld, zog den Grenzpfahl heraus und steckte ihn weiter in seines Nachbarn Land hinein. So hatte er den Vorteil. Aber von Stund an ward er unruhig, und noch im Tode hatte er keine Ruhe. In jeder Nacht gegen zwölf Uhr hört man an dem Grenzpfahl eine Stimme: »Hier ist es falsch«, und nach einer Weile: »Hier ist es richtig.« Schließlich ist ein Pastor um Mitternacht hinausgegangen, und als die Stimme sprach: »Hier ist es falsch«, hob er den Grenzpfahl heraus und trug ihn dahin, wo die Worte erklangen: »Hier ist es richtig.« Da steckte er den Pfahl in die Erde, und niemand hat seitdem die Stimme wieder gehört. (337)

Steinkreuz

Nicht weit von dem Teil des Kirchspiels Gnissau, der Steinkreuz heißt, stand einst ein Schloß, wo ein reicher Graf wohnte, der eine wunderschöne Tochter hatte. Sie hatte ein heimliches Einverständnis mit einem jungen Mann; der Vater aber war hart und stolz, und sie wagten nicht, ihm ihre Liebe zu gestehen. Schon oft hatten sie in der Nacht an dem Orte sich zusammengefunden, wo jetzt das Dorf steht. Einmal war auch das Fräulein vom Schloß gegangen und erwartete den Geliebten wieder an der Stelle. Als dieser aber kam, fand er seine Braut von wilden Tieren zerrissen; vor Schmerz und Trauer ermordete er sogleich sich selbst.

Zur Erinnerung an dies traurige Ereignis ward ein steinernes Kreuz errichtet, das dem Dorfe nachher den Namen gab und dessen Trümmer noch heute da zu sehen sind. (338)

Richteiche

Zwischen Barghorst und Sarau steht in einem kleinen Gehölz die Richteiche. Hier war in früheren Jahren der Richtplatz. Als einst ein Graf Ranzau mit seinem Diener in einem Schimmelgespann dort vorbeifuhr, wurde er von Räubern angehalten und ermordet. Kommt man nun um Mitternacht an der Eiche vorbei und tritt auf die Stelle, wo damals die Blutlache war, so sieht [man] noch heute den Grafen, den Diener und den Schimmel. (339)

Peter Muggel lauert einem Lübecker Warenboot auf der Alster auf

Peter Muggel

In den Zeiten, als Hamburg und Lübeck noch mächtig waren, hatte der kühne Räuber Peter Muggel das Dorf und Schloß Schwienkuhlen bei Ahrensbök in Besitz. Von hier aus plünderte er die ganze Umgegend, und besonders paßte er den Kaufleuten und den mit Waren bepackten Wagen auf, die zwischen jenen beiden Städten hin- und herzogen. Bald ward es diesen jedoch zuviel, und sie schickten ihre Soldaten, die das Dorf und das Schloß in einen Trümmerhaufen verwandelten. Der Hügel, wo das Schloß stand, heißt heute noch der Muggelberg. Aber Peter war längst auf einen solchen Überfall gefaßt gewesen und hatte seine besten Schätze und sein bares Geld, das er sich zusammengeraubt hatte, schon in eine Höhle bringen lassen, die er in der Klenzauer Weide, einem Holz bei dem Dorfe Klenzau, eigens dazu eingerichtet hatte. Als nun die Soldaten sein Nest zerstörten, floh er auf seinem Schimmel dahin und setzte bald sein früheres Geschäft eifriger fort als vorher. Alle Bemühungen der Städte, seinen Schlupfwinkel zu entdecken, blieben lange fruchtlos. Endlich fand man ihn, aber er wußte mit seinen tapferen Gefährten die gegen ihn ausgeschickten Leute zu schlagen. Die Bürger schickten aber immer neue Mannschaften, und so hatte Peter Muggel bald alle seine Genossen verloren und mußte fürchten, selbst in die Hände seiner Feinde zu geraten. Aber er wollte doch nicht seine Schätze an sie kommen lassen und selber das Äußerste versuchen.

In einer dunklen, stürmischen Nacht berief er darum den Teufel. Bald erschien dieser in der Gestalt eines schwarzen Bocks und befahl ihm, eine Grube zu graben, um die Schätze dahinein zu legen. Als Peter die erste Erde aufwarf, ward es um ihn hell wie am Tage; denn vor ihm stand der schwarze Bock mit einem brennenden Licht unter dem Schwanze. Als die Grube fertig war, ward der Schatz gezählt hineingelegt, und der Teufel setzte sein Siegel darauf, das noch als ein platter Stein zu sehen ist. »So«, sagte der Teufel, »nun ist dein Schatz verwahrt; willst du oder ein anderer ihn einmal wiederhaben, so müßt ihr in einer ebensolchen Nacht wie dieser, mit einem ebensolchen Bock wie ich bin und der euch auf dieselbe Art leuchtet, kommen; aber wenn der Bock auch nur ein weißes Härchen hat oder ihr anderes Licht gebraucht, wird eure Arbeit umsonst sein.«

Da nun bis auf den heutigen Tag des Teufels Siegel unberührt an demselben Orte liegt, so wird der Schatz auch nicht gehoben sein. Dem Peter Muggel aber waren seine Tage gezählt.

Bald machten die Lübecker wieder Jagd auf ihn. Weil er sich unsicher hielt, ritt er in der Dämmerung zu einem Schmiede, ließ seinem Schimmel die Hufeisen verkehrt aufsetzen und ritt so wieder in seine Höhle. So, meinte er, würden die Feinde glauben, er sei ausgeritten. Sie fanden auch bald die Spur und dachten auch wirklich so; aber in der Hoffnung, Schätze zu finden, gingen sie in die Höhle und fanden da den Räuber schlafend. Einer machte sich über ihn her und erstach ihn. Sie hätten ihn wachend auch gewiß nicht besiegt.

Seit der Zeit jagt Peter Muggel noch oft auf seinem dreibeinigen Schimmel in der Nacht durch das Dorf Gießelrade mit furchtbarem Gerassel und Getöse. Er reitet dann zu einem großen Teiche in der Nähe des Dorfes und schwemmt da sein Pferd und kehrt ebenso wieder nach seinem Schlupfwinkel zurück. Jedermann muß sich hüten, ihm zu begegnen.

In einem Gehölze westlich von Gothendorf, Kirchspiel Eutin, ist ein kleiner runder Platz die Grabstätte von Peter Muggel, und östlich von Klenzau zeigt man eine runde Erhöhung mit einem großen Stein, wo er auch begraben sein soll. – 1469 verkaufte Frau Abel, Eggerd Muggels Witwe, das Dorf und den Hof Schwienkuhlen an das Kloster Ahrensbök. (340)

Die Grenze verrückt

In Barkau erschien einem Bauern der verstorbene frühere Besitzer seiner Hufe und forderte ihn auf, einen Teil seines Landes, dessen Grenze er verrückt habe, wieder abzugeben; in der künftigen Nacht solle er an Ort und Stelle kommen, um sich alles näher bezeichnen zu lassen. Als der Bauer nicht erschien, stellte sich der Geist wieder an seinem Fenster ein, machte ihm Vorwürfe und verlangte seinen Handschlag. Der Bauer wagte nicht, ihm die Hand zu reichen, sondern hielt ihm einen Stock hin. Doch der Geist griff zu weit und erfaßte das Ende des Daumens, das danach ganz schwarz ward und bald abstarb. (341)

Die Schatzgräber

Das Dorf Großmeinsdorf bei Eutin gehörte vor 1426 der adligen Familie von Meinsdorf. Einer der Edelleute führte ein arges Räuberleben und beraubte besonders die Lübecker Kaufleute, die durch die Gegend zogen. Als endlich die Lübecker Soldaten gegen ihn ausschickten, vergrub er sein Geld in der Nähe des Schlosses und bestellte den Teufel zum Wächter darüber. Er hält treulich Wache und glüht alle sieben Jahre den Schatz in der Nacht aus. Das Schloß ist längst abgebrochen und die adlige Familie ausgestorben. An der Stelle, wo der Schatz vergraben liegt, stand das Wohnhaus eines Hufners, und gerade in der Küche war der rechte Ort. Man hatte öfters das Ausglühen des Schatzes beobachtet. Da kam einst ein Mann mit einer Wünschelrute zu dem vorigen Besitzer der Hufe und versprach den Schatz zu heben, wenn der Hufner erst eine

231

Der Lambrechtsche Garten

Schrift unterschreiben wollte, die er ihm vorlegte. Weil der Hufner aber keine geschriebene Schrift lesen konnte, so rief er seiner Frau; aber der Fremde weigerte sich nun, die Schrift zu zeigen. Darüber entstand Streit, und sie warfen den Kerl zuletzt aus dem Hause. Der Fremde hatte aber die Wünschelrute im Beisein des Bauern schlagen lassen. Da sie nun die Stelle genau wußten, fingen der Hufner und seine Frau in einer Nacht, nachdem sie alle Türen des Hauses sorgfältig verschlossen, stillschweigend an zu graben. Ihre einzige Tochter war nur noch mit dabei. Während sie gruben, rannte eine ungeheure große Sau mit wildem Geheul ums Haus; sie winkten der Tochter, das Tier zu verjagen, allein diese konnte seiner nicht ansichtig werden. Endlich fühlte der Bauer mit seiner Stange einen eisernen Kasten. Voller Freude rief er seiner Frau zu: »Ick hefft!« aber sogleich konnten sie nichts mehr fühlen, und sie fanden nichts, so tief sie auch gruben. Später ist das Haus abgebrochen, und der Schatz liegt jetzt im Lambrechtschen Garten. Im Jahre 1787 hat man zum letzten Male gesehen, daß er ausgeglüht ward.

(Eine Wünschelrute bekommt man auf diese Weise: Man sucht einen einjährigen Stock mit zwei Armen und schneidet ihn zu einer gewissen Zeit unter den Worten: »Im Namen des Vaters, des Sohnes und des heiligen Geistes«; dann faßt man den Stock an den beiden Armen und leitet ihn über die Erde hin. Sobald sich die Spitze neigt, liegt da ein Schatz.) (342)

Alle neun

Ein Missetäter war zum Schwert verurteilt. Je näher der Tag der Hinrichtung kam, je mehr verging dem Scharfrichter der Mut, sein Geschäft zu vollführen, und endlich am Tage vor demselben war er ihm ganz geschwunden. Er klagte das seinen Freunden. Da bereitete einer ihm einen Trank, nach dem er schon in wenigen Stunden Kräftigung fühlte und am andern Tage eine solche Wut ihn überfiel, daß er den Augenblick kaum erwarten konnte. Der arme Sünder war ein leidenschaftlicher Kegelspieler gewesen, und da nun seine Stunde schlug, bat er sich als letzte Gnade aus, noch einmal ein Spiel zu machen. Der Scharfrichter sollte sein Mitspieler sein; aber als der Verurteilte nun die Hand ausstreckte, um die Kugel aufzunehmen, konnte der sich nicht länger halten, sondern er schlug zu, so daß der Kopf dem armen Sünder in die Hand fiel. Der tat dann noch den Wurf, alle Kugeln fielen, und der Kopf schrie: »Alle neune!« (343)

Die unverträglichen Pastoren

In Eutin waren einmal zwei Prediger, die sich gar nicht vertragen konnten und ihr Leben lang miteinander in Streit lagen. Als nun beide gestorben und begraben waren, hat man sie oft in der Nacht in langen weißen Gewändern sich aus ihren Gräbern erheben sehen, und dann fingen sie an, sich aufs wütendste zu prügeln. Ein furchtbares Getöse und Gepolter entstand, die Hunde heulten im ganzen Orte, und es war ein Rumoren, daß alles aus dem Schlafe kam. Um ein Uhr ging jeder wieder in sein Grab; sie haben das aber viele Nächte hindurch fortgesetzt. (344)

Gott einmal verschworen, bleibt ewig verloren

In dem Dorfe Fissau lebte vor vielen Jahren ein alter Hexenmeister; dem war es nicht genug, über Menschen und Vieh böse Krankheiten zu bringen, sondern er verführte auch Jünglinge und Jungfrauen zu seiner höllischen Kunst und überlieferte ihre Seelen dem ewigen Verderben. In einer dunklen Nacht begab er sich einmal mit einem jungen Mädchen, ohne daß ein dritter davon wußte, nach Eutin auf den Kirchhof, und das Mädchen mußte den Ring der Kirchentür anfassen und ihm die Worte nachsprechen:

»Hier faat ik an den Karkenrink
Un schwöre Gott af un sien Kind.«

Das Mädchen war erst wenige Tage vorher in der Kirche konfirmiert; nun hatte sie seit der Zeit keinen frohen Tag mehr und lebte in tiefer Schwermut. Sie ward nachher an den Schmied des Dorfes verheiratet, ward Mutter mehrerer Kinder; still und fleißig arbeitete sie den Tag über in ihrem Hause, aber die Nächte hindurch lag sie und weinte ihre bitteren Tränen. Nichts gab ihr Freude und Ruhe, und sie welkte so hin, bis endlich ihr letzter Tag da war. Da ward nach altem Brauch der Prediger zur Sterbenden gerufen; er betete und tröstete sie, sie aber sprach: »Ach, Herr Pastor, bete er nur immerzu; mir hilft doch nichts; denn ich bin eine Hexe«, und erzählte ihm die Geschichte jener Nacht. »Es ist kein Sünder so groß, der sich nicht legt in Christi Schoß«, tröstete sie der Prediger und bat sie, ihm nach ihrem Tode Nachricht zu geben, ob sie die ewige Seligkeit erlangt hätte oder nicht; im ersten Falle sollte sie ihm als Taube, im andern aber als Krähe erscheinen. Als man mitten im Todeskampfe der Sterbenden noch einen Trunk reichte, seufzte sie laut: »O, wie brennt dat na de Höll herin!« und verschied.

Schon war eine längere Zeit seitdem verstrichen, als eines Sonntags nachmittags der Prediger in seiner Laube im Garten saß und eine Krähe laut schreiend sich darauf niedersetzte. Der Prediger ging hinaus, um das Tier zu verjagen; aber es blieb sitzen und rief immer lauter. Da erinnerte er sich der Frau des Schmieds und fragte: »Also bist du doch nicht zu Gnaden gekommen?« Da antwortete die Krähe: »Gott einmal verschworen, bleibt ewig verloren!« (345)

Die Bräutigamseiche

Weit bekannt ist die »Bräutigamseiche« bei Dodau (Eutin); junge Mädchen, die dreimal um den Baum herumlaufen, dabei nicht sprechen und nicht lachen, sondern nur an ihren Zukünftigen denken, werden noch in demselben Jahre Braut. (346)

Ott Ohrt

Eine Bauernstelle in Sieversdorf (Fürstentum Lübeck) soll früher im Besitz des Räuberhauptmanns Ott Ohrt gewesen sein; nach seinem Tode hat es dort heftig gespukt; ein Schimmel hat durch die Bodenluke gesehen. (347)

Neukirchen im Fürstentum Lübeck

Auf des Hufners Jäger Koppel, die die Dörpstäd' heißt, stand ehemals Neukirchen. Hier ist alles nachts von der Stelle verschwunden, was man am Tage an der Kirche gebaut hat. Aber da hat man beobachtet, wie jede Nacht ein hellglänzender Schimmel gerade so weit im Kreise herumging, als jetzt der Kirchhof groß ist. Morgens hat man im tauigen Grase genau den Kreis sehen können. Man baute also die Kirche dahin. Noch jetzt zeigt sich nachts ein Schimmel im Bookholz, auf der Malkwitzer Schafweide, an der Stelle, wo man zum Kirchenbau den Kalk grub. Als man damit zu bauen anfing, ist nachts ebensoviel hinzugekommen, als man des Tags gemacht. Nachdem die Kirche aber fertig geworden, ist der Kalk verbraucht gewesen und die Grube zugefallen. Doch ist noch eine große Höhlung da zu sehen. (348)

235

Der Schimmel

In einem Hause in Malkwitz, wo früher ein Räuber gewohnt hatte, rumorte es jede Nacht, und oft ist ein Schimmel in der Bodenluke gesehen worden und andrer Hokuspokus mehr. (349)

Der Uklei

Nicht weit von Eutin mitten in einem Buchengehölz liegt ein kleiner See, der Uklei. Sein dunkles Wasser ist immer still und unbewegt, und es sieht alles um ihn her so recht traurig und schwermütig aus. Der See ist nicht immer dagewesen; doch es ist schon lange her, daß er entstanden ist. Oben auf dem Hügel, wo jetzt das Sommerhaus steht, stand früher eine Burg, in der ein junger, schöner, aber wilder Ritter hauste. Er liebte nichts mehr als die Jagd, und jeden Morgen früh begab er sich in den Wald. Da begegnete ihm oft eines armen Bauern Tochter; sie mußte jeden Morgen ihres Vaters Pferde in den Wald auf die Weide treiben. Der Ritter ward bald durch ihre Schönheit von heftiger Liebe entzündet; aber das Mädchen wies seine Bitten und seine Geschenke zurück, und auf alle seine Bewerbungen gab sie zur Antwort, daß sie doch nimmer seine Frau werden könnte, da sie nur eines armen Mannes Tochter sei. Und doch hatte das Mädchen den schönen Ritter längst liebgewonnen. Eines Morgens, da er sie wieder mit seinen Bitten und Versprechungen verfolgte, waren sie zu einer Senkung im Walde gekommen, wo eine kleine Kapelle stand. Da führte der Ritter das Mädchen hinein, und vor den Altar tretend sprach er: »Hier vor Gottes Angesicht nehme ich dich zu meinem Ehegemahl, und der Himmel soll mich an dieser Stätte vernichten, wenn ich dir nicht treu bleibe und mein Wort halte.« Das Mädchen glaubte seinem Schwure, und an jedem Morgen trafen sie sich nun im Walde. Als das Mädchen aber den Ritter an sein Versprechen erinnerte, vertröstete er sie anfangs, bald blieb er ganz aus und kam nicht wieder. Als sie sich nun verlassen sah, da legte sie ein schwarzes Kleid an, grämte sich, ward krank und starb in kurzer Zeit. Der Ritter hatte sich unterdes mit einer reichen Gräfin verlobt, und der

Von Hügeln dicht umschlossen, geheimnißvoll
Verhüllt in Waldnacht, dämmert der Uklei-See.

Ein dunkles Auge, das zur Sonne
Nur um die Stunde des Mittags blickt.

Emanuel Geibel.

Der Ukleisee. Zeichnung von G. Sundblad

Hochzeitstag ward bestimmt. Sie sollten in der kleinen Kapelle im Walde getraut werden. Als der Prediger aber seine Rede gehalten hatte und das Brautpaar eben zusammengeben wollte, da ist der Geist des unglücklichen Mädchens erschienen, hat drohend gegen den Bräutigam den Finger erhoben, und als dieser vor Schrecken umsank, brach augenblicklich ein solches Unwetter mit Donner und Regen los, als wenn der Himmel einstürzen wollte. Da ist die Kapelle mit allen, die darin waren, versunken, und der See steht seit der Zeit an dem Orte. Nur der Prediger, die Braut und ein kleines unschuldiges Mädchen, die auf die hölzernen Stufen des Altars getreten waren, wurden gerettet. Zuweilen aber bei stillem Wetter gegen Abend klingt noch der Ton des Glöckleins der Kapelle aus dem Wasser herauf. (350)

Kohlen in Gold verwandelt

Auf dem Zarnekauer Sandfelde sah ein Pferdejunge am Silligmoor in der Nacht ein Feuer brennen. Er will seine Pfeife anzünden; es brennt nicht. Am andern Morgen liegt ein Fünfschillingstück unter dem Deckel. (351)

Oldenburg und die Insel Fehmarn

Die teure Zeit

An der Chaussee von Eutin nach Oldenburg, dreiviertel Meilen von ersterer Stadt, an einem hügeligen Orte, liegt eine kesselförmige Vertiefung, deren Wasser der Abfluß fehlt. Sie heißt die teure Zeit. Denn für den Kornhandel sagt sie ganz untrüglich die Preise vorher. Vor vierzig Jahren kamen am Maitagmorgen die Hamburger Kornkaufleute noch da zusammen und sahen nach, wie es stand. War viel Wasser darin, gab es hohe Preise; war aber nur wenig oder fallendes da, dagegen niedrige.

Die »teure Zeit« liegt bei Stendorf.

Eine ebensolche Grube findet man im Gute Gaarz im Lande Oldenburg. (352)

Hans Dümkt

Von dem Karlswagen, dem Gestirn, das man auch den großen Bären nennt, sagt man, daß es der Wagen sei, auf dem Elias, unser Herr Christus und andere Heilige gen Himmel gefahren sind. Der ganz kleine Stern über dem mittelsten in der Deichsel ist aber der Fuhrmann, Hans Dümkt. Der war nämlich Knecht bei dem lieben Gott und hatte es gut in seinem Dienst; aber nach und nach fing er an, seine Arbeit immer schlechter zu versehen. Der liebe Gott warnte ihn und verwies es ihm oft; Hans Dümkt aber kehrte sich nicht daran. Namentlich versah er's immer im Häckerlingschneiden; alles, was er lieferte, war nicht zu gebrauchen und viel zu lang geschnitten. Darüber ward der liebe Gott endlich so böse, daß er ihn auf die Deichsel des Himmelswagens setzte, wo er jeden Abend zu sehen ist, zur Warnung für alle Knechte, die den Häckerling zu lang schneiden. (353)

Der Rugenberg

Auf den Hügeln und an den Orten, wo man nachts ein Licht oder Feuer brennen sieht, liegt ein Schatz oder hausen Geister. So auf dem Rugenberge im Kirchspiel Grömitz bei Neustadt; daneben ist ein Hügel, der Dreifußberg. (354)

Festbannen

Einmal kommt ein zauberkundiger Mann an der Nienhagener Sandkuhle vorbei. Da sieht er, wie die Pferde, auch als man vier vorspannt, den Wagen mit Sand nicht herausziehen können. »Der Wagen ist gebannt«, sagt der Fremde zu dem Fuhrmann, »nimm eine Axt und schlage vorne gegen den Deichselkopf.« Der Fuhrmann tut es, und nun ziehen zwei Pferde den Wagen heraus. »Nun paß auf«, sagt der Fremde, »morgen kommt jemand auf deinen Hof zu betteln; der ist es, der den Wagen behext hat; gebt ihm nichts.«

Am nächsten Tage kommt auch wirklich eine alte Frau, die den Kopf so bewickelt und bebunden hat, daß kaum die Augen heraussehen. Den Schlag mit der Axt hatte nämlich sie bekommen. (355)

Die Burg zu Ratjensdorf

Bei Ratjensdorf liegen zwei große Hügel; der eine heißt Barg op de Borg, der andere Barg op de Schün. Auf dem größten stand vor Zeiten nämlich eine Burg, darin drei Jungfern wohnten. Die haben die Kirchen zu Neukirchen, Grube und Altenkrempe gebaut. Als sie mit der ersten fertig waren, wurden sie schon sehr besorgt, sie möchten nicht mit allen dreien fertig werden. Als sie nun bei der Kirche zu Grube waren, ward ihnen wirklich grauen; davon bekam sie den Namen, und als sie die dritte fertig hatten, war ihr Geld zu Krempe, d. h. auf; davon erhielt die dritte ihren Namen. Die drei Jungfern haben auch den Fußsteig von Ratjensdorf nach Heiligenhafen gemacht; der ist so breit, daß alle drei in weiten Reifröcken darauf nebeneinander gehen konnten.

Später ist der Feind gekommen und schoß lange mit Flinten ins Schloß hinein. Der Graf aber machte sich nichts daraus und fegte die Kugeln immer nur so mit einem Besen auf die Seite. Da hat der Feind aber mit Kanonen angefangen, und der Graf mußte das Schloß übergeben, das bis auf den Grund niedergeschossen ward.

Sie haben einmal später auf dem Berge, wo die Burg stand, eine Vogelstange aufgestellt und ein Schießen gehalten; da kam aber eine Stimme aus dem Grunde, daß man sich das Piffpaffen wollte verbeten haben. (356)

De witten Wiewer

In einem Wiesenberge bei Dahme wohnen »de witten Wiewer«. Man stellt ihnen jeden Abend einen Topf mit Milch an den Berg. Am nächsten Morgen ist die Milch verschwunden, und es liegt ein Geldstück bei dem Topfe. Als ein Besitzer der Wiese den Berg abgraben und die Erde über seine Wiese fahren wollte, starb ihm am ersten Tage eine Kuh, am zweiten ein Pferd, und am dritten Tage ertrank eines seiner Kinder in der Tränktonne. Da ließ er von der Arbeit ab, und bis heute hat kein Besitzer der Wiese es wieder gewagt, den Erdhügel abzufahren. (357)

Feuerwehr

Mitunter werden auch Leute in Haufen versammelt gesehen, wie sie löschen, retten oder herbeilaufen. »Dat giff bald Für in Grotenbrode«, sagte ein Mann zu seiner Frau, als sie auf dem Felde arbeiteten, »dat brennt al.« – »Wo denn?« – »Ja, dar löpt sovel Lüd op'n Dörp, wat is dar los?« – »Dar sünd jo gar keen«, die Frau kann nichts sehen. »Ja, se lopt dar.« Das Feuer bricht bald nachher aus, und die Leute laufen herbei, so wie er es gesehen und gesagt hat. (358)

Wittfruen

Unter dem Dorfe Sahrensdorf auf Fehmarn wohnten vorzeiten weiße Frauen oder Wittfruen, die raubten gerne die ungetauften Kinder. Um diese also vor ihnen zu bewahren, zündete man früher gleich nach der Geburt eines Kindes ein Licht an, und bis das Kind getauft war, mußte allezeit eins im Zimmer der Wöchnerin brennen. (359)

Geldzählender Mann

Auf Fehmarn will man bei Puttgarden nächtlicherweile einen geldzählenden Mann gesehen haben, der seinen Kopf unter dem Arm trug. (360)

Das versteinerte Brot

Es lebten einmal zwei Schwestern, von denen die eine sehr reich, aber dabei hartherzig und boshaft war, die andere aber hatte viele Kinder und nicht einen Bissen in ihren Mund zu stecken.

An einem Sonntagmorgen nahm sie einen gelben messingnen Kessel, das einzige wertvollere Stück, das sie noch besaß, über den Arm und ging zu der reichen Schwester mit der Bitte, ihr darauf ein Brot oder etwas Korn zu leihen. Aber die hartherzige Schwester wies sie ab und sagte, sie hätte nichts im Hause. Als die andere aber dringend bat, schwur sie sogar, wenn sie etwas hätte, solle ihr Brot gleich zu Stein werden. Weinend ging die Frau zu einem Manne, der so gutherzig war und ihr auf den Kessel einen Scheffel Weizen tat.

Unterdes kam der reichen Schwester Mann aus der Kirche zurück, und da ihn nach dem weiten Wege hungerte, bat er seine Frau, ihm noch vor Mittag ein Butterbrot zu geben. Als diese nun zum Schranke ging, war das Brot schwer wie Stein, und das Messer glitt ab, sooft sie es ansetzte. Da mußte sie ihrem Manne gestehen, was geschehen sei und was sie gesagt habe.

Und von der Zeit an kamen sie immer mehr zurück und mußten endlich ihr Brot betteln. Aber der Armen verhalf Gott zu ihrem Auskommen, so daß sie ihre Kinder ernähren und redlich erziehen konnte. (361)

Das Geschenk der Hexen

Spätabends ging ein Mann, der ein Musikant war, von Todendorf nach Puttgarden. Auf der Mitte des Weges begegneten ihm eine Menge Hexen, die ihn sogleich umringten und sagten: »Spiel uns was vor.« Vor Angst konnte er nicht reden, brachte es aber doch endlich heraus und sagte, daß er keine Violine hätte. »Tut auch nicht nötig«, antworteten die Hexen, »wir haben eine.« Als er nun zu spielen begann, tanzten sie wild um ihn her und sprangen haushoch. Endlich waren sie müde und gaben dem Manne zum Lohne eine Schürze voll Kröbeln (eine Art Apfelkuchen). Als er zu Hause kam, legte er die Violine und die Kröbeln auf die Essigbank (den Ofenschrank) und ging zu Bette. Am andern Morgen aber, als er seine Hexengeschenke besehen wollte, war die Violine zu einer alten Katze, der Bogen zu einem Schwanz und die Kröbeln zu Pferdedreck geworden. (362)

Erich verwüstet Fehmarn

Zweimal hatten die Fehmarnschen schon das große Heer des Königs zurückgeschlagen, und er vermochte nicht mit seinen Schiffen das Land zu gewinnen. Da übten die Einwohner und die Holsten, die ihnen beistanden, allerlei Mutwillen und Hohn, als er abzog; sie wiesen ihnen den Hintern und sangen:

> »Wenn de Koh kann Side spinnen,
> Sall König Erich unse Land gewinnen.«

Darüber aber ergrimmten er und seine Leute so, daß sie die Insel zum dritten Male angriffen und bei ihnen beschlossen, sie zu gewinnen oder lieber alle zu sterben. Die Einwohner wehrten sich

243

Weißenhaus

männlich, erschlugen eintausendfünfhundert Dänen, des Königs Vetter und viele Edelleute und Ritter; aber endlich drangen die Dänen doch auf den Sand und wüteten nun wie tolle Hunde. Es galt ihnen alles gleich, geistlich und weltlich, jung und alt, Mann und Weib; Frauen und Jungfrauen wurden geschändet und dann greulich getötet und viele Kinder ertränkt. Andere ließ der König aussetzen auf eine öde Insel, daß sie da verschmachteten. Es taten sich eine Anzahl Jungfrauen zusammen, machten einen Reihen und gingen tanzend vor ihn hin und sangen dazu, weil sie dachten, ihn so zur Barmherzigkeit zu lenken. Sowie aber jede vor ihn kam, ließ er sie nacheinander erstechen. Zweihundert und mehr Leute hatten sich in eine Kirche geflüchtet; er aber ließ sie ohne Barmherzigkeit nackt und bloß hervorziehen, niederwerfen wie Schweine und wie Frösche spießen, daß das Blut in Bächen in den Straßen floß. Darnach beraubte er die Kirchen und schonte nicht die heiligen Sakramente und Kleinode. Kirchen, Häuser und Dörfer wurden zerstört und bis auf den Grund niedergebrannt und alles Lebende getötet, daß nicht ein Hund im Lande blieb.

Als der König die Verödung sah, da graute es ihm doch; und als endlich ein heiliges Bild (man hat es lange nachher noch gezeigt)

Blut schwitzte, ließ er ausrufen, daß wer noch am Leben wäre, sollte getrost hervorkommen und keines Übels zu befürchten haben. Da waren von allen noch drei am Leben; der eine hatte sich in der Landkirchener Kirche verborgen, der andere in einer Schlucht bei Burg und der dritte in der Vitzdorfer Steinkiste. Man zeigt diese Orte noch heute und hat den König Erich auch bis auf diesen Tag noch nicht vergessen und lange noch ein Lied gekannt von dem greulichen Blutbade, das er anrichtete. Er aber hat für seines Lebens Zeit darnach nicht wieder froh werden können, und sooft er an den Tag, da er Fehmarn eroberte, nur dachte, hat er immer bitterlich geweint.

(Bis zu diesen Zeiten ging auch ein großer Strom bei Oldenburg vorbei; den hatte König Erich verschüttet. Weil die Ostsee nun hier verlor, erweiterte sie ihre Bahn zwischen Fehmarn und Holstein und verschlang die Kolberger Heide. Im Weißenhauser Archive liegen noch Papiere, sagen die Leute, die beweisen, daß der Sund so schmal gewesen ist, daß die Leute von Flügge auf Fehmarn geradewegs und trockenen Fußes auf einen hingelegten Pferdekopf nach Weißenhaus herüberkamen, um Hofdienste zu tun.) (363)

Geister gebannt

Auf dem Heiligenhafener Felde war ein Loch oder eine Wiese; darinnen befanden sich zwei verwünschte Leute und machten nachts soviel Unruhe und ängstigten die Vorübergehenden, daß die Heiligenhafener endlich einen Mann aus Oldenburg beriefen, der das Geisterbannen verstand. Es war am hellen Mittage. Ein Mädchen hütete auf dem Sulsdorfer Felde die Schafe und stand eben am Heiligenhafener Weg, als der Mann in scharfem Trabe angeritten kam und ihr sagte, es würden gleich zwei Menschen kommen; sie sollte sich aber hüten, auf ihre Fragen zu antworten. Darauf jagte er eilig weiter, und bald kamen zwei ganz nackte Menschen angelaufen, deren Haar zusammengeknotet waren. Da erschrak die Dirne und lief davon, so schnell sie konnte, und die nackten Menschen mußten dem Geisterbanner nacheilen, der sie nach dem Oldenburger Brook brachte, oben auf den Bungsberg,

245

wohin früher selten jemand kam. Da sollen noch sonst manche Verbannte gewesen sein. (364)

Die Riesen bei der Flachsernte

In alten Zeiten wohnten bei Kembs Riesen oder Kämpen im Wasser; das Dorf hat von ihnen den Namen erhalten. Mitunter kamen sie heraus und spielten dann am Strand mit den großen Steinen, die da noch umherliegen, indem sie sie einander zuwarfen. Einst fanden sie bei solcher Gelegenheit, nicht weit von der Ostsee, Arbeiter, die eben mit dem Aufziehen des Flachses beschäftigt waren. Da fragten die Riesen sie: »Wat willt ji mit dat Kruut?« – »Dar willn wi uns Hemden van maken«, antworteten die Leute. »Wo fangt ji dat denn an?« – »Wi moeten irst den Flaß röupeln.« – »Is dat denn all naug?« – »Nä, denn mütt he irst röten.« – »Un denn?« – »Denn kümmt he up de Spree.« – »Un denn?« – »Denn wart he braakt.« – »Un denn?« – »Ward he swungen.« – »Un denn?« – »Ward he häkelt.« – »Un denn?« – »Ward he spunnen un denn weft; denn ward dat Linnen bleekt, un unse Fruens sniden dat tau un neien dat tausamen, un denn hebben wi irst Hemden.« Da meinten die Riesen, das wäre doch viel Mühe um nichts, und sie wären glücklich, daß sie nichts damit zu tun hätten. (365)

Klaas Störtebeker und Göde Micheel

Bei Putlos, an der Ostsee in der Nähe von Oldenburg, wo sie auch einen Sitz hatten, haben sie viele unterirdische Gänge angelegt und da ihre Schätze verborgen; sie konnten dadurch vom Schlosse bis an das wilde Wasser kommen und hatten ihren Ausgang beim Weinberg, einem Holz auf einem Berge. Daher hat man noch heute in Oldenburg das Sprichwort: »Du kümms tau laat in'n Wienbarg.« Da bei Oldenburg leben auch noch Nachkommen von Störtebeker.

Folgende Geschichte, sagen einige Leute, sei dem Görtmicheel passiert:

In Wandelwitz (oder in Kröß, wie andre sagen,) war einmal eine große, hübsche Dirne. Aber auf einmal verschwand sie, und man wußte nicht, wo sie geblieben war. Die beiden Eltern grämten sich Tag und Nacht um das einzige Kind; aber alles Suchen war vergebens. Es vergingen sieben Jahre, und fast hatte man sie schon vergessen; da war sie mit einem Male wieder da, und niemand wußte wieder, wo sie hergekommen sei. Die Freude der Eltern war groß; aber keiner konnte von ihr es herausbringen, wo sie so lange gewesen; sie sagte, daß sie es nicht verraten dürfe. »So klag es dem großen Stein, der neben der Seitentür liegt«, sagte die Mutter. Da ging die Tochter hin, kniete nieder und sprach:

> »Stein, ich klag dir meine Not,
> Der Räuber hat mich nach dem Weinberg weggeholt.«

Und sie erzählte weiter, daß sie die sieben Jahre bei ihm gewesen sei und ihm sieben Kinder geboren hätte; sie hätte immer gerne einmal wieder nach Hause gewollt, aber der Räuber hätte es nicht haben wollen; sonst hätte sie es gut bei ihm gehabt und könnte über nichts klagen. Endlich habe sie Erlaubnis erhalten, aber ihm vorher versprechen müssen, keinem zu sagen, wo sie so lange gewesen sei, und er hätte geschworen, wenn sie nicht wiederkäme, würde er ihren Kindern die Köpfe abhauen und diese auf einen Weidenzweig ziehen; käme sie aber wieder und hätte sie ihn verraten, so würde er sie dazu umbringen.

Während der Zeit, daß sie dem Stein das klagte, stand die Mutter hinter der Tür und hatte alles gehört, und weil sie ihre Tochter gerne retten wollte, ersann sie eine List.

Als diese zur bestimmten Zeit nach der Höhle zurückkehren wollte, sagte die Mutter: »Hier ist ein Beutel mit Erbsen; den nimm, und wie du gehst, laß eine Erbse nach der andern fallen bis dahin, wo der Räuber wohnt.« Die Tochter merkte wohl, was die Mutter im Sinne hatte. Sie hatte den Räuber liebgehabt; aber da sie nun wieder zu ihm sollte, graute ihr doch vor ihm. Sie nahm daher den Beutel und tat, wie ihr gesagt war. Der Räuber war hocherfreut, als sie wiederkam, und nahm sie aufs beste auf. Aber bald kam sie ihm doch wunderlich vor, und er wußte nicht, was er denken sollte. »Komm«, sagte er, »kämm mir das Haar und lause

Störtebecker vnd Godeke Micheel

de roveden beide to gliken Deel to Water und to Lande

so Lange dat et Gott van Hemmel verdrot,

do mosten se Liden grote Schande

Störtebecker. Zeichnung von Bernhard Winter

mich ein wenig!« Und damit legte er ihr seinen Kopf in den Schoß. Wie sie nun saß und tat, wie er gesagt hatte, und sie daran dachte, daß sie ihn verraten habe und er sie doch immer so liebgehabt hätte und nun wohl bald die Leute aus dem Dorfe kämen und ihn totschlügen, da ward ihr weich, und die Tränen fielen ihr aus den Augen nieder in den Schoß. Als der Räuber nun die warmen Tropfen im Gesicht fühlte, da sprang er auf, ergriff ihre Kinder und tötete eins nach dem andern, zog die Köpfe auf einen Weidenzweig und hängte sie in der Höhle auf. Das mußte sie erst all mit ansehn, und darauf wollte er sich auch über sie hermachen. Aber da kamen die Wandelwitzer eben zur rechten Zeit (die Mutter hatte ihnen den Weg gezeigt) und überfielen den Räuber und töteten ihn. Also ward die Tochter gerettet; sie ward in ihrem Leben aber nicht wieder froh und glücklich. (366)

Schuhu gebannt

Ähnlich wird erzählt, daß einmal ein Herr die unterirdischen Gänge bei Putlos [...] habe öffnen lassen, dabei der Kutscher vor Schreck gleich starb, der Schmied und Vogt bald nachher. Als man eine große eiserne Tür gesprengt, sei ein großer Schuhu herausgeflogen und habe sich aufs Herrenhaus gesetzt. Man habe einen katholischen Priester aus Wien holen müssen, der erst, aus einem kleinen Katechismus lesend, den Vogel wieder habe zur Ruhe bringen können. (367)

Die goldene Wiege

Am Oldenburger Wall auf der Putloser Heide, in einem kleinen Gebüsch, dicht bei Friederikenhof, sagen sie, liegt außer einer goldenen Wiege auch noch ein goldenes Kleid, fünftausend Taler an Wert, und andere Kostbarkeiten. Da geht auch eine verwünschte Prinzessin umher. (368)

Das alte Schloß zu Putlos

Der starke Tabak

Als der Teufel noch keine Flinte kannte, ging er einmal im Walde spazieren; da begegnete ihm ein Krupschütze. »Wat hest du dar?« fragte der Teufel, als er die Flinte sah. »Dat is mien Tabaksdoos«, antwortete der Wildschütz. »Ah, so laat mi ins en Prischen krigen«, bat er; der Wildschütz hielt ihm den Lauf unter die Nase und schoß los. Da fing der Teufel gewaltig an zu prusten, als er die Ladung bekommen hatte, und sagte: »Dat is mi waraftig en starken Tabak!« (369)

Das schlafende Heer

In katholischen Zeiten, als noch überall im Lande Klöster waren, führten die Mönche im Kloster Mönchneversdorf das gottloseste Leben. Kein Frauenzimmer in der ganzen Gegend hatte vor ihnen Ruhe. Mit Gewalt rissen sie die Leute aus dem Schlafe, nahmen sie mit und zwangen sie dann dazu, in den Nächten ihnen einen großen unterirdischen Gang auszugraben und auszumauern, der bei Putlos am Wasser der Ostsee ausmündet. Hierher begaben sie sich und trieben ihr ärgerliches Leben mit den Schifferfrauen. Die Mönche sollen allzumal einen Bund mit dem Teufel gehabt haben.

Ihr Leben und ihre Untaten kamen endlich dem Könige zu Ohren. Da schickte er Kriegsvolk aus, das Kloster zu zerstören und die Mönche allesamt gefangenzunehmen. Aber die Mönche brachten es mit der Kunst dahin, daß sie das Heer bezauberten und es in den großen unterirdischen Gang einzog und da in tiefen Schlaf versank. Hier wird es nun schlafen, bis einst die Türken die ganze Welt erobert haben. Da wird über unser Land ein weißer König herrschen, der auf einem weißen Pferde reitet. Sein Heer wird das letzte in der ganzen Christenheit sein und auch geschlagen werden. Dann aber wird er sein Pferd an einen Weidenbaum binden und in sein Wunderhorn stoßen. Alsobald werden die Schläfer erwachen, und ein Heer wird kampfgerüstet aus dem Neversdorfer Gange hervorsteigen und die Türken schlagen, also daß nur ihrer sieben entrinnen. (370)

Das verschüttete Dorf

Eine Heilige ging am Strand, sah nur zum Himmel und betete; da kamen die Bewohner des Dorfs sonntags nachmittag, ein jeder geputzt in seidenen Kleidern, seinen Schatz im Arm, und spotteten ihrer Frömmigkeit. Sie achtete nicht darauf und bat Gott, daß er ihnen diese Sünde nicht zurechnen wolle. Am andern Morgen aber kamen zwei Ochsen und wühlten mit ihren Hörnern in einem nahegelegenen Sandberg, bis es Abend war; und in der Nacht kam ein mächtiger Sturmwind und wehte den ganzen aufgelockerten Sandberg über das Dorf hin, so daß es ganz zugedeckt wurde und alles darin, was Atem hatte, verdarb. Wenn die Leute aus benachbarten Dörfern herbeikamen und das Verschüttete aufgraben wollten, so war immer, was sie tagsüber gearbeitet, nachts wieder zugeweht. Das dauert bis auf den heutigen Tag. (371)

Plön und Umgebung

Der gedeckte Tisch

Einst, es war noch zur Zeit der Leibeigenschaft, als der Hunger ein noch viel bekannterer Gast war, als er es jetzt ist, pflügten Neudorfer Leute am Voßberg auf der Koppel. In der Nähe des Berges duftete ihnen der Geruch von frischem Brot entgegen, und einer sprach zum andern: »Gewiß hebbt de witten Wiewer backt; wenn wi man ok wat to eten harrn!« Sogleich stand vor ihnen ein fein gedeckter Tisch, mit den schönsten Speisen besetzt. Es waren so viele Teller und silberne Messer und Gabeln auf dem Tische, als Leute auf der Koppel arbeiteten. Alle setzten sich heran und aßen sich satt. Einer der Pflüger aber entwendete eine Gabel vom Tische und steckte sie in die Tasche. Nach der Mahlzeit wollte der Tisch deshalb nicht verschwinden, wie es sonst wohl geschehen wäre. Die Leute wunderten sich darüber, und der Vogt sagte: »I, wo geiht dat to, de Disch will ja nich werrer weg!« Alle Taschen wurden durchsucht, die Gabel wurde gefunden und an ihren Platz gelegt. Im Nu war auch der Tisch fort. Von der Zeit sind nie wieder Leute am Voßberg von den »witten Wiewern« gespeist worden. (372)

Vom alten Fürsten

Vom »alten Fürsten« Friedrich Wilhelm von Hessenstein, Besitzer der vier Pankerschen Güter von 1781 bis zu seinem Tode 1808, wurde in meiner Jugend erzählt, daß er nachts in einer verhängten, aber drinnen hell erleuchteten Kutsche durch seine vier Güter fahre und sich dabei von seinem Sekretär vorlesen lasse. Andere wieder hatten ihn nachts im hellen Mondenlichte auf seiner »alten Liese« einherreiten sehen. – Seine Mutter aber, die ehemalige Gräfin Taube, ging als »weiße Frau« im Schlosse zu Panker um. (373)

Die Mühle im Vogelsang

Ein gottloser Müller, der die Mühle im Vogelsang bei Matzwitz (Lütjenburg) innehatte und von den Erdengütern nimmer genug bekommen konnte, trieb sogar am heiligen Karfreitag seinen Gesellen zum Mahlen. Der geriet jedoch bald zwischen das Räderwerk der Mühle, wurde zerstoßen und zermalmt und kam also elendiglich ums Leben. – Seit diesem Tage wich nun aller Segen von der Mühle und dem Müller, so daß er seines Lebens nie wieder froh ward und in tiefe Schwermut verfiel. Zuletzt ließ er die verhängnisvolle Mühle abbrechen und zog, von Gewissensbissen gemartert, fort in eine andere Gegend, wo er bald darauf starb. – Noch sieht man dort im Vogelsang am Bache eingerammte Pfähle und Getrümmer von Mauerwerk und hört zur Nacht dort ein unheimliches Klappern der Mühlräder und das klägliche Geschrei des Gesellen. (374)

Der Ring im Mühlenteich

Der letzte Graf, der die nun längst verfallene Burg auf der Insel im Hohenfelder Mühlenteiche bewohnte, soll einst seinen Fingerring aus dem Schloßfenster ins Wasser geworfen und gesagt haben: »So gewiß ich diesen Ring nie wieder sehen werde, so gewiß werde ich auch niemals Not leiden; holzarm und steinarm kann ich wohl werden, aber nie goldarm.« – Am andern Morgen soll der Jäger einen Hecht geangelt haben, in dessen Magen die Köchin den Ring wiederfand. – Nach wenig Jahren war der Edelmann durch seine kostspieligen Bauten, seine unbegrenzte Prachtliebe und durch Prozesse so sehr in Schulden geraten, daß er seine Güter verkaufen und mit dem weißen Stock in der Hand davongehen mußte. (375)

Die tyrannische Edelfrau

Eine Edelfrau auf Schmoel war eine große Liebhaberin von schöner Leinewand. Sie hatte daher die Mädchen, welche Garn spinnen mußten, selbst unter Aufsicht und zeigte mit den Fahrlässigen nicht das geringste Erbarmen. Oftmals wand sie ihnen Garn um die Finger und ließ es dann abbrennen, was natürlich entsetzlich schmerzte. Ja, sie ließ solche armen Dirnen sogar mitunter an einen glühenden eisernen Ofen binden und martern. Einmal hatte sie es wieder so gemacht und war davongegangen. Als sie wieder eintrat, war das festgebundene Mädchen schon ein Opfer ihrer Tyrannei geworden und völlig verbrannt. – So trieb sie es lange Jahre. Da wurde der Edelfrau von dem bösen Geiste, dem sie sich längst ergeben hatte, angekündigt, daß ihr Ende da sei. Sie befahl ihrem Kutscher, anzuspannen und setzte sich dann in die Kutsche. Auf die Frage: »Wohen?« antwortete sie: »Man ümmer liekut!« Nach einer halben Stunde war der Kutscher in einer ihm ganz fremden, wüsten Gegend und traf endlich ein großes unterirdisches Schloß. Die Eingangstür war an der Seite eines steilen Berges. Hier mußte der Kutscher stillhalten. Die Tür wurde geöffnet und die Edelfrau eingelassen. Dem Fuhrmann aber sagte keiner etwas, weder daß er warten noch daß er umkehren solle. Als ihm endlich die Zeit lang ward, wollte er fragen, was er zu tun habe. Er öffnete die erste und dann auch die zweite Tür ein wenig, blickte hinein und sah mit Entsetzen, daß seine Herrin in einem Zimmer voller Flammen saß und mit glühenden Kämmen gekämmt wurde. Er erschrak dermaßen, daß er an allen Gliedern zitterte. Bald hörte er drinnen ein klägliches Jammergeschrei, voller Angst eilte er zu seinem Wagen zurück und jagte davon, kam jedoch erst nach vierzehn Tagen wieder nach Schmoel. Die Edelfrau aber ist aus dem unterirdischen Marterschlosse niemals zurückgekehrt. (376)

Müsmaker

Auf dem Gute Köhn ist früher eine Brennerei gewesen. Da hat sich einmal ein Mann erzürnt, und mit einem Male läuft die ganze Stube voll Mäuse. Seit der Zeit hat der Mann den Namen »müsmaker« gehabt.

Alle sind vor ihm bange gewesen. Manchmal ist er wohl zu einem Hause auf Gut Neuhaus gekommen. Da ist es dann vorgekommen, daß in seiner Gegenwart die »ramstang« zum Buttern hinausgetragen ist, und dann haben sie nicht abbuttern können. Stundenlang haben sie gebuttert, daß der Schaum oben hinausgegangen ist, aber sie haben keine Butter gekriegt. Da hat ihnen einer den Rat gegeben, sie sollten um den Fuß des Gefäßes herum an der Innenseite ein Band machen, denn die Leute, die hexen, zählten die Bänder der Gefäße. Der Rat hat geholfen. Wenn der Müsmaker nun gezählt hat, hat er sich verzählen müssen, und nun haben sie abbuttern können. (377)

Die Gräfin auf Neuhaus

Die Sage von der Frau von Hahn, die [...] von einem Wassernix geholt wird, stimmt, wie sie mir einst auf Neuhaus am Selenter See erzählt ward, mit der rantzauischen. Die Gräfin wird in den Keller des Hauses geholt, erhält Hobelspäne zum Geschenk, die sich in Gold verwandeln, ein großer Becher wird auf Neuhaus noch gezeigt, die andern daraus verfertigten Sachen sind abhanden gekommen. Das Geschlecht ist bekanntlich ein mecklenburgisches. (378)

Der Kuhhirte und die Spukgestalten

Vor vielen Jahren begegnete einem Klamper Kuhhirten jeden Abend, wenn er in der Dunkelheit von seinen Kühen nach Hause ging, immer an derselben Stelle eine goldene Kutsche, die mit vier schwarzen Pferden bespannt war. Er trat dann zur Seite und ließ sie vorbeifahren, und niemand tat ihm etwas. Als der Hirte sich aber eines Abends etwas verspätet hatte und wieder an der bewußten Stelle anlangte, zeigte die Kutsche sich nicht. Dagegen sprang ihm ein riesengroßer Kater in den Weg, der hatte glühende Augen und schrie ihm zu: »Nu is dat ut mit di!« Der Hirte aber, ein baumstarker Kerl, war nicht bange, sondern schlug mit dem umgekehrten Peitschenstock dem Kater zwischen die Ohren, daß es nur so krachte. Der Spuk verschwand augenblicklich, und auch die Kutsche begegnete dem Kuhhirten niemals wieder. Der Peitschenstiel war nämlich in einer der zwölf heiligen Nächte vom Kreuzdorn geschnitten. Es heißt, daß ein Mann aus Rönfeldholz, dem niemand so recht getraut, seitdem verschwunden war. (379)

Der treue Knecht

Der letzte Besitzer der Burg zu Schönweide, von der noch der Burgplatz mit den Resten der Wälle und Gräben zu sehen sind, war ein Rantzau. Er hatte sich den Haß der Dänen zugezogen und ward von ihnen belagert. Von einer Anhöhe auf dem Tresdorfer Felde beschoß man die Burg mit Kanonen. Endlich mußte der Besitzer mit seinen Dienern fliehen, und um die Feinde zu täuschen, ließ er den Pferden die Hufeisen verkehrt auflegen. Er entkam, und nie hat man wieder etwas von ihm gehört. Ein anderer Teil der Leute rettete sich auf Kähnen über den Tresdorfer See.

Der Graf aber hatte seinen verwachsenen Sohn auf der Burg zurückgelassen, und als die andern alle flohen, blieb allein ein treuer Knecht bei ihm zurück; der steckte ihn in einen Sack und verbarg ihn im Keller. Als nun die Belagerer eindrangen, bat er fußfällig um sein Leben und die Erlaubnis, sein bißchen Zeug mitnehmen zu dürfen, und da man [es] ihm gewährte, nahm er den Sack und rettete so den Sohn seines Herrn. (380)

Plön

Das alte Plön

Der Berg, auf dem das Plöner Schloß steht, ist mit Schiebkarren zusammengefahren, und jeder Arbeiter erhielt damals täglich einen Schilling. Von dem Berge aber steht nun nur noch ein kleiner Teil. Denn bei einem Erdbeben versank die eine Hälfte nebst dem alten Schlosse und einem Teil der Stadt in den See. Anfangs hörte man noch die Glocken des Turmes läuten, der mit versunken war, und Fischer sollen ihn noch bei klarem Wetter erblicken. Ein alter Mann erzählte, er habe einmal am großen See einen Haufen Stecknadeln gefunden, so groß wie ein Maulwurfshügel. Die rührten noch von der alten Stadt her.

Bei diesem Erdbeben gewann der See überhaupt sehr an Umfang. Alte Leute wissen zu erzählen, daß zwischen Godau und Bosau, wo jetzt eine große Bucht ist, früher gar kein Wasser war, sondern nur eine kleine Au in den See floß, die so seicht war, daß man über einem hingelegten Pferdekopf hinüberging. Von dieser bösen Au hat Bosau später seinen Namen erhalten.

Den Wirkungen des unterirdischen Feuers verdankt auch Ascheberg seinen Namen. (381)

Der Teufel mit dem Hammer

Damals, als das Plöner Schloß gebaut ward, stand der Teufel oft bei Sonnenaufgang auf dem Segeberger Kalkberg und sah mit Verdruß das schöne Gebäude sich erheben. Als ihm aber endlich die Fenster des Schlosses entgegenfunkelten, ergrimmte er so, daß er seinen großen silbernen Hammer ergriff und hinüberschleuderte. Er hätte auch wahrscheinlich das Schloß zerschmettert, wenn nicht unterwegs glücklicherweise der Hammer vom Stiel geflogen wäre. Nun fuhr er nieder auf eine Koppel der Dorfschaft Pehmen am Plöner See, Gemeinde Bosau, und drang so tief in die Erde, daß er eine Kuhle bildete, die meist mit Wasser angefüllt ist und noch heute die Hammerkuhle heißt. Ein alter Eichstamm stand früher daneben, und das war der Stiel des Hammers gewesen. – Man sagt auch, daß dies zu Herzog Hans Adolfs Zeiten geschehen und der Teufel so böse geworden sei, weil der Herzog seinen mit ihm geschlossenen Kontrakt nicht hatte erfüllen wollen. – Das Loch läßt sich bis auf den heutigen Tag durch nichts völlig auffüllen, so tief ist es. (382)

Die Zigeuner

Bei Hollmoorskamp, einer Erbpachtstelle in Ascheberg, ist eine Wassergrube, die man die Taterkuhle nennt. Da haben vor Zeiten die Tater ihre altersschwachen Leute, die sie nicht mehr mit fortschleppen konnten, lebendig hineingetaucht und ertränkt, wobei sie riefen:

>»Duuk ünner, duuk ünner,
> De Welt is di gram,
> Du kanns nich länger lewen,
> Du muß der jo van.«

Es gab auch weiße Tater, vor denen sich die braunen fürchteten. Sie fragten daher auf ihren Zügen oft, ob man auch weiße Tater gesehen habe. Ihre Kinder beschmierten sie gleich nach ihrer Geburt mit Schmutz, denn, sagten sie, »sönst früsker dat.« Katzen nannten sie Balkenhasen, und sahen sie eine laufen, so hatten sie sie gleich unterm Mantel. Katzenfleisch war ihre liebste Speise. Von ihren Diebereien erzählt man noch viel. Während einmal ein Taterweib ein krankes Kind räucherte, stahl ein anderes eine große Summe Geldes. (383)

Der Wilde Jäger

In alten Zeiten, als das Wünschen noch half, wünschte einer, der ein gewaltiger Liebhaber der Jagd war, daß er doch ewig jagen könnte; so wollte er auch auf die ewige Seligkeit verzichten. Nach seinem Tode ist ihm dieser Wunsch erfüllt worden, und in dunklen Nächten kann man ihn mit seiner Jägerei umherziehen hören. Einem, der quer über eine Koppel gehen wollte, rief er einmal zu:

>»Bleib du im großen Mardelweg,
>So beißen dich meine Hunde nicht.«

Und ein Junge, der die Pferde hütete, rief einmal »Hetäh! Hetäh!« als die Jagd über ihn hinzog. Da warf ihm frühmorgens der Wilde Jäger einen Pferdeschinken auf die Bettdecke und sprach: »Hast du mit gejagt, sollst du auch mit essen.« (384)

Nehmten

Als in grauen Zeiten das Christentum sich hier im Lande verbreitete, hausten am Plöner See zwei Rittersleute, von denen der eine schon ein Christ, der andere noch Heide war. Sie lebten bald in Unfrieden, bald so miteinander, als wenn sie zwölf Meilen auseinander wohnten und sich gar nicht kannten. Als einmal der christliche Ritter von einer langen Reise zurückkam, war unterdes des heidnischen Ritters Töchterlein zur blühenden Jungfrau geworden; beide führte erst der Zufall zusammen, bald aber öfter die Liebe, und sie gelobten einander Treue. Lange verweigerte der heidnische Ritter ihrem Bunde seine Einwilligung. Endlich ließ er sich bewegen und nun ein großes Stück von seinem Lande abnehmen, seiner Tochter zur Mitgift, und sprach dabei: »Nehmt hen!« –

Der glückliche Christenritter setzte zur Krone seines Wappens den Stern seines Schwiegervaters, und das Geschlecht der Kronstern besitzt bis auf den heutigen Tag das Gut Nehmten. (385)

Dänenbrook

In'n Dänenbrook bi Schipphorst schüllt vel Dänen versapen sien. Dar spökelt dat ok noch.

Auf dem Dänenbrook bei Schipphorst wohnte ein Ehepaar, das allgemein Johann und Stina genannt wurde. Eines Tages war in Schipphorst Richtschmaus bei Stender. Johann und Stina wollten hin zur Feier und holten sich Greten Studsch zum Einhüten. Abends war da noch ein Stück Kalbfleisch in einem großen eisernen Topf auf dem Feuer, Greten mußte mal nachsehen. Als sie in die Küche kam und Holz nachlegen wollte, ging die Tür auf, und ein schwarzer Pudel kam herein, bellte und kratzte bei Greten herum, sie ging wieder in die Stube hinein. Als sie später wieder nachsah, kam ein rotes Kalb. Greten nahm die Lampe und sah im Kuhstall nach, es fehlte aber kein Tier. So ging es jeden Abend an einem bestimmten Tag der Woche. Oft hörten die Bewohner des Dänenbrooks abends auf dem Pflaster vor ihren Fenstern ein Auf- und Abgaloppieren und ein Rasseln, als würden schwere Ketten dort entlanggestreift. Draußen sah man ein weißes Kalb laufen, das die Kette hinter sich herzog. Die Türen gingen oft von selbst lautlos auf, und eine weiße Hand langte in die Stube.

Auf dem Kreuzweg zum Viehbrook spökelte es auch. Wollte man zum Brook hinunter, so kam von der Koppel vom Dänenbrook ein Reiter auf einem Schimmel angesaust. Das Pferd bäumte sich hoch auf, und der Hals des Pferdes wurde immer länger, so daß man nicht weitergehen konnte und wieder nach Hause mußte. (386)

Sagenhaftes aus Wankendorf

An den Weg von Stolpe na Wankendörp, an de Sit na de See, is fröher en Leilicht sehn worn. Dat keem op bi dat Arbeitshus un wüpp in den Tun ümmer up un af. Dat güng bit na de Kirch, mitünner ok noch wieder. Op de Koppel bi't Arbeitshus schall fröher een köppt worn wesen; darvon schall dat Leilicht kamen.

In de Wullbrook (Koppel bi Wankendörp) schall fröher en Dörp legen hebbn, dat hett Düdendörp heten. En Vagel in de Luft schall ropen hebben: »O weh, Wankendörp.« Dat hett hier en Fru hört. Gau hett se ropen: »Tui üm na Düdendörp« (Kehr üm na Düdendörp). Do is de Pest dar kamen, un dat ganze Dörp is utstorben. De ole Fru hett er begraben. Min Mann hett in de Wullbrook öberall in de Grund Tegelsteens funn. (387)

Die Leibeigenen

Zwei Depenauer wollten einst der Leibeigenschaft entfliehen. Sie machten sich deshalb an einem dunklen Abend auf und schritten rüstig vorwärts. Wie erstaunten sie aber, als der Tag aufging und sie noch nicht die Grenze des Gutes überschritten hatten, sondern sich erst beim hohlen Bache befanden, der die Landstraße nach Bornhöved durchschneidet. Betrübt nahmen sie ihren Weg zurück und wußten sich die Sache gar nicht zu erklären, bis eine alte kluge Frau sie belehrte. Sie hätten nämlich die Grenze nicht überschreiten können, weil sie ihre Westen nicht verkehrt angezogen hätten; würden sie dies getan haben, so wären sie ungehindert fortgekommen. Sie befolgten später diesen Rat, wanderten zum zweiten Male aus, und niemals hat man wieder etwas von den beiden gesehen noch gehört. (388)

Die Krähe

Dat is op 'n »Nien Jäger« in't Bothkamper God weß, dar is ümmer morgens so 'n grot swart Kreih na de Wienkirschen kamen un hett dar von de Kirschen freten, un denn is se wegflagen. »Dar is dat grot Deert al wedder«, seggt de Mann mal, »ik will de Flint haln un er een' hen pusten!« He lad awer Arvsülwer in de Flint, un denn schütt he to. Do ward dat ropen: »O Gott, o Gott, wo kam ik na Schipphorst hen, wo kam ik na Schipphorst hen!« »Ja, dar seh du Döwel to«, seggt de Mann, »wat wullt du hier!« (389)

Der Leichenwagen

En Fru ut Böhnhusen is tosam mit en jung Deern na Kiel to Wochenmarkt. As se abends trüch gaht, seggt de Fru mit eens: »Komm weg, lütt Deern!« Awer de deit dat ni, un do fangt se an to dammeln un to stöltern, un toletz fallt se hen. »Heff ik di dat ni seggt?« De Deern steit gau wedder op un fragt biesterig: »Wat is dat weß?« »En Liekentog!« »Wo kann ik dar öwer falln?« »Ja, süh, eerst perrst du na de Dießel rop; de sleit hen un her, un so kümmst du in't Daumeln. Denn kümmst du na de Wagen rop un öwer't Sarg, un so as dat to Enn is, fallst du von'n Wagen.« (390)

Stiftung des Klosters Preetz

Vorzeiten bedeckte ein großer ungeheurer Wald die ganze Gegend, wo jetzt Preetz und die Gründe des Klosters liegen. Dort jagte einmal Graf Albrecht von Orlamünde. Ein edler Hirsch sprang auf, und lange verfolgte der Graf das fliehende Tier, als es mit einem Male unter einer großen Eiche stille stand und den Grafen ruhig anblickte, als wenn es den Tod nicht fürchte. Schon legte er an, um es zu erlegen, als ein glänzendes goldenes Kreuz zwischen seinem prächtigen Geweih sichtbar ward. Da erkannte der Graf, daß der Ort heilig sei, und schonte des Hirschen; er ließ den Wald ringsumher ausreuten und baute ein Kloster dahin, dem

Preetz

er reiche Einkünfte und weite Strecken Landes gab. Bis auf den heutigen Tag steht noch die große heilige Eiche mitten im Orte vor der Wohnung des Klosterpropsten. Ein Graf Alf von Holstein soll unter ihren Ästen später seinen Schießplatz gehabt haben. (391)

Der Donner holt ein Klosterfräulein

Mehrere Wochen hindurch zog sich täglich ein Gewitter über Preetz zusammen und stand immer gerade über dem Kloster. Da erklärte eine Nonne, daß das Gewitter sie holen wolle; im Traume wäre es ihr angezeigt, und sie bat, man möchte sie hinausgehen lassen. Das Gewitter wiederholte sich noch immer. Darum ging sie eines Tages mit zwei Schwestern hinaus auf den Degenkamp, und plötzlich kam ein starker Donnerschlag, und der Blitz nahm das Fräulein aus der Mitte ihrer Begleiterinnen. Nur eine Locke und ein Pantoffel entfiel ihr; die sind lange im Kloster aufbewahrt. Das Gewitter aber war vorüber. – In der Preetzer Klosterkirche hängt noch ein kleines Gemälde, das diese Begebenheit darstellt. (392)

Probstei

Kinder bey dem Hexen-Convent

Ich füge diesem bey / welches meiner Liebsten ihren sel. Groß-Vater / Hn. Thom. Laurentio / Pastoren zum Hagen in der Prob-stey bey Pretz im Holstein wiederfahren ohngefehr Anno 1670. Es ist landkündig daß um selbiger Zeit ein heßlicher Hexen-Lerm daselbst war / also daß aus einer sehr grossen Zahl auch viele die ordentliche Hexen-Straffe empfunden / daß aber dabey zu observi-ren war dieses / daß eine grosse Anzahl Kinder mit zu der Hexen Compagnie gesellet wurden / als welche auch theils vorgaben / daß sie schon zum Hexen-Feste sich mit einfünden. Wann nun ein rechtschaffener Prediger Sorge hat auch für die kleinsten Schäff-lein; als ließ der sel. Thomas Laurentius sich seiner Heerde hertzlich angelegen seyn mit Lehren und Vermahnen die Verlohrene und Irrige aus des Satans Klauen / und wiederum auf den rechten Weg zur Seligkeit zu leiten. Da sich in dessen der Tag fand / welcher als ein sonderlicher terminus zum Hexen-Convent gewidmet ist bey dieser losen Rotte; nam der selige herr Pastor alle berüchtigte Kinder zu sich gegen Abend in sein Hauß / und ließ die Kirch-Geschworne seines Kirchspills / als seine Zeugen mit dabey seyn; verbrachte auch den Abend / und biß gegen Mitternacht die Zeit mit den Kindern mit singen und beten. Um Mitternacht aber fielen alle Kinder auf eine Zeit in den Schlaff also / daß sie nicht könten ermuntert werden / in des sahe der sel. Herr Pastor / nebst den Kirch-Geschwornen dieses an / und warteten auf den Ausgang der Sachen / welcher dieser war / daß die Kinder gegen Morgen erwacheten / und bekräfftigten mit einhelligem Munde / daß sie der Hexen-Gesellschafft dem Leibe nach bey gewohnet hatten / ob gleich dieselbe nicht von der Stelle gewichen waren. (393)

Der schwarze Hahn

Zwischen Krokau und Fiefbergen in der Probstei liegt der Sommerhof, jetzt ein Buschblick von ziemlichem Umfange, wo die Krokauer Bauern jährlich schönen, starken Busch zum Brennen hauen. Hier stand früher ein altes Schloß, wovon man noch sehr deutlich Spuren sieht, obgleich dichtes, verworrenes Gebüsch und Dorngestrüpp alles überwuchert hat. Es ist dieses Schloß aber auch bezaubert und wird gewiß nicht so bald erlöst werden; denn es kann nur durch einen schwarzen Hahn, der hinkend geboren wird, geschehen. (394)

Das Viehsterben

Einst wütete in unserm Lande eine furchtbare Seuche unter dem Vieh und fraß die Ställe mancher Dörfer leer. Damals wohnte ein Mädchen in Ratjendorf in der Probstei mit Namen Elsbeth; die verdiente ihr tägliches Brot mit ihrer Hände Arbeit und war geliebt und geachtet von allen; man nannte sie nur die fromme Elsbeth. Als die Seuche sich Ratjendorf näherte, flehte sie zu Gott, doch ihre kleine Habe und ihr Dorf zu behüten, und tat ein großes Gelübde in dieser Not: Sie wolle drei Jahre trauern, in diesen drei Jahren niemals tanzen noch ihren Bräutigam sehen. In der Nacht kam ein Engel und gab ihr ein Weidenreis und sagte, sie solle das erste gefallene Vieh auf dem Hügel vor dem Dorfe in aller Frühe verscharren und das Reis darauf pflanzen. Als der Engel verschwand, erwachte sie; eilends stand sie auf und ging zum Stalle: Da lag ihr Kalb tot neben seiner Mutter. Nun tat sie, wie der Engel ihr befohlen hatte, begrub das Kalb und pflanzte das Reis darauf. Sie hielt ihr Gelübde volle drei Jahre, und das Dorf und ihr Haus blieben allein verschont; die Weide aber gedieh und ist größer und schöner geworden als irgendeine andere im ganzen Lande. Man sieht sie heute noch. (395)

Wie Frau Abel sich ein Ei holte

Vorzeiten wohnte zu Stakendorf in der Probstei eine alte geizige Frau, die hieß Frau Abel. Damals gab es noch viele Wölfe im Lande, die man in Gruben fing. Jeder im Dorfe mußte, sowie die Reihe an ihn kam, eine Ente oder Gans zur Witterung geben. Als endlich Frau Abel daran kam, nahm ihr Knecht eine Gans und setzte sie auf die Wippe über der Grube. Da fiel es aber der Frau ein, daß die Gans noch ein Ei bei sich hätte. Schnell lief sie hinaus durch den Schnee, obgleich der Abend schon da war, und langte nach der Gans, aber die Wippe gab nach, und sie fiel in die Grube. Nun schrie und rief sie; doch niemand hörte. Vor Frost und Angst klapperten ihr die Zähne; um Mitternacht fiel ihr aber das Ei in den Schoß. Allein gegen Morgen kam der Wolf geschlichen, schnoberte da erst herum, guckte in die Grube, tastete leise auf die Wippe und wollte nach der Gans langen: Da schlug das Brett um, und er war bei der Frau in der Grube. Ob er aber nicht hungrig war oder vom Falle einen Schreck bekam: Ganz ruhig setzte er sich in die Ecke, Frau Abel saß in der andern mit dem Ei in der Hand, und beide sahen einander an, gewiß mit verschiedenen Gefühlen. Endlich war es Tag, und der Knecht kam, um nachzusehen, wie der Fang abgelaufen; wie erschrak er! Eilig lief er zurück und schrie das ganze Dorf zusammen. Mit Stricken kamen sie wieder zur Grube. »Ja«, sagte der Knecht, »wenn's nun aber glücken soll, unsre Frau, so macht nur die Röcke los und laßt sie dem Wolf, wenn's sein muß.« Und just als man sie heraufzog, besann sich der Wolf, sprang zu und packte die Röcke; Frau Abel aber ließ sie gleiten und kam wohlbehalten mit dem Ei nach Hause. (396)

Die Flut in Osterwisch

In der Probstei nahe am Strande der Ostsee lag das große Dorf Osterwisch. Nirgends gab es üppigere Wiesen und fruchtbareres Land; nirgends waren auch reichere und wohlhabendere Bauern. Aber obgleich das Christentum in diesen Gegenden schon Eingang gefunden hatte, so wurden die Leute doch übermütig und gottlos.

Immer trieben sich die Männer in dem großen Walde umher, der hinter Osterwisch lag und voll von Bären, Wölfen und Schweinen war. Selbst die Frauen entliefen oft und gerne der Spinnstube und dem Herde, wenn sie einen Wolf im Garne oder in der Grube heulen hörten, und sie töteten ihn dann mit eigener Hand und sangen und jubelten dazu. Die übermütigen Leute ließen keinen Reisenden ungeplündert vorbei, und jedem Fahrzeuge paßten sie auf, beraubten es und teilten sich die Beute im Walde. Da war ein alter Mann unter ihnen; der hielt ihnen oft ihre Gottlosigkeit vor und ermahnte sie zur Besserung. Vergebens forderte er sie auf, einen Damm gegen die See zu errichten, die schon einmal früher ein Stück Land mit fortgenommen habe. Aber sie lachten ihn aus und meinten, Gottes Hand könne sie nicht erreichen. Da kam in einer Nacht ein Engel zum Greise und befahl ihm, den Ort zu verlassen; denn Gott wolle den Frevel nicht länger ansehen. Eilig erhob er sich und floh auf den Kapellenberg, wo damals eine kleine Kirche stand. Und nun erhob sich ein furchtbarer Sturm, und das Wasser stieg so schnell von Nordost her, daß niemand entkam und die See von der Zeit an bis an den Hügel geht. Das Dorf und seine reichen Felder waren am andern Morgen verschwunden; nur bei niedrigem Wasserstande sieht man noch Backsteine und dergleichen am Grunde liegen. (397)

Seeräuber

Bei dem Dorfe Wisch in der Probstei lag ein Schloß Bramhorst, wo lange Zeit Seeräuber wohnten, bis die Kaiserlichen die Burg zerstörten; sie hatten auf dem Kaisersberg ihr Lager. (398)

Hans Haunerland

Hans Haunerland war ein reicher, lebenslustiger Bauer, der einen großen Hof auf der (Kolberger) Heide hatte. Als er einmal gerade in Schönberg war und die Fastelabendsgilde mitmachte, kam die große Flut, und sein Hof verschwand. Hans blieb nun in Schönberg und lebte ebenso lustig weiter wie vorher. Er hatte noch eine ganze Hufe und sieben Katen, wirtschaftete aber alle Tage drauflos, verkaufte eine Kate nach der andern, endlich auch die Hufe und ließ alles durch den Hals gehen. Zuletzt hatte er nur noch einen großen Walnußbaum. Den mußte er stehenlassen, weil er nicht durch den Hals konnte, wie die Probsteier sagen. Der Baum steht noch zum Andenken an die Hofstelle, und man zeigt ihn noch heute. Hans Haunerland hatte auch den Damm gebaut, den Fahrweg nämlich über die Wiesen von Schönberg nach Krokau. Sonst mußte man, wenn man nach dem letzteren Ort wollte, über Fiefbergen fahren. (399)

Die übermütige Frau

Auf der Kolberger Heide an der Ostsee lag vorzeiten ein großes Gut, der Verwellenhof. Noch gibt es da einen Verwellenberg. Darauf wohnte eine Frau von Verwellen, eine stolze, übermütige und grausame Herrin, die allezeit auf ihren Reichtum trotzte. Sie hielt ihn für so unerschöpflich, daß, als sie einmal auf der See in einem Boot eine Lustfahrt machte, sie ihren kostbaren Ring vom Finger zog und in die See warf, indem sie dabei zu ihrer Gesellschaft die Worte sprach: »So unmöglich ich den Ring wieder erhalten werde, ebenso unmöglich wird es sein, daß ich je Not leide.« Nach ein paar Tagen brachte ein Fischer einen großen Dorsch aufs Schloß; als die Köchin ihn zerlegte, fand sie den Ring in seinem Bauche, und zu nicht geringem Schrecken brachte sie ihn ihrer Herrin. Nicht lange nachher kam die große Flut, die die ganze Kolberger Gegend weit umher verschlang (1625), und man sieht noch oft in der Bucht bei dem Dorf Holm, die noch immer die Kolberger Heide heißt, bei niedrigem Wasser Backsteine und anderes am Grunde liegen.

Die reiche Frau hatte nun all ihr Hab und Gut verloren und war so arm geworden, daß sie betteln ging. Früher in ihren guten Tagen hatte sie, wenn sie ins heimliche Gemach ging, immer eine Riste Flachs genommen. Eine Magd wusch ihn nachher sorgfältig aus und verspann ihn. Wenn das nun die reiche Frau sah, sprach sie immer: »Fu dik an!« (Pfui dich an!) und spottete über sie. Nun aber, als sie selber arm geworden war, kam sie bettelnd zu ihrer ehemaligen Magd und bat um Leinen für ein Hemd. Diese gab ihr das Verlangte, aber sprach dabei: »Dat is von Ehren Fudikan!« Mit weinenden Augen ging die Frau fort. Seit der Zeit heißt in der Probstei aller Abfall von Flachs Fudikan. (400)

Christian der Vierte

In der Schlacht auf der Kolberger Heide bei Fehmarn neigte sich erst der Vorteil auf die Seite der Schweden; die Dreifaltigkeit, das königliche Admiralschiff, ward zerschossen und der König selber schwer verwundet. Als er niedersank, ward ein Matrose hinaufkommandiert, die Flagge zu streichen, damit die Schweden aufhörten, auf das Schiff zu schießen. Aber der brave Kerl konnte das nicht übers Herz bringen, sondern verwickelte die Flagge so im Tauwerk, daß sie nicht fallen konnte. Als der König das später erfuhr, ward er so erfreut darüber, daß er dem Matrosen einen Hof Landes bei Hadersleben schenkte. (401)

Der alte Au

In der Probstei weiß jung und alt viel von dem alten Jäger Au, Aug oder Auf zu erzählen. Zwar treibt er in unsern Tagen sein Spiel nicht mehr so vor sichtlichen Augen, aber man weiß noch viele Stellen und Häuser zu bezeichnen, wo er mit seinem wilden Gefolge in alten Zeiten am häufigsten hauste und die Leute in Angst und Schrecken setzte. So ist in Fiefbergen ein Haus, da war es früher gar nichts Ungewöhnliches, wenn er es mehrere Male in der Woche ganz durchjagte. Gewöhnlich kam er durch die Hintertür, und wenn er dann, was jedoch nicht immer geschah, auch die Wohnstube und die übrigen Gelegenheiten des Hauses durchzogen hatte, so tobte er durch die Seitentür wieder hinaus und davon. Er hatte beständig viele Hunde, gewöhnlich ganz kleine, bei sich, auf deren Schwanz ein Licht brannte. Viele alte Leute erzählen davon

Seeschlacht auf der Kolberger Heide. Zeitgenössischer Kupferstich

und versichern, daß der alte Jäger ihnen nichts getan, wenn sie sich ganz ruhig verhielten und allenfalls den Segen, das Vaterunser oder ein anderes Gebet gesprochen hätten.

Einer alten Frau aus Brodersdorf, die noch nicht lange tot ist, ist der alte Aug einmal nachts zwischen Lutterbek und Brodersdorf mit seiner ganzen Jagd begegnet. Nichts als Lichter und Lichter brannten bei ihr herum, und dabei lärmte, schrie, schoß und heulte es, daß ihr Hören und Sehen verging. Denn sie geriet gerade mitten ins Gedränge. Das hat die alte Frau häufig erzählt, und sie log nicht. (402)

Das Kirchengebet

Der Vorbrand hat sogar veranlaßt, daß in der Kirche zu Probsteierhagen im Kirchengebet für zwei christliche Haushaltungen in Brodersdorf und Prasdorf gebetet wird. Dort haben in früherer Zeit die Bauern Feuerklumpen auf dem First der Häuser gesehen und geglaubt, ihre Wohngebäude würden abbrennen. Da haben sie

Probsteierinnen auf dem Kirchgang

das Gebet veranlaßt. Sie müssen dafür dem Pastor alljährlich eine fette Gans liefern. Der Prasdorfer Bauer ist in jüngster Zeit einmal zu dem Pastor gekommen und hat gemeint: »Herr Pastor, wi weet je nu, wat dat is mit dat Für; mutt dat noch ümmer bed warden?« – »Ne«, sagte der Pastor, »dat Beden kann opholn, awer de Gos mutt blieven.« – »Denn blieven Se ok man bi to beden«, hat der Bauer gesagt. (403)

Der Goldkeller im Laboer Berge

An einem Ostermorgen, als eben die Frühlingssonne freundlich schien, ging eine Frau aus Laboe mit ihrem Kinde auf dem Arm hinaus ins Freie, und wie sie so wandelt und endlich an den Wunderberg kommt, findet sie diesen offenstehen. Ein heller Schein leuchtete ihr entgegen, und als sie hineintrat, fand sie da Haufen Goldes und Silbers liegen. Da setzte sie ihr Kind auf einen großen Tisch, der in der Mitte stand, und gab ihm die drei roten Äpfel zum Spielen, die darauf lagen; sie selber füllte ihre Schürze schnell mit Gold und eilte dann hinaus. Sogleich aber merkte sie, daß sie in der Hast ihr Kind vergessen habe. Umsonst klagt und weint sie nun und geht wohl hundertmal um den Berg herum; der Eingang war nirgends mehr zu finden. Gern hätte sie all ihr Gold und Silber drum gegeben, wenn sie ihr Kind wiedergehabt. – Als aber wieder die Zeit der Ostern kam und es um die Kirchzeit war, ging die Frau wieder zum Berge, und worauf sie das ganze Jahr gehofft hatte, war erfüllt. Der Berg stand offen, und wieder funkelten die Schätze. Sie aber sah sich nicht nach ihnen um, sondern eilte hinein und fand ihr Kind noch auf dem Tische sitzen, wie sie es gelassen hatte, mit den Äpfeln munter spielend. Lächelnd streckte es seine Arme der Mutter entgegen; sie ergriff es rasch und eilte hinaus; aber kaum traf der erste Sonnenstrahl das Kind, so verschied es in ihren Armen. (404)

Der alte Jakob

In alten Zeiten war die ganze Strecke zwischen Schrevendorf und Röbsdorf in der Probstei bebaut und ein Dorf. Damals wohnte in Schrevendorf in dem alten Bauernhause nahe am Bornbrook, der früher ein See war, ein Bauer, der hieß der alte Jakob. Als nun einmal um Fastnacht zwei Lübecker Herren kamen, um die Abgaben zu holen, da waren sie im Dorfe gerade im besten Zuge bei der Fastnachtsgilde und dachten nicht ans Bezahlen, sondern trieben mit den Abgesandten ihren Spott. Diese aber wurden endlich ungeduldig. Da sagte der alte Jakob, daß er sie bald bezahlt machen wollte. Er schnitt dem einen seinen langen Bart weg und stopfte den in den Sack des andern, und dessen Bart selbst keilte er im Pfosten fest; da hatten sie gute Bezahlung. Die Lübecker aber schwuren dafür Rache. Bald kamen ihre Soldaten und brachen das ganze Dorf Haus bei Haus nieder; als sie sich aber auch an des alten Jakob Haus machen wollten, da trat er in die Tür und hieb seine Axt tief in den Pfosten, der Hieb ist da noch zu sehen, und sprach: »Das Haus ist mein, ihr Lübecker Herren, und wem das Leben lieb ist, der komme mir nicht herein. So gewiß keiner von euch die Axt da wieder herauszieht, so sicher wird sie jeden treffen, der noch einen Schritt tut.« Da hat niemand Hand an das Haus zu legen gewagt, die Lübecker sind wieder davongezogen, und Jakobs Haus steht noch bis auf diesen Tag. Wo aber die andern Häuser standen, da nennt man die lange, schmale Koppel die Höfe.

Später kamen Röbsdorf und Schrevendorf an einen Herrn von Poggwisch. Der war nicht mehr damit zufrieden, daß die Bauern ihm nur die Hoftage taten, sondern er verlangte alle ihre Ländereien noch dazu. Der alte Jakob aber sagte, er hätte seine Pflicht geleistet, und mehr könnte die Herrschaft nicht verlangen, sein Land gebe er nicht her. Der Edelmann drohte, aber Jakob gab sich nicht. Da ließ jener den Fischteich öffnen, und Jakobs Haus ward von einem See umgeben. Er aber angelte nun zum Fenster hinaus, und sooft der Edelmann auch nach Schrevendorf kam und dann von dem Hügel aus mit Jakob verhandelte, so blieb der doch immer beim alten und gab sich nicht. Da mußte endlich der Edelmann nachgeben und dem Bauern seine Ländereien lassen. (405)

Kiel

Hexen als Katzen

Als mein Vater noch ein Knabe war, passierte hier folgende Geschichte, erzählte eine alte Frau in Kiel. In einem Hause auf dem Walkerdamm, das einem Manne namens Arp gehörte, war mehrere Tage schon ein gewaltiger Lärm von Katzen auf dem Boden gewesen. Eines Abends will das Dienstmädchen Heu vom Boden für die Kühe herabholen (daaltücken). Da das Geheul der Katzen fortdauerte, sagte sie: »Du verdammte Katt, wat jaulst du so?« und wirft dann mit dem Tückhaken nach der Katze. Wie das eben geschehen ist, fahren alle Katzen auf das Mädchen los, zerreißen und beißen sie und machen sie ganz zuschanden. Das Mädchen schrie und jammerte, aber es dauerte noch etwas, ehe die Herrschaft es hörte und hinaufkam. Da konnten sie kaum die Katzen

Kiel

von dem Mädchen loskriegen. Das Mädchen war davon sterbenskrank geworden. Es hielt zehn bis elf Wochen an; die Doktoren konnten ihr nicht helfen, und im Hause war jede Nacht ein schrecklicher Lärm, die Katzen schrien und miauten, auch die Kühe brüllten beständig, keiner wagte sich auf den Boden. Da hörten die Leute endlich, daß ein Mann auf Dorfgaarden wohne, namens Thöming, der so was verstehe. Sie ließen ihn holen, und als er die Kranke sah, so sagte er, er wolle bald helfen. Er setzte sich darauf vor das Bett, drückte aus einer Wunde des Mädchens etwas Blut und fing dann an zu lesen aus einem Buche. Da kamen alle Katzen in die Stube über die Schwelle gepurzelt nacheinander bis vor das Bett, gewiß zehn Stück; dann hat er wieder gelesen und sie ebenso wieder hinausgelesen. Am andern Morgen war die Nachbarin ebenso zerrissen wie das Mädchen; denn sie war eine Hexe gewesen, und nun hatte der Mann die Katzen durch das Lesen gezwungen, sie auch so zu zerreißen. Von dieser Zeit an war alles ruhig im Hause, das Mädchen ward wieder gesund, aber hinkte davon. Als ich ein kleines Kind war, habe ich sie wohl noch gekannt, sagte die alte Frau. (406)

Gottesdienst der Toten

In einer Nacht erwachte eine alte Frau in Kiel und meinte, es sei Zeit, zur Frühpredigt zu gehen; es erschien ihr, als wenn die Glocken und die Orgel gingen. Sie stand auf und nahm Mantel und Laterne, es war Winter, und ging zur Nikolaikirche. Aber da konnte sie sich gar nicht mit den Gesängen zurechtfinden, alle Zuhörer sangen ganz anders, als in ihrem Gesangbuche stand, und die Leute kamen ihr auch so unbekannt vor, ja neben ihr erblickte sie eine Frau, gerade wie ihre längst verstorbene Nachbarin. Da näherte sich ihr eine andre Frau, auch längst verstorben, es war ihre selige Gevatterin; die sagte zu ihr, sie sollte hinausgehen, denn die Kirche wäre jetzt nicht für sie; sie möchte sich aber nicht umsehen, sonst könnte es ihr schlimm ergehen. Die Frau ging fort, so schnell sie konnte, und da die Kirchtür rasch hinter ihr zuschlug, blieb ihr Mantel hängen. Da schlug die Uhr eben zwölf. Sie häkelte den

De Dodenmett. Zeichnung von Bernhard Winter

Mantel von den Schultern los und dachte ihn am andern Morgen wieder abzuholen. Aber am andern Morgen, als sie wiederkam, war er in lauter kleine Fetzen zerrissen: Die Toten waren darüberhin getrippelt. (407)

Der Waisenhof

Alle Abend um elf sieht man eine große schwarze Kutsche mit vier schwarzen Hengsten bespannt über den Waisenhof in Kiel fahren und bei der Haustür stillhalten. Darin sitzt der geheime Rat Muhlius in voller Uniform mit Orden und Ordensband ernst und stillschweigend, und bei ihm sieht man zwei Waisenknaben in der ursprünglichen Tracht der ersten Zöglinge. Er steigt aus und geht geräuschlos in sein altes, ihm wohlbekanntes Haus, durchwandert alle Zimmer, hier und da unzufrieden das Haupt schüttelnd, da und dort wohlgefällig nickend. Nie unterläßt er aber, die beiden Säle zu besuchen, wo die Waisenkinder schlafen. Dort neigt er sich zu jedem, horcht auf seinen Atem, blickt einige Augenblicke seine Lieblinge forschend an, faltet danach die Hände und schaut mit heiligem Ernst auf zum nächtlichen Himmel. Ohne Geräusch entfernt er sich wieder und steigt seufzend zu seinen Begleitern in die Kutsche, die dann schnell über den Hofplatz rollt und plötzlich verschwindet. (408)

Kalvarienberg in Kiel

Auf dem Platze, wo in Kiel das Muhliussche Waisenhaus stand, war vor Jahrhunderten die Kalvarienkapelle. Noch oft [hört] man in stiller Nacht leise, sanfte Chorgesänge in den Lüften hallen, und von Augen, denen es vergönnt ist, heller zu schauen, werden Andächtige erblickt, die wie in Prozessionen einherwandeln. Bald stärker, bald schwächer, jetzt näher, dann wieder ferner ertönt der Gesang. In leiser Klage dahinzitternde Töne wechseln mit Klängen, die triumphierend und frohlockend aufwallen. Noch hört man Gewänder rauschen und Füße schreiten zu dem Orte, wo der

Betaltar stand. Andere wollen in ruhiger Nacht leises Flüstern betender Lippen und qualvolles Seufzen aus bedrängtem Herzen hier auf geweihtem Boden vernommen haben. (409)

Der Tisch der Unterirdischen

Auf einem Berge in der Nähe von Kiel haftete ein besonderer Segen. Wenn der Bauer vom Morgen an gepflügt hatte und nun endlich Mittag da war, so brauchte er nicht nach Hause zu gehen, um zu essen; denn um diese Stunde stand da ein Tisch vor ihm, sobald er sich umkehrte, gedeckt mit feinem Tafelgerät und beladen mit trefflichen Speisen. Das kam alles von den Unterirdischen. Lange Zeit ging es gut, und viele Leute haben von dem Tische mitgegessen; aber Vorwitz und Übermut machten der Herrlichkeit zuletzt ein Ende. Einst war auch ein Junge mit bei dem Essen; er wollte die unsichtbaren Wirte narren und nahm beim Aufstehen eine Gabel mit. Niemand hatte es gemerkt; aber als den andern Tag der Tisch wegblieb und die Bauern nach Hause gehen mußten, wo für sie nicht zugekocht war, da erschrak er und gestand sein Vergehen. Die Leute aber hießen ihn hingehen und die Gabel wieder zurückbringen. Das tat er denn auch, und wie er aufs Feld kam, da stieg der Tisch vor ihm auf mit allem Geräte, und es fehlte nur die Gabel. Er legte sie an ihren Platz, und sogleich versank der Tisch und ist seitdem nicht wieder gesehen. Seit der Zeit müssen auch dorthin die Bauern sich ihr Essen von weither bringen lassen. (410)

Der Teufel und die Kartenspieler

In der Kieler Nikolaikirche spielten während der Predigt die Chorknaben in einem Winkel hinter der Orgel Karten; einer fluchte sogar dabei. Da ist der Teufel gekommen und hat ihm den Hals umgedreht (oder ihm so an die Ohren geschlagen), daß das Blut an die Wand spritzte, und darauf ist er mit ihm zum Fenster hinausgefahren. Der Blutfleck ist noch zu sehen und durch kein Übertünchen wegzubringen. Das Fenster kann auch nicht wieder eingesetzt werden; denn gleich ist es wieder entzwei. (411)

Freimaurer

In Kiel haben sie ein Haus, da kommen sie zusammen, und der Teufel wohnt ihren Festen in Gestalt eines großen, schwarzen Hundes bei. Beim Eintritt in den Bund müssen sie einen schweren Eid ablegen und sich verpflichten, jährlich einen Bau, und sei er auch noch so klein, auszuführen. Versäumen sie das, so holt sie der Teufel, dem sie ihre Seele verschrieben haben und der ihnen gute Tage und Reichtum verschafft. Beim Abschluß des Bundes müssen sie aus einem schwarzen Topfe, einer Totenurne, einen Zettel heben, darauf steht ihre Todesstunde verzeichnet. Wenn sie kommt, werden sie plötzlich hinweggerafft. Nach einer andern Version hängen im Versammlungshause die Bilder aller Freimaurer an der Wand, und alljährlich einmal tritt der Oberste der Freimaurer mit einer spitzen Nadel hinzu und sticht einem unter ihnen in beide Augen, und sogleich erlischt dessen Lebenslicht. Der Böse dreht ihm die Nase in den Nacken. (412)

Wie Graf Geert die Dithmarschen überfiel

Die Dithmarschen, nachdem sie raubend und plündernd durch Holstein gezogen waren, kamen nach Kiel. Aber bald wurden den Bürgern die Gäste lästig, und sie bedachten daher einen behenden Anschlag, stellten mit Pfeifen, Trommeln und Gesang einen Tanz an und brachten sie so hinaus nach dem Kuhberge, schlossen aber das Tor der Stadt hinter ihnen zu. Die Dithmarschen wollten nun nach Hause ziehen, trieben unterwegs aber ihren alten Mutwillen. Als sie nach Bornhöved kamen, badeten sie sich in den vollen Kufen frischen Biers, die sie im Dorfe fanden, vor lauter Übermut, und hielten dann Nachtlager auf der Heide. Des Morgens früh kam aber Graf Geert mit seinem Volke, und jeder trug einen grünen Zweig mit Blättern, so daß das Heer aussah wie ein Wald, und die Dithmarschen meinten nicht anders, als daß der Wald käme. So wurden sie unvermutet überfallen und ein Teil erschlagen; andere ertranken in der Bünzener Aue. Im ganzen blieben ihrer fünfhundert. (413)

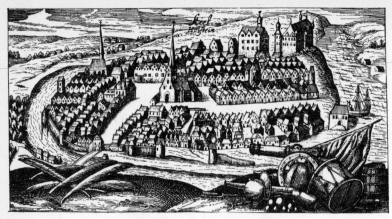

Kiel. Kupferstich aus Daniel Meisner

Graf Alf als grauer Mönch

Als Graf Alfs beide Söhne erwachsen waren, erfüllte er sein Gelöbnis, das er in der Schlacht bei Bornhöved getan hatte, und trat in den Orden der grauen Mönche (Franziskaner). Nun erzählt man, daß er bettelnd wie ein andrer Bruder umherging und Almosen sammelte. So begab es sich, daß er einmal in Kiel, wo er auch ein Kloster gestiftet hatte, auf der Straße ging und eine Kanne voll Milch trug, als seine Söhne, die Grafen, mit vielem Gesinde dahergeritten kamen. Da schämte er sich und wollte die Kanne verbergen; doch besann er sich, daß die Demut über die Eitelkeit siegte und er, um sich zu strafen, die ganze Kanne voll über den Kopf goß. (414)

Christian der Vierte

Auch einen Zug vom dankbaren Sinne Christians nennt die Sage. Er war zum Umschlag im Januar 1627 nach Kiel gekommen, um dem dort verstorbenen Statthalter Gerhard Rantzau die letzte Ehre zu erweisen. Als man den von heftigen Gichtschmerzen gepeinigten Könige im Trauerhause eine Sänfte oder doch mindestens ein Pferd anbot, lehnte er solches lächelnd, aber entschieden mit den Worten ab: »Der selige Mann ist allezeit unverdrossen gewesen und hat manchen schweren Gang für seinen Herrn getan, sonach soll dieser ihm dankbar sein und solches ausdrücken, indem er ihm die letzte Ehre zu Fuß erweist. Denn wer nicht dankbar ist, verdient auch selber keinen Dank.« (415)

Krusenrott

In der Nähe Kiels ist ein beliebter Lustort mit Namen Krusenrott. Dort stand einst eine Raubritterburg, in welcher zwei berüchtigte Straßenräuber hausten, der eine hieß Kruse und der andere Rott. Endlich gelang es, ihre Burg zu erstürmen und das Schwert der Vergeltung an ihre Hälse zu bringen. Mauer und Gräben wurden zerstört und der Ort dem Landstraßenverkehr übergeben, indem ein Wirtshaus errichtet wurde. (416)

Zu dieser Ausgabe

In der vorliegenden Sammlung wird bewußt auf Sagen aus Nord-schleswig verzichtet, obwohl es dort nach wie vor eine deutsche Minderheit gibt. Trotz dieser Einschränkung liegen aber immer noch sehr viel mehr Sagen vor, als in diesem Band Platz finden können. Sowohl eine Anordnung nach Sagentypen als auch nach Sagenschichten und Milieudominanzen ginge von ungleichen Voraussetzungen aus und müßte zu heterogenen Gruppen führen. Außerdem käme dabei sicherlich die eine oder andere Landschaft zu kurz. Deswegen wird eine Gliederung des Stoffes nach Regionen oder Kreisen vorgezogen. Dabei wird in der Regel nur eine Sage je Ort berücksichtigt, damit möglichst viele Orte zu Wort kommen. Nur in den größeren Städten wie Kiel, Flensburg, Schleswig, Neumünster oder Lübeck wird etwas länger verweilt. Andererseits sollen typische Sagen einer Landschaft nicht fehlen. Zugunsten der Vielfalt des Stoffes wird meist auf lange geschichtliche Sagen verzichtet. Auch kurze Sagen werden nicht ausgeschlossen, sofern keine längere Erzählung aus dem betreffenden Ort überliefert ist. Manche Geschichten lauten in den verschiedenen Gegenden des Landes fast gleich, so z. B. die vom Steinwurf der Riesen, vom Teufel und den Kartenspielern, von der goldenen Wiege oder von der Tänzerin.

Für die Auswahl sind jedoch noch weitere Kriterien entscheidend. Seltener oder eventuell noch nie gedruckten Texten wird der Vorzug gegeben. Wenn solche nicht vorliegen, wird im allgemeinen die ursprüngliche Version bevorzugt, die in den meisten Fällen in der Sammlung von Karl Müllenhoff zu finden ist. Dabei ist natürlich zu bedenken, daß auch er schon häufig auf schriftliche Quellen rekurrierte und mündliche Erzählungen vielfach glättete. Die manchmal etwas altertümliche Sprache versteht der hochdeutsche Leser jedoch sicher besser als das Niederdeutsche, dessen sich Gustav Friedrich Meyer gerne bediente. Dazu muß angemerkt werden, daß Meyer vielfach Müllenhoffsche Texte einfach ins

Plattdeutsche (zurück)übersetzte und ihnen zudem einen neuen Titel gab, ohne dieses besonders zu vermerken. Ein Beispiel für viele wäre die Sage »Der Abendmahlskelch in Viöl« (Müllenhoff Nr. 467), die bei Meyer in plattdeutscher Fassung unter dem Titel »Der goldene Becher« (S. 28) wieder auftaucht. Außerdem muß man berücksichtigen, daß Meyer oftmals aus mehreren Fassungen eine neue konstruierte. Welch kuriose Auswirkungen das haben kann, sei an der nordfriesischen Sage »Die Gongers« aufgezeigt. Bei Müllenhoff findet man sie unter der Nr. 286, bei Meyer wird sie teilweise verwendet und durch eine Episode aus der Haseldorfer Marsch eingeleitet. (S. 241f.) Der Titel lautet nun »Die Gonger«. In der Sammlung »Norddeutsche Sagen« von Ulf Diederichs und Christa Hinze wird die gesamte Meyersche Fassung ausschließlich in der Haseldorfer Marsch angesiedelt (Nr. 101, S. 111), und im »Literarischen Führer für Deutschland« von Fred und Gabriele Oberhauser (Frankfurt/M. 1983) wird ein Teil dieser Diederich-schen Sage als typisch für den Ort Haseldorf zitiert. (S. 595) Allerdings ist es ausgerechnet die Passage, die aus Nordfriesland stammt!

Lediglich Rechtschreibung und Zeichensetzung werden behut-sam dem modernen Gebrauch angeglichen, ebenso die Schreib-weise der Ortsnamen. Ausnahmen bilden die Texte von Gold-schmidt. Die Titel werden nicht verändert. Sofern eine Sage aus einem größeren Textzusammenhang genommen wird und keine Überschrift trägt, wird eine entsprechende gebildet, was dann im Anhang vermerkt wird. Läßt sich eine Sage in den Typenkatalog von Aarne/Thompson einordnen, wird die entsprechende AaTh-Nr. angegeben. Kommt im Text selbst keine Ortsangabe vor, erscheint sie nur im Anhang und im Ortsregister.

Für hilfreiche Hinweise auf Lebensdaten von Volkskundlern sei an dieser Stelle Reimer Kay Holander, Bredstedt, und vor allem Hannelore Jeske, Sörup, gedankt. Für die Beschaffung von Bild-vorlagen gilt mein Dank dem Schleswig-Holsteinischen Freilicht-museum Molfsee und in besonderem Maße Heinrich Mehl, dem Dezernenten für Volkskunde am Schleswig-Holsteinischen Lan-desmuseum Schleswig.

Literatur

Bechstein Bechstein, L.: Deutsches Sagenbuch. Leipzig 1853.

Bechstein, L.: Aus dem Sagenschatz der Schleswig-Holsteiner und Mecklenburger. Hg. von W. Möhrig. Husum 1985.

Berndt, H.: Unterwegs zu Deutschen Sagen. Düsseldorf/Wien 1985.

Brügmann Brügmann, E.: Die Sagen Lütjensee's. Wandsbek 1911.

Burde-Schneidewind, G.: Historische Volkssagen zwischen Elbe und Niederrhein. Berlin 1969.

Dähnhardt, O.: Natursagen. 4 Bde. Leipzig/Berlin 1907-1912.

Deecke, E.: Lübische Sagen und Geschichten. Lübeck 1852.

Diederichs, U./Hinze, C.: Norddeutsche Sagen. Düsseldorf/Köln 1976.

Firmenich-Richartz, J.M.: Germaniens Völkerstimmen. 3 Bde und Nachtrag. Berlin 1843-1867.

Frahm 1890 Frahm L.: Norddeutsche Sagen von Schleswig-Holstein bis zum Harz. Altona/Leipzig 1890.

Frahm 1907 Frahm, L.: Stormarn und Wandsbek. Große Ausgabe der Heimatkunde. Poppenbüttel 1907.

Goldschmidt 1704 Goldschmidt, P.: Höllischer Morpheus... 2. Aufl. Hamburg 1704.

Goldschmidt 1705 Goldschmidt, P.: Verworffener Hexen- und Zauberer-Advocat ... Hamburg 1705.

Goldschmidt, P.: Höllische Historien. Hg. von G. Hubrich-Messow. Husum 1987.

Grimm Grimm, Brüder: Deutsche Sagen. 3. Aufl. Berlin 1891.

Hagemeister, J.: Rungholt. Sage und Wirklichkeit. 6. Aufl. Hamburg 1991.

Hansen, C.P.: Friesische Sagen und Erzählungen. Altona 1858.

Hansen, J.: Nordschleswigsches Sagenbuch für Schule und Haus. Flensburg 1931.

Heimat Die Heimat Jg. 1ff., 1890ff.

Höhnk, H.: Dithmarschen erzählt. Heide 1983.

Holtz, J.: Schleswig-holsteinische Märchen. Flensburg 1926.

Hubrich-Messow, G.: Sagen und Legenden von der Insel Helgoland. Husum 1990.

Hubrich-Messow, G.: Sagen und Märchen aus Angeln. 3. Aufl. Husum 1992.

Hubrich-Messow, G.: Sagen und Märchen aus Dithmarschen. Husum 1989.

Hubrich-Messow, G.: Sagen und Märchen aus Eckernförde. Husum 1991.

Hubrich-Messow, G.: Sagen und Märchen aus Flensburg. Husum 1992.

Hubrich-Messow, G.: Sagen und Märchen aus Nordfriesland. 2. Aufl. Husum 1991.

Hubrich-Messow, G.: Sagen und Märchen aus Steinburg. Husum 1993.

Hubrich-Messow, G.: Sagen und Märchen aus Stormarn. Husum 1991.

Iba, E./Iba, W.: Die grüne Küstenstraße von Emden nach Westerland. Ein Reiseführer mit Märchen, Sagen und Geschichten. Regensburg 1981.

Ingwersen, P.: Fundortnachweis der Landschafts- und Ortssagen im Landesteil Schleswig in der Literatur. Schleswig 1960.

Jahrbuch 1861 Jahrbuch für Landeskunde der Herzogtümer Schleswig, Holstein und Lauenburg. Bd. IV. Kiel 1861.

Jahrbuch 1875 Jahrbuch des Vereins für niederdeutsche Sprachforschung 1 (1875). Bremen 1876.

Jensen Jensen, H.N.A.: Angeln. 1844. Neuausgabe Schleswig 1922.

Jessen, W.: Sylter Sagen. 3. Aufl. Münsterdorf 1976.

Jessen/Kock Jessen, W./Kock, Chr.: Heimatbuch des Kreises Eckernförde. 2. Aufl. Eckernförde 1928.

Ketelsen, B.-M.: Die liebestrunkenen Nachtläufer. Sagen aus des Schleswiger Landes zwscihen Nordschleswig und Holstein. Essen 1986.

Ketelsen, B.-M.: Märchen aus dem Schleswigschen Land. 2 Bde. Leck 1968/69.

Kock 1912 Kock, C.: Volks- und Landeskunde der Landschaft Schwansen. Heidelberg 1912.

Kock 1929 Kock, H.: Sagen und Erzählungen aus der Landschaft Angeln. Kappeln 1929.

Kreiskalender Illustrierter Kreiskalender für den Landkreis Flensburg. 27. Jg. 1932.

Krogmann, W.: Sylter Sagen nach C.P. Hansen. Göttingen 1966.

Lübbing, H.: Friesische Sagen von Texel bis Sylt. Jena 1928.

Lyser Lyser, J.P.: Abendländische Tausendundeine Nacht. Meißen 1838/39.

Mackensen Mackensen, L.: Hanseatische Sagen. Leipzig 1928.

Meyer Meyer, G.F.: Schleswig-Holsteiner Sagen. Jena 1929.

Müllenhoff Müllenhoff, K.: Sagen, Märchen und Lieder der Herzogtümer Schleswig, Holstein und Lauenburg. Kiel 1845. Neuausgabe Schleswig 1921.

Muuß Muuß, R.: Nordfriesische Sagen. Flensburg 1933.

Petzoldt, L.: Deutsche Volkssagen. München 1970.

Petzoldt, L.: Historische Sagen. 2 Bde. München 1976/77.

Petzoldt, L.: Dämonenfurcht und Gottvertrauen. Zur Geschichte und Erforschung unserer Volkssagen. Darmstadt 1989.

Peuckert Peuckert, W.-E.: Deutsche Sagen I. Niederdeutschland. Berlin 1961.

Philippsen Philippsen, H.: Sagen und Sagenhaftes von der Insel Föhr. 2. Aufl. Garding 1928.

Rahlf/Ziese Rahlf, H.H./Ziese, E.: Geschichte Ahrensburgs. Ahrensburg 1882.

Ranke, F.: Die deutschen Volkssagen. 2. Aufl. München 1924.

Ranke 1955/1958/1962 Ranke, K.: Schleswig-Holsteinische Volksmärchen. 3 Bde. Kiel 1955-1962.

Schacht, A.: Hansische Sagen. Erzählungen aus Alt-Hamburg sowie aus der Vergangenheit der Hansestädte Lübeck und Bremen. Hamburg 1894.

Schulze Schulze, C.: Wildschütz Eidi und andere Sagen aus dem Wandergebiet Hamburgs. Hamburg 1930.

Selk, P.: In Beowulfs und Offas Reich. Grenzlandsagen aus Angeln. Hamburg 1934.

Selk, P.: Sagen aus Schleswig-Holstein. 7. Aufl. Husum 1985.

Slesvigland Slesvigland. 6. Jg. 1985.

Smidt, H.: Seemanns-Sagen und Schiffer-Märchen. 2. Aufl. Berlin 1849.

Travemünde Das Buch von Travemünde. Lübeck 1952.

Urdsbrunnen Am Urdsbrunnen. 1.-9. Jg. 1881-1889.

Urquell Am Urquell. 1.-6. Jg. 1890-1986.

Ursinus, A.: Stormarnsagen. Bad Oldesloe 1950.

Voigt, C.: Aus Flensburgs Sage und Geschichte. Flensburg 1912.

Volksblatt Volksblatt für Angeln. 1. Jg. 1896/97.

Zeitschrift Zeitschrift für Schleswig-Holsteinische Geschichte. 1. Jg.ff., 1870ff.

Quellennachweise

Die vorangestellten Ziffern beziehen sich auf die Texte in ihrer Reihenfolge. Die entsprechende Nummer ist jeweils am Ende des Sagentextes in Klammern aufgeführt.

DÄNISCHER WOHLD, ECKERNFÖRDE, SCHWANSEN UND HÜTTENER BERGE

1 Müllenhoff, Nr. 37.3, passim
2 Müllenhoff, S. 530, Anm. zu Nr. 237, Titel von Hrsg.
3 Heimat 33 (1923), S. 251
4 Müllenhoff, Nr. 147
5 Müllenhoff, S. 533, Anm. zu Nr. 293, Titel von Hrsg.
6 Müllenhoff, Nr. 314
7 Heimat 21 (1911), S. 119
8 Urquell 6 (1896), S. 129, u. 5 (1894), S. 289f.
9 Müllenhoff, Nr. 320
10 Müllenhoff, Nr. 229.2, aus der Gegend von Eckernförde
11 Heimat 40 (1930), S. 237
12 Kock 1912, S. 105
13 Müllenhoff, Nr. 216
14 Kock 1912, S. 103, Titel von Hrsg.
15 Müllenhoff, S. 547, Anm. zu Nr. 532, Titel von Hrsg.
16 Kock 1912, S. 102, Titel von Hrsg.
17 Urquell 3 (1892), S. 291
18 Müllenhoff, Nr. 426
19 Müllenhoff, Nr. 457, Anm., Titel von Hrsg.
20 Frahm 1890, S. 72
21 Müllenhoff, Nr. 338
22 Müllenhoff, Nr. 293, Anm., Titel von Hrsg.
23 Müllenhoff, Nr. 503.1

SCHLESWIG UND UMGEBUNG

24 Müllenhoff, Nr. 464
25 Müllenhoff, Nr. 552.2, Anm.
26 Müllenhoff, Nr. 443, AaTh 701: Riesenspielzeug
27 Müllenhoff, Nr. 387.2, passim, aus Esprehm
28 Müllenhoff, Nr. 418
29 Kock 1929, S. 38
30 Müllenhoff, Nr. 15
31 Frahm 1890, S. 10
32 Müllenhoff, Nr. 204
33 Müllenhoff, Nr. 17.1.2, passim
34 Müllenhoff, Nr. 528
35 Müllenhoff, Nr. 458, passim
36 Müllenhoff, Nr. 523
37 Müllenhoff, Nr. 327, aus Kurburg
38 Kock 1929, S. 47
39 Müllenhoff, Nr. 482, aus Schleswig, AaTh 1182: Gestrichener Scheffel
40 Müllenhoff, Nr. 499, passim, Titel von Hrsg.
41 Müllenhoff, Nr. 566
42 Müllenhoff, Nr. 149

ANGELN

43 Müllenhoff, Nr. 256
44 Kock 1929, S. 37
45 Volksblatt 1 (1896), Nr. 1, S. 3
46 Müllenhoff, Nr. 144
47 Müllenhoff, Nr. 167.1
48 Slesvigland 6 (1985), Nr. 1, S. 5

49 Müllenhoff, Nr. 271
50 Kock 1929, S. 40
51 Jensen, S. 74, cf. Müllenhoff, Nr. 296, Titel nach Müllenhoff
52 Kock 1929, S. 23
53 Jensen, S. 114f., Titel von Hrsg.
54 Volksblatt 1 (1896), Nr. 1, S.3, Schluß gestrichen
55 Kock 1929, S. 44
56 Müllenhoff, Nr. 427
57 Volksblatt 1 (1896), Nr. 3, S. 2, Schluß gestrichen
58 Goldschmidt 1704, S. 201, Titel von Hrsg.
59 Kock 1929, S. 54, Anfang gestrichen
60 Grimm, Nr. 363, AaTh 726: Die drei Alten
61 Kock 1929, S. 40
62 Kock 1929, S. 16
63 Goldschmidt 1704, S. 200f., Titel von Hrsg.

FLENSBURG

64 Müllenhoff, Nr. 501
65 Lyser, 659. Nacht
66 Müllenhoff, Nr. 211
67 Müllenhoff Nr. 301, passim, und Anm.
68 Heimat 11 (1901), S. 122, aus Flensburg
69 Grimm, Nr. 177
70 Müllenhoff, Nr. 550
71 Urdsbrunnen Bd. 4, Jg. 6 (1886/ 87), S. 78
72 Müllenhoff, Nr. 525

SCHLESWIGSCHE GEEST

73 Müllenhoff, Nr. 399
74 Meyer, S. 232
75 Meyer, S. 193
76 Müllenhoff, Nr. 302
77 Heimat 12 (1902), S. 293f.
78 Müllenhoff, Nr. 302, Anm., Titel von Hrsg.

79 Kreiskalender, S. 54, Titel von Hrsg.
80 Kreiskalender, S. 53, Titel von Hrsg.
81 Kreiskalender, S. 54, AaTh 365: Lenore, Titel von Hrsg.
82 Kreiskalender, S. 53, Titel von Hrsg.
83 Kock 1929, S. 59f.
84 Müllenhoff, Nr. 37.2, Anm., Titel von Hrsg.
85 Meyer, S. 218, Titel von Hrsg.
86 Müllenhoff, Nr. 375.1
87 Müllenhoff, Nr. 347
88 Meyer, S. 3

STAPELHOLM

89 Müllenhoff, Nr. 89
90 Heimat 8 (1898), S. 203
91 Müllenhoff, Nr. 395
92 Meyer, S. 169
93 Heimat 8 (1898), S. 202
94 Müllenhoff, Nr. 350
95 Müllenhoff, S. 547, Anm. zu Nr. 537, AaTh 401 A★: Die verzauberten Prinzessinnen und ihr Schloß, Titel von Hrsg.
96 Müllenhoff, Nr. 453
97 Heimat 9 (1899), S. 66
98 Heimat 8 (1898), S. 26
99 Urdsbrunnen, Bd. II, Jg. 3 (1883), S. 33, Titel von Hrsg.
100 Heimat 8 (1898), S. 220
101 Müllenhoff, Nr. 445.1, passim
102 Heimat 9 (1899), S. 65f.
103 Heimat 8 (1898), S. 26
104 Heimat 8 (1898), S. 203, aus Drage
105 Heimat 8 (1898), S. 203
106 Heimat 8 (1898), S. 26
107 Heimat 8 (1898), S. 114
108 Urquell 2 (1891), S. 125, Titel von Hrsg.
109 Müllenhoff, Nr. 224
110 Müllenhoff, Nr. 378.3

EIDERSTEDT

111 Goldschmidt 1705, S. 528f., Titel von Hrsg.
112 Müllenhoff, Nr. 537.1
113 Müllenhoff, Nr. 132
114 Müllenhoff, Nr. 251.2
115 Müllenhoff, Nr. 251.3
116 Müllenhoff, Nr. 408
117 Müllenhoff, S. 533, Anm. zu Nr. 293, Titel von Hrsg.
118 Müllenhoff, Nr. 36
119 Meyer, S. 237f.
120 Müllenhoff, S. 528, Anm. zu Nr. 167, Titel von Hrsg.
121 Müllenhoff, Nr. 229.1
122 Müllenhoff, Nr. 478.1
123 Müllenhoff, Nr. 363
124 Müllenhoff, Nr. 494.2, passim, Titel von Hrsg.
125 Muuß, S. 87f.

NORDFRIESLAND

126 Heimat 9 (1899), S. 66
127 Müllenhoff, S. 543, Anm. zu Nr. 458, Titel von Hrsg.
128 Müllenhoff, Nr. 515.2
129 Meyer, S. 85
130 Müllenhoff, Nr. 156, passim, Titel von Hrsg.
131 Müllenhoff, Nr. 197
132 Goldschmidt 1704, S. 317f., Titel von Hrsg.
133 Müllenhoff, Nr. 196
134 Goldschmidt 1705, S. 492f., Titel von Hrsg.
135 Müllenhoff, Nr. 424.3, passim
136 Müllenhoff, Nr. 139, Anm., Titel von Hrsg.
137 Müllenhoff, Nr. 156, passim, Titel von Hrsg.
138 Müllenhoff, Nr. 60, passim, Titel von Hrsg.
139 Müllenhoff, Nr. 73
140 Müllenhoff, Nr. 298
141 Urquell 4 (1893), S. 259
142 Müllenhoff, S. 533, Anm. zu Nr. 294, Titel von Hrsg.

143 Ranke 1962, S. 89, AaTh 736A: Der Ring des Polykrates, Titel von Hrsg.
144 Müllenhoff, Nr. 293
145 Müllenhoff, Nr. 167.4
146 Müllenhoff, Nr. 190
147 Muuß, S. 120f., AaTh 939A: Mordeltern oder Der absurde Mord

NORDFRIESISCHE INSELN

148 Müllenhoff, Nr. 359, von Sylt
149 Müllenhoff, Nr. 84
150 Müllenhoff, Nr. 39, auch unter dem friesischen Namen Pidder Lyng bekannt
151 Müllenhoff, Nr. 477
152 Müllenhoff, Nr. 286
153 Müllenhoff, Nr. 208
154 Jahrbuch 1861, S. 143f.
155 Philippsen, S. 77
156 Müllenhoff, Nr. 428
157 Müllenhoff, Nr. 254, von Pellworm oder Föhr
158 Müllenhoff, Nr. 201
159 Müllenhoff, Nr. 253
160 Müllenhoff, Nr. 192
161 Müllenhoff, Nr. 188
162 Müllenhoff, Nr. 180
163 Müllenhoff, Nr. 202, Anm.

DITHMARSCHEN

164 Müllenhoff, S. 539, Anm. zu Nr. 378.3, Titel von Hrsg.
165 Müllenhoff, Nr. 72.1
166 Müllenhoff, Nr. 72.2
167 Müllenhoff, Nr. 329
168 Müllenhoff, Nr. 522.1
169 Müllenhoff, Nr. 409
170 Müllenhoff, Nr. 394, 1. Absatz
171 Müllenhoff, Nr. 592
172 Müllenhoff, Nr. 194
173 Heimat 10 (1900), S. 196
174 Müllenhoff, Nr. 195
175 Müllenhoff, Nr. 134

176 Müllenhoff, Nr. 527
177 Müllenhoff, Nr. 231
178 Müllenhoff, Nr. 400
179 Müllenhoff, Nr. 469.1
180 Müllenhoff, Nr. 423.2, passim
181 Müllenhoff, Nr. 306

RENDSBURG UND UMGEBUNG

182 Müllenhoff, Nr. 533
183 Müllenhoff, Nr. 546
184 Müllenhoff, Nr. 117
185 Urquell 3 (1892), S. 290
186 Müllenhoff, Nr. 532
187 Urquell 1 (1890), S. 135, Nr. 3
188 Urquell 2 (1891), S. 126
189 Urquell 4 (1893), S. 103, Nr. XI
190 Urquell 6 (1896), S. 194, Titel
von Hrsg.
191 Müllenhoff, Nr. 334, Anm.
192 Müllenhoff, Nr. 167.5
193 Müllenhoff, Nr. 416
194 Müllenhoff, Nr. 283
195 Müllenhoff, Nr. 322.1, Anm.,
Titel von Hrsg.
196 Müllenhoff, Nr. 227
197 Müllenhoff, Nr. 423.1
198 Müllenhoff, Nr. 445.1, passim
199 Müllenhoff, Nr. 445.2, passim
200 Heimat 4 (1894), S. 22
201 Heimat 4 (1894), S. 21
202 Müllenhoff, Nr. 112, passim

NEUMÜNSTER

203 Müllenhoff, Nr. 569
204 Müllenhoff, Nr. 538
205 Müllenhoff, Nr. 538, Anm., Titel
von Hrsg.
206 Müllenhoff, Nr. 551
207 Müllenhoff, Nr. 539
208 Müllenhoff, Nr. 518, passim
209 Heimat 21 (1911), S. 192ff.

SEGEBERG UND UMGEBUNG

210 Müllenhoff, Nr. 429
211 Müllenhoff, Nr. 13
212 Müllenhoff, Nr. 570
213 Müllenhoff, S. 548, Anm. zu Nr.
543, Titel von Hrsg.
214 Müllenhoff, Nr. 445.2, passim
215 Müllenhoff, Nr. 369
216 Müllenhoff, Nr. 430 u. Anm.
217 Müllenhoff, Nr. 96
218 Müllenhoff, Nr. 218
219 Goldschmidt 1705, S. 169f., Titel
von Hrsg.
220 Müllenhoff, S. 537, Anm. zu Nr.
335, u. S. 538, Anm. zu Nr. 364,
Titel von Hrsg.
221 Jahrbuch 1861, S. 159, Nr. 62, aus
Borstel oder Pronstorf
222 Müllenhoff, Nr. 543, passim
223 Urdsbrunnen, Bd. VI, Jg. 7
(1888/89), S. 109, Nr. 14
224 Mackensen, Nr. 122
225 Urquell 6 (1896), S. 194
226 Urquell 6 (1896), S. 131
227 Heimat 32 (1922), S. 215f., b),
passim
228 Meyer, S. 201
229 Peuckert, S. 144, Nr. 286, aus
Bramstedt
230 Zeitschrift 16 (1886), S. 386f.,
passim
231 Müllenhoff, Nr. 323

STEINBURG

232 Müllenhoff, Nr. 349
233 Müllenhoff, Nr. 530
234 Müllenhoff, Nr. 234.1
235 Müllenhoff, Nr. 336, passim
236 Müllenhoff, Nr. 376.1
237 Müllenhoff, Nr. 585
238 Schulze, S. 42, passim
239 Müllenhoff, Nr. 192, Anm., Titel
von Hrsg.
240 Müllenhoff, Nr. 386
241 Meyer, S. 268
242 Urquell 1 (1890), S. 172f., Nr. 5

243 Müllenhoff, Nr. 317, passim
244 Jahrbuch 1861, S. 157f., Nr. 60
245 Müllenhoff, S. 546f., Anm. zu
    Nr. 519, Titel von Hrsg.
246 Müllenhoff, Nr. 168
247 Müllenhoff, Nr. 49
248 Müllenhoff, Nr. 266, AaTh 990:
    Die tote Frau kehrt zurück
249 Müllenhoff, Nr. 161, Anm., Titel
    von Hrsg.
250 Müllenhoff, Nr. 219
251 Müllenhoff, Nr. 220, Anm., Titel
    von Hrsg.
252 Müllenhoff, Nr. 292

PINNEBERG UND UMGEBUNG

253 Müllenhoff, Nr. 261
254 Müllenhoff, Nr. 445.1, passim
255 Müllenhoff, Nr. 352
256 Müllenhoff, Nr. 300.1
257 Müllenhoff, Nr. 357, aus
    Elmshorn
258 Müllenhoff, Nr. 290
259 Meyer, S. 301f.
260 Heimat 32 (1922), S. 153f., 2,
    passim
261 Heimat 32 (1922), S. 153f., 3,
    passim
262 Heimat 32 (1922), S. 153f., 5,
    passim
263 Heimat 32 (1922), S. 215, a)
264 Heimat 32 (1922), S. 215f., b),
    passim
265 Urquell 6 (1896), S. 194
266 Müllenhoff, S. 538, Anm. zu Nr.
    363, Titel von Hrsg., aus Etz
267 Müllenhoff, S. 529, Anm. zu Nr.
    207, Titel von Hrsg.
268 Müllenhoff, Nr. 375.4, passim
269 Meyer, S. 96, Titel von Hrsg.
270 Frahm 1890, S. 167f.
271 Heimat 24 (1914), S. 30
272 Müllenhoff, Nr. 533, Anm.
273 Müllenhoff, S. 530, Anm. zu Nr.
    243, Titel von Hrsg.
274 Meyer, S. 40

STORMARN

275 Urdsbrunnen, Bd. VI, Jg. 7
    (1888/89), S. 109, Nr. 16
276 Müllenhoff, Nr. 366
277 Müllenhoff, Nr. 371.2
278 Müllenhoff, S. 551, Anm. zu Nr.
    586, Titel von Hrsg.
279 Urdsbrunnen, Bd. VI, Jg. 7
    (1888/89), S. 46, Nr. 10
280 Müllenhoff, Nr. 305.1, Anm.,
    Titel von Hrsg.
281 Müllenhoff, Nr. 229, Anm., aus
    Oldesloe
282 Frahm 1907, S. 220, Nr. 5
283 Müllenhoff, Nr. 412
284 Müllenhoff, Nr. 524
285 Müllenhoff, Nr. 62
286 Urdsbrunnen, Bd. VI, Jg. 7
    (1888/89), S. 45, Nr. 8
287 Frahm 1907, S. 68f.
288 Frahm 1907, S. 221, u.
    Urdsbrunnen, Bd. VI, Jg. 7
    (1888/89), S. 109, Nr. 13
289 Rahlf/Ziese, S. 152f., aus
    Ahrensburg
290 Frahm 1890, S. 273, Titel von
    Hrsg.
291 Jahrbuch 1861, S. 155, Nr. 55
292 Brügmann, S. 41
293 Brügmann, S. 34f.
294 Frahm 1907, S. 200, Nr. 8
295 Jahrbuch 1875, S. 102f., Nr. V,
    Titel von Hrsg.
296 Jahrbuch 1875, S. 103, Nr. VI,
    Titel von Hrsg.
297 Frahm 1907, S. 84

HERZOGTUM LAUENBURG

298 Schulze, S. 47 u. 51f.
299 Jahrbuch 1875, S. 103f., Nr. X,
    passim, aus dem Sachsenwald
300 Schulze, S. 19
301 Heimat 32 (1922), S. 35
302 Müllenhoff, Nr. 319, aus
    Lauenburg
303 Müllenhoff, Nr. 277, Anm., Titel
    von Hrsg., aus Lauenburg

304 Müllenhoff, Nr. 375.2
305 Müllenhoff, Nr. 375.3
306 Müllenhoff, Nr. 375.4, passim
307 Meyer, S. 213f., passim
308 Müllenhoff, Nr. 250.1, aus
    Lanken
309 Jahrbuch 1861, S. 146, Nr. 44
310 Müllenhoff, Nr. 325, AaTh 1645:
    Traum vom Schatz auf der
    Brücke
311 Jahrbuch 1861, S. 149, Nr. 49
312 Müllenhoff, Nr. 322.1, Anm.,
    Titel von Hrsg.
313 Müllenhoff, Nr. 171
314 Müllenhoff, Nr. 88
315 Müllenhoff, Nr. 378.1
316 Mackensen, Nr. 135.I
317 Jahrbuch 1861, S. 151, Nr. 51

HANSESTADT LÜBECK

318 Grimm, Nr. 265
319 Müllenhoff, Nr. 304, Anm., Titel
    von Hrsg.
320 Urquell 1 (1890), S. 69, Nr. 2, aus
    Gothmund
321 Mackensen, Nr. 5
322 Urquell 1 (1890), S. 69, Nr. 3,
    passim, Titel von Hrsg.
323 Mackensen, Nr. 17. II, aus
    Lübeck, cf. AT 470: Freunde in
    Leben und Tod
324 Urquell 1 (1890), S. 68f., Nr. 1,
    passim
325 Mackensen, Nr. 6
326 Mackensen, Nr. 7, aus Lübeck
327 Mackensen, Nr. 103
328 Travemünde, S. 11f.
329 Urquell 1 (1890), S. 69, Nr. 3,
    passim, aus Gothmund
330 Frahm 1890, S. 237
331 Goldschmidt 1705, S. 170f., Titel
    von Hrsg.
332 Mackensen, Nr. 85
333 Mackensen, Nr. 64
334 Müllenhoff, Nr. 248

EUTIN UND UMGEBUNG

335 Mackensen, Nr. 136.V
336 Meyer, S. 252
337 Meyer, S. 260
338 Müllenhoff, Nr. 97
339 Meyer, S. 258
340 Müllenhoff, Nr. 41
341 Müllenhoff, Nr. 297
342 Müllenhoff, Nr. 322.1
343 Müllenhoff, Nr. 104, aus Eutin
344 Müllenhoff, Nr. 270
345 Müllenhoff, Nr. 334
346 Müllenhoff, S. 551, Anm. zu Nr.
    590ff., Titel von Hrsg.
347 Müllenhoff, S. 523, Anm. zu Nr.
    41, Titel von Hrsg.
348 Müllenhoff, Nr. 153
349 Müllenhoff, Nr. 376.1, Anm.,
    Titel von Hrsg.
350 Müllenhoff, Nr. 257
351 Müllenhoff, Nr. 552.3, Anm.

OLDENBURG UND DIE INSEL
FEHMARN

352 Müllenhoff, Nr. 137, passim, und
    Anm.
353 Müllenhoff, Nr. 560, aus der
    Gegend von Schönwalde
354 Müllenhoff, Nr. 323, Anm., Titel
    von Hrsg.
355 Meyer, S. 302
356 Müllenhoff, Nr. 90
357 Meyer, S. 22
358 Meyer, S. 238f.
359 Müllenhoff, Nr. 534
360 Müllenhoff, S. 533, Anm. zu Nr.
    288, Titel von Hrsg.
361 Müllenhoff, Nr. 225, aus
    Puttgarden
362 Müllenhoff, Nr. 342
363 Müllenhoff, Nr. 33
364 Müllenhoff, Nr. 305.3
365 Müllenhoff, Nr. 441, AaTh
    1199A: Qual des Flachses
366 Müllenhoff, Nr. 37.2, passim
367 Müllenhoff, Nr. 305.1, Anm.,
    Titel von Hrsg.

368 Müllenhoff, Nr. 543, passim
369 Müllenhoff, Nr. 437, aus der
Gegend von Oldenburg, AaTh
1157: Die Flinte als Tabakspfeife
370 Müllenhoff, Nr. 586
371 Grimm, Nr. 97, aus Holstein

PLÖN UND UMGEBUNG

372 Heimat 37 (1927), S. 193
373 Heimat 39 (1929), S. 186
374 Heimat 39 (1929), S. 138
375 Heimat 39 (1929), S. 186, AaTh
736A: Der Ring des Polykrates
376 Heimat 39 (1929), S. 185f.
377 Heimat 33 (1923), S. 252, Nr. 8,
Titel von Hrsg.
378 Müllenhoff, Nr. 512.1, Anm.,
Titel von Hrsg.
379 Heimat 38 (1928), S. 39f.
380 Müllenhoff, Nr. 7.2, Titel von
Hrsg.
381 Müllenhoff, Nr. 193
382 Müllenhoff, Nr. 421
383 Müllenhoff, Nr. 112, passim
384 Müllenhoff, Nr. 571, aus Dersau
385 Müllenhoff, Nr. 55
386 Heimat 37 (1927), S. 173f.,
passim, Titel von Hrsg.
387 Heimat 36 (1926), S. 222, passim
388 Müllenhoff, Nr. 67
389 Meyer, S. 288
390 Meyer, S. 227
391 Müllenhoff, Nr. 151
392 Müllenhoff, Nr. 174

PROBSTEI

393 Goldschmidt 1705, S. 541f., Titel
von Hrsg.
394 Müllenhoff, Nr. 540
395 Müllenhoff, Nr. 381
396 Müllenhoff, Nr. 243
397 Müllenhoff, Nr. 198
398 Müllenhoff, Nr. 40.2
399 Müllenhoff, Nr. 200
400 Müllenhoff, Nr. 199, AaTh 736A:
Der Ring des Polykrates
401 Müllenhoff, Nr. 80.1
402 Müllenhoff, Nr. 572
403 Meyer, S. 241
404 Müllenhoff, Nr. 547
405 Müllenhoff, Nr. 65

KIEL

406 Müllenhoff, Nr. 364
407 Müllenhoff, Nr. 265
408 Meyer, S. 265f.
409 Meyer, S. 255f.
410 Müllenhoff, Nr. 455
411 Müllenhoff, Nr. 234.3
412 Kock 1912, S. 114, Titel von
Hrsg.
413 Müllenhoff, Nr. 11, passim
414 Müllenhoff, Nr. 14
415 Frahm 1890, S. 29, Titel von
Hrsg.
416 Frahm 1890, S. 73

Ortsregister

Die Ziffern verweisen auf die Nummern der Texte.

Agethorst 241
Ahlefeld 20
Ahrensbök 336, 337, 340
Ahrensburg 289, 290
Albersdorf 179-181
Alster 275
Altbülk 2
Altenhof 7
Altenkrempe 356
Alte Sorge 93
Altmühl 28
Altona 233, 242
Amrum 152-155
Angeln 43, 56, 60, 61, 63
Arlewatt 134
Arnis 30
Ascheberg 381, 383
Aspern 272
Aventoft 143

Balje 173
Bargen 99
Barghorst 339
Bargteheide 278
Barkau 341
Barkelsby 12
Barmstedt 271, 272
Barnitz 283
Belauer See 210
Bergedorf 300
Bergenhusen 90-92, 102
Birkenmoor 5
Bistensee 20
Blocksdorf 195
Bockholm 61
Böhnhusen 390
Bohmstedt 136
Bokel 274
Bordelum 138
Bordelumer Koog 139

Bornhöved 211-213, 388, 413, 414
Bornstein 7
Borsfleth 247
Borstel 221
Bosau 381, 382
Bothkamp 380
Braderup 150
Bramstedt 228, 229, 231
Bredstedt 135, 136
Breitenburg, Herrschaft 235
Brekendorf 18, 19
Breklum 137
Brinjahe 142
Brodersdorf 402, 403
Brunsbüttel 173
Buchholz 315
Bülk 1
Bünge 89
Bungsberg 364
Bünsdorf 9
Buphever 120
Burg/Dithmarschen 172
Burg/Fehmarn 363
Büsum 168

Christiansholm 188, 189

Dahme 357
Damendorf 9
Damp 14
Dänischenhagen 3
Dänischer Wohld 1, 5
Dannewerk 33-36
Darenwurth 174
Deckerkrug 33
Depenau 388
Dersau 384
Dithmarschen 171, 172, 174, 178
Dodau 346
Drage 97, 103-108

293

Drelsdorf 135, 137
Dronningshoi 33
Dusenddüwelswarf 178
Dwerkaten 292

Eckernförde 6,10,11
Eckhof 3
Ehlersdorf 191
Eichede 287
Eider 88, 93, 94, 104, 110, 116, 129, 139
Eiderstedt 113-115, 121, 123-125
Elbe 33, 173, 303
Ellingstedt 88
Elmenhorst 277
Elmshorn 251, 252, 255-257
Embühren 183
Epenwöhrden 177
Erfde 93-95, 97
Esmark 45
Esprehm 25-27
Etz 266
Eutin 340, 342-344, 346, 350, 352
Everschop 118

Fegetasch 51
Fehmarn 359, 360, 363, 401
Fiefbergen 393, 399, 402
Fischbek 278, 279
Fissau 345
Flehde 169
Flemhuder See 192
Flensburg 33, 63-73, 75, 83-85
Flensburg, Amt 78
Flügge 363
Fockebüll (Foggebüll) 143
Föhr 155-157
Freesmark 144
Friederikenhof 368
Friedrichshof 20
Friedrichsholm 187
Friedrichsruh 300
Friedrichstadt 109, 110

Gaarz 352
Galmsbüll 147
Garding 115
Gassebro 77
Gelting 56
Glashütte 224

Gleschendorf 216
Glückstadt 247-249, 270
Gnissau 338
Godau 381
Gothendorf 340
Gothmund 320, 324, 329
Gottorp 38
Grande 294
Grödersby 52
Grömitz 355
Großenbrode 358
Großensee 293
Großenwiehe 82
Großlehe 166
Großmeinsdorf 342
Groß Pampau 307
Groß Wittensee 9
Groß Zecher 309
Grove 301
Grube 356
Grünholz 15
Gunnebyer Noor 48

Habernis 59
Hackelshörn 250
Haddeby 29, 34, 47
Hademarschen 181, 182
Häven 335
Hagen 274
Hagen in der Probstei
    (= Probsteierhagen) 393
Hallig 159
Halstenbek 270
Hamburg 126, 209, 277, 291, 296, 340
Hamburger Sand 160
Handewitt 73
Handewittfeld 74
Hanerau 182
Haseldorfer Marsch 262-264
Hasselbusch 274
Heide 170
Heiligenhafen 356, 364
Heiligenstedten 240
Heinkenborstel 197, 198
Heist 258-260
Helgoland 156, 161-163
Helligbek 46
Helse 174

Hemdingen 225
Hemme 169
Hennstedt 171
Henstedt 225
Hessenstein 373
Hesterberg 41
Hetlingen 265
Heverstrom 132
Hitzhusen 230, 231
Hörnum 149
Hohenfelde 375
Hohenwestedt 197, 200, 201
Hoisbüttel 290
Hollbüllhus 128
Hollingstedt 34, 87, 88
Hollmoorskamp 383
Holm/Pinneberg 261
Holm/Plön 400
Holmfeld 196
Holnis 63, 64
Holstein 209, 219, 226, 363, 371, 393
Holt 76
Homfeld 202
Hopen 175
Hornburg 145
Horsbüll 146
Horst 251, 252
Hoyerswort 121
Hude 127
Hüholz 52
Husberg 210
Hüsby 86
Husum 84, 111, 115, 131, 132, 134
Husum, Amt 130
Hütten 21
Hüttener Berge 18, 20

Itzehoe 165, 237–239

Jagel 24
Jevenstedt 185, 197
Jersbek 276, 277

Kahleby 47
Kaltenkirchen 227
Kappeln 49, 52, 53
Karlum 141
Katharinenheerd 113

Kehdingen 173
Keitum 150, 152
Kembs 365
Kiekut 54
Kiel 3, 33, 187, 203, 211, 233, 390, 399, 406-416
Klamp 379
Klausdorf 4
Klein Rönnau 215
Klein Schenkenberg 284
Kleinsee 102
Klein Wesenberg 283, 284
Klein Wittensee 9
Klein Zecher 309
Klempau 317
Klenzau 340
Koberger Moor 312
Köhn 377
Kolberger Heide 363, 399-401
Krempe 246
Krokau 394, 399
Kronsgaard 56
Kropp 23
Kröß 366
Krückau 256
Krummesse 317
Kuden 172
Kudensee 244, 245
Kummerfeld 271
Kupfermühle 299
Kurburg 34, 36, 37

Laboe 404
Ladelund 77, 142
Lägerdorf 235, 236
Landkirchen 363
Langenbrook 249
Lanken 304, 308
Lasbek 287
Lauenburg, Burg 315
Lauenburg, Herzogtum 298, 302-304, 307, 312
Leck 141
Leezen 222
Lehe 164, 166
Lindewitt 79
Lindholm 140
Lohheide 33
Loit 49

Loitmark 30
Lübeck 71, 216, 218, 282, 283,
303, 310, 316, 318, 319, 321, 323,
326, 327, 333, 334, 340, 342, 405
Lübeck, Fürstentum 335, 347, 348
Ludwigsburg 13
Lunden 165, 169, 170
Lüngerau 81
Lütjenburg 374
Lütjensee 292, 293
Lutterbek 402
Lutzhorn 273

Maasbüll 140
Maasleben 16
Malkwitz 348, 349
Marne 174, 175
Marnerdeich 174
Matzwitz 374
Medelby 76, 77, 82
Meggerkoog 96
Meldorf 176, 177
Mellenburg 275
Mielberg 41
Missunde 30
Moldenit 42, 43
Mölln 307, 310, 311
Mönchneversdorf 370
Mönkenbrook 278
Möwenberg 31, 32
Mözen 220
Munkbrarup 61, 62
Mysby (?) 71

Nebel 153
Nehmten 14, 385
Neudorf 372
Neuendorf 249
Neuhaus 377, 378
Neukirchen/Eutin 348
Neukirchen/Nordfriesland 143,
145
Neukirchen/Oldenburg 356
Neumünster 203, 204, 206-210
Neustadt 354
Nieblum 149
Nienbüttel 241
Nienhagen 355
Nindorf 201
Nobiskrug 186

Noer 6
Norderdithmarschen 169
(Norder)stapel 93, 107
nordfriesische Insel 148
Nordfriesland 152
Nordhackstedt 78
Nordmarsch 158
Nordoe 236
Nordstrand 133, 160
Nortorf 196, 197
Nütschau 280

Ochsenweg 85
Ockholm 132, 138
Oeversee 83
Ohrfeld 56
Oldenburg 352, 363-366, 369
Oldenburg, Land 352
Oldenburger Wall 368
Oldesloe 277, 281
Ostenfeld 129
Osterhever 120
Osterholm 57
Osterwisch 397
östliches Angeln 55
östliches Holstein 280
Ostsee 363, 365, 370, 397, 400
Oststeinbek 297
Owschlag 22, 23
Oxbek 49

Padenstedt 204
Pahlhorn 98
Panker 373
Pehmen 382
Pellworm 120, 154, 157
Pinneberg 254, 267, 268, 263,
270, 271
Plön 216, 381, 382
Plöner See 216, 381, 385
Plötschensee 315
Poppenbüttel 275
Pöppendorf 332
Poppholz 46
Poppostein 46
Pötenitzer Wik 324
Prasdorf 403
Preetz 391-393
Priwall 330
Probstei 393-398, 402, 405

Probsteierhagen 393, 403
Pronstorf 221
Prophetensee 269
Putlos 366, 367, 370
Putloser Heide 368
Puttgarden 360, 361, 363

Quern 59
Quickborn 269

Rabenkrichen 51
Rantum 149
Rantzau, Grafschaft 253
Rantzau, Hof 272
Ratjendorf 395
Ratjensdorf (Alt und Neu) 356
Ratzeburg 313-316
Ratzeburger See 315
Rausdorf 295
Rehberg 44
Rendsburg 96, 183, 186-189, 199
Rendsburg, Amt 184, 190, 198, 202
Rendswühren 210
Rethwisch 286
Rieseby 48
Röbsdorf 405
Roest 51
Rönfeldholz 379
Rott 129
Rungholt 160

Sachsenwald 298, 299
Sahrensdorf 359
Sande 9
Sandschleuse 95
St. Michaelisdonn 175
Sarau 339
Satrup 44
Schaalby 47
Schalkholz 172
Scheppern 98
Schierensee 193
Schipphorst 386, 389
Schlei 30, 32, 33, 48
Schleswig 22, 24, 28, 31-33, 36, 39-42, 49, 65, 83, 85, 86, 89
Schleswig, Herzogtum 17, 60, 71
Schlutup 322
Schmalensee 213

Schmoel 376
Schobüll/Nordfriesland 133
Schobüll/Schleswig-Flensburg 80
Schönberg/Probstei 399
Schönwalde 353
Schönweide 380
Schrevendorf 405
Schüberg 290
Schuby 33
Schwabstedt 126, 128
Schwackendorf 55
Schwale 203, 204
Schwansen 6, 15, 17, 18
Schwarzenbek 298, 300, 301
Schwesing 130
Schwienkuhlen 340
Seedorf 309
Seekamp 4
Seeth 97, 103, 107-109
Segeberg 215-219, 222, 382
Segeberg, Kreis 225, 226
Sehestedt 8
Selenter See 378
Selk 29
Seth 223
Siebeneichen 304, 305
Siek 291
Sieversdorf 347
Sieverstedt 46, 83
Silberstedt 86
Sillerup 80
Sorgwohld 22
Sörup 43
Sprenge 5
Springhirsch 184
Stakendorf 396
Stapelholm 99, 100, 108, 110
Stegen 275
Steinbek 297
Steinberg 59
Stellau 233, 234
Stendorf 352
Sterup 57, 58
Stocksee 214
Stolpe 387
Stör 204, 232, 240
Störkathen 232
Stormarn 293, 298
Strichsand 77

Süderbrarup 50
Süderdeich 167
Süderdithmarschen 172, 175
Süderheistedt 171
Süderhöft 127
Süderoog 159
(Süder)stapel 101-103
südliches Angeln 49
Sülfeld 223
Sylt 149-152, 158

Tellingstedt 172, 180
Tensbüttel 179
Tetenhusen 23
Thiensen 271
Thiesburg 89
Tinnum 150
Todendorf/Fehmarn 362
Todendorf/Stormarn 288
Tolk 29
Tondern 144
Tondern, Amt 76, 140
Tönning 111-113
Tönningstedt 222
Trave 275, 320, 330
Travemünde 325, 328, 330, 335
Treene 87, 88, 126, 129
Tremsbüttel 279
Tresdorf 380

Uelvesbüll 121, 160
Uetersen 258-260
Uggelharde 83
Uklei(see) 350
Ulsnis 48
Ulzburg 226
Unaften 75
Utholm 118

Vaale 241
Vierlande 298

Viöl 135
Vitzdorf 363
Vollerwiek 116

Wacken 241
Wahrberg 61
Wakenitz 326
Wallsbüll 82
Wandelwitz 366
Wankendorf 387
Warwerort 168
Wedel 228, 260
Weißenhaus 363
Wesselburen 167
Westensee 194, 195
Westerau 285
Westerdeich 117
Westerhever 118, 119
Westerland 150
West-See (= Nordsee) 132
Wewelsfleth 244
Wiedau 145
Wiedingharde 139, 145
Wiehekrug 81
Wilster 242, 243
Windbergen 176
Wisch 398
Wittenborn 220
Wittorf 203-207
Witzhave 296
Witzwort 114, 122
Wogenmannsburg 118
Wohlde 89, 90, 97
Wohldorf 275

Zarnekau 351
Zarpen 282
Zwicksdamm 16

Bildnachweis

Baudissin, Graf Adelbert: Schleswig-Holstein meerumschlungen. Stuttgart 1865: S. 30, 32, 42, 44, 46, 66, 79, 91, 96, 101, 111, 113, 116, 155, 157, 257, 263, 271

Frahm, Ludwig: Norddeutsche Sagen. Altona/Leipzig 1890: S. 160, 187, 198, 229, 232, 244, 250

Holtz, Johann: Schleswig-Holsteinische Märchen. Flensburg 1926 (mit freundlicher Genehmigung des Schleswig-Holsteinischen Landesmuseums): S. 87, 104, 110

Janssen, Albrecht/Schräpel, Johannes: Niederdeutsches Balladenbuch. Mit Zeichnungen von Bernhard Winter. München 1925 (mit freundlicher Genehmigung des Georg Callwey Verlags): S. 85, 137, 248, 276

v. d. L[emke]-Rupértus, Michael: Das Schleswig-Holstein-Buch. Mit Federzeichnungen von Bruno Wolf. 2. Auflage. Bad Oldesloe 1923: S. 82, 173, 186, 194, 201, 213

Lyser, J. P.: Abendländische Tausendundeine Nacht. Meißen 1838/39: S. 139

Privatbesitz: S. 151, 222

Schlee, Ernst: Schleswig-holsteinisches Volksleben in alten Bildern. Flensburg 1963 (mit freundlicher Genehmigung des Karl Wachholtz Verlags): S. 62

Schleswig-Holsteinische Lesebogen. Mit Bildern von L. Barth und Ingwer Paulsen. Braunschweig/Hamburg o. J.: S. 134, 168

Schleswig-Holsteinisches Freilichtmuseum Molfsee: S. 99

Schleswig-Holsteinisches Landesmuseum Schleswig, Volkskundliche Sammlungen: S. 58, 64, 73, 119, 127, 130, 133, 135, 215, 237, 274

Schmarje, Johannes/Henningsen, Johannes: Die Nordmark. Mit Zeichnungen von C. Schröder. 5. Aufl. Leipzig 1923: S. 15, 24, 49, 129, 188, 204

Verlagsarchiv: S. 20, 36, 54, 121, 175, 184, 208, 210, 218, 270, 280

Für alle Liebhaber schöner Sagen
führen wir noch folgende Bände
in unserem Programm:

Paul Quensel:
Thüringer Sagen

384 Seiten, Format 13,5 x 21,0 cm,
gebunden
Best.-Nr. 358 077
Sonderausgabe nur DM 9,95

Ingeborg Drewitz:
Märkische Sagen

320 Seiten, Format 13,5 x 21,0 cm,
gebunden
Best.-Nr. 358 184
Sonderausgabe nur DM 9,95

Leander Petzoldt:
Schwäbische Sagen

272 Seiten, Format 13,5 x 21,0 cm,
gebunden
Best.-Nr. 358 051
Sonderausgabe nur DM 9,95

Siegfried Neumann:
Sagen aus Pommern
320 Seiten, Format 13,5 x 21,0 cm,
gebunden
Best.-Nr. 358 176
Sonderausgabe nur DM 9,95

Hans-Jörg Uther:
Sächsische Sagen
304 Seiten, Format 13,5 x 21,0 cm,
gebunden
Best.-Nr. 358 168
Sonderausgabe nur DM 9,95

Günther Kapfhammer:
Bayerische Sagen
336 Seiten, Format 13,5 x 21,0 cm,
gebunden
Best.-Nr. 358 127
Sonderausgabe nur DM 9,95

Will-Erich Peuckert:
Schlesische Sagen
384 Seiten, Format 13,5 x 21,0 cm,
gebunden
Best.-Nr. 358 119
Sonderausgabe nur DM 9,95

Siegfried Neumann:
Sagen aus Sachsen-Anhalt
320 Seiten, Format 13,5 x 21,0 cm,
gebunden
Best.-Nr. 358 093
Sonderausgabe nur DM 9,95

Siegfried Neumann:
Sagen aus Mecklenburg
320 Seiten, Format 13,5 x 21,0 cm,
gebunden
Best.-Nr. 358 101
Sonderausgabe nur DM 9,95

Rainer Schlundt:
Sagen aus Rheinland-Pfalz
304 Seiten, Format 13,5 x 21,0 cm,
gebunden
Best.-Nr. 358 150
Sonderausgabe nur DM 9,95

Ulf Diederichs
Christa Hinze:
Hessische Sagen
336 Seiten, Format 13,5 x 21,0 cm,
gebunden
Best.-Nr. 358 143
Sonderausgabe nur DM 9,95

Ulf Diederichs
Christa Hinze:

Sagen aus Niedersachsen

336 Seiten, Format 13,5 x 21,0 cm,
gebunden
Best.-Nr. 358 192
Sonderausgabe nur DM 9,95

Christa Hinze
Ulf Diederichs:

Fränkische Sagen

320 Seiten, Format 13,5 x 21,0 cm,
gebunden
Best.-Nr. 358 044
Sonderausgabe nur DM 9,95

Christa Hinze
Ulf Diederichs:

Ostpreussische Sagen

304 Seiten, Format 13,5 x 21,0 cm,
gebunden
Best.-Nr. 358 135
Sonderausgabe nur DM 9,95

Hans-Jörg Uther:

Sagen aus dem Harz

360 Seiten, Format 13,5 x 21,0 cm,
gebunden
Best.-Nr. 358 085
Sonderausgabe nur DM 9,95